本书受"安顺学院新型城镇化建设与乡村振兴研究省创新团队"贵州省哲学社会科学创新团队（编号：CXTD2023073）经费资助出版

易地搬迁移民高质量充分就业研究

王　菊　著

中国农业出版社

北京

前言

　　易地搬迁移民高质量充分就业是守牢不发生规模性返贫的底线。易地扶贫搬迁是精准扶贫政策之一，旨在解决"一方水土养不起一方人"的区域性贫困问题，主要通过空间重构与生计重塑，实现近千万贫困人口的跨越式发展。"搬得出"的问题已经得到解决，在"后续扶持"的进程中，尽管国家通过财政补贴、产业扶持与公益性岗位开发等政策工具，实现了搬迁移民"户均至少一人就业"的底线目标，但搬迁移民就业的"脆弱性"问题逐渐凸显，即非正规就业比例高、职业发展空间狭窄、社会保障覆盖率低、技能培训与市场需求不匹配等现象，导致部分移民面临"就业不充分、质量不高、稳定性不足"的多重困境。技能供需错配、区域就业承载力不足、政策工具动态适配滞后等结构性矛盾，成为制约易地搬迁移民可持续发展与共同富裕目标达成的关键问题。本书以问题为导向，试图回答"制度供给、机会传导与能力转化如何协同作用于易地搬迁移民高质量充分就业"这一核心问题，这一核心问题包括四个维度，即四个子问题：制度如何保障和支持就业机会的创造、机会网络如何有效传导到移民个体、移民个人能力如何转化为实际的就业成果、如何通过优化这三个层面来实现高质量充分就业。

　　本书以"易地搬迁移民高质量充分就业"为核心命题，聚焦易地扶贫搬迁后续扶持中的就业难题，立足理论与实践的双重需求，遵循"理论阐释—实证分析—路径设计—政策优化"的研究思路，综合运用可行能力理论、空间正义理论、劳动力市场分割理论、内生发展理论等多理论视角,构建了"制度-机会-能力"三维理论分析框架。制度维度强调政策工具的动态调适与部门之间的协同,通过"价值重构—执行协同—反馈优化"的制度演进逻辑,解构从"生存型"到"发展型"就业政策的设计转向;机会维度聚焦劳动力市场结构与产业升级的匹配机制,揭示"县域经济—特色产业—零工市场"多层次就业机会网络的构建路径;能力维度则以人力资本、社会资本与文化资本的相互转化为枢纽,阐释移民从"被动受助"到"主动发展"的内生动力生成逻辑。这一框架形成"结构赋能—机会激活—能力反馈"的正向循环,即宏观层面的制度通过政策工具塑造中观层面的机会结构,中观层面的机会结构通过信息网络与资源分配影响微观层面的能力提升,而微观层面的能力提升促使制度优化升级。

A省作为易地扶贫搬迁规模较大省份,其就业政策创新具有典型代表性。本书通过混合研究方法,从A省各市(州)中抽取18个易地搬迁移民安置区进行实地调查(共收集有效问卷1 409份、访谈记录63份、政策文本49份),结合定量分析与质性研究,系统评估稳岗补贴、技能培训、公益性岗位等政策的实施效能。研究发现,A省通过"稳岗补贴精准化""技能培训订单化""产业发展协同化"等政策组合,在稳定就业规模、技能培训转化、深化东西部劳务协作等方面取得显著成效,但也存在一定的困难。基于此,本书提出"制度重塑—能力再造—市场激活—社会托底"四维路径设计,并分阶段优化政策设计目标。

本书的贡献体现于三方面。理论层面,实现发展正义理论与可行能力理论在高质量充分就业领域研究的结合。在理论衔接逻辑上,将阿马蒂亚·森的可行能力理论与大卫·哈维的空间正义理论相结合,揭示易地搬迁移民要实现高质量充分就业不仅取决于搬迁移民个体能力提升,更受制于安置区的空间资源分配,重新诠释

"高质量充分就业"的正义属性与能力指向。方法论层面，采用"定量分析＋质性研究"的混合研究方法，实现理论演绎与实证检验的闭环验证。实践层面，提出分阶段的"保障型—发展型—增长型"就业政策优化目标，助力破解后搬迁时代防返贫与促发展的张力。这些探索不仅回应了共同富裕目标下易地搬迁移民可持续发展的现实需求，也为乡村振兴、新型城镇化建设与基层治理现代化的理论对话提供了新的思考。

本书的出版得到贵州省 2023 年哲学社会科学十大创新团队"安顺学院新型城镇化建设与乡村振兴研究省创新团队"的经费资助。在研究的过程中，本书得到广州大学乡村振兴研究院院长谢治菊教授的全程指导，得到贵州省乡村振兴研究中心主任孟凡松教授的指导，得到安顺学院旅游管理学院韦明顶教授的指导。本书的完成得益于 A 省相关市县部门的支持、易地搬迁安置区的支持，以及多位受访者的坦诚分享。同时感谢协助笔者进行问卷调查和访谈的各位老师和同学。从研究的立项到成书的出版，离不开安顺学院各位领导和老师的鼓励和支持，离不开出版社编辑老师的大力支持和帮助。在此向他们表示衷心感谢。

笔者在田野调查中深切感受到政策文本与执行落差的复杂性，这也促使笔者不断修正理论预设、贴近现实逻辑。当然，受限于区域案例的特殊性与数据采集的时效性，部分结论的普适性仍需进一步验证，数字技术赋能高质量充分就业还有许多有待跟踪并探讨研究的空间。期待本书能成为引玉之砖，引起学术界和相关部门对易地搬迁移民高质量充分就业的持续关注。

王　菊

2025 年 5 月 6 日于贵州安顺

Contents

第二章　易地搬迁移民高质量充分就业的基础理论

第三章　易地搬迁移民高质量充分就业的生成逻辑

第六章　易地搬迁移民高质量充分就业的评价

第七章　促进易地搬迁移民高质量充分就业的路径设计

第八章 易地搬迁移民高质量充分就业的政策优化建议

第一章 绪 论

一、研究背景

党的二十大报告提出"强化就业优先政策，健全就业促进机制，促进高质量充分就业"的就业优先战略，这是新时期党中央对就业工作的新定位。党的二十届三中全会进一步强调"健全高质量充分就业促进机制，完善就业公共服务体系，着力解决结构性就业矛盾。"可见，高质量充分就业作为中国式现代化的重要组成部分已经提升至国家发展战略的高度。高质量充分就业既是高品质民生的最基本保障，又是推动共同富裕的重要途径，也是扩大内需、促进经济高质量发展的关键。

我国就业政策经历了从"保总量"到"提质量"的转型。党中央提出"六稳"工作方针和全面落实"六保"任务，其中"稳就业""保就业"居于首位，焦点都是就业问题，充分体现了以"人民为中心"的发展思想。"稳就业"关注就业质量问题，而"保就业"侧重于关注重点群体的基本民生保障[①]。早期的就业政策以解决下岗职工和农民工就业为主，强调"充分就业"目标；"十三五"时期提出"更加充分的、更高质量的就业"，推动就业结构与经济转型适配[②]；"十四五"时期则明确"高质量充分就业"内涵，要求就业机会公平、劳动权益保障与收入分配优化并重。随着就业政策重心的变化，政策工具也逐步得到完善，主要体现在：一是强化

[①] 郭启民. 不断推进更充分更高质量就业 [J]. 红旗文稿，2021（9）：32-34.

[②] 胡鞍钢，杨竺松，鄢一龙. 就业发展"十三五"基本思路与目标：构建更高质量的充分就业型社会 [J]. 北京交通大学学报（社会科学版），2015，14（1）：1-6.

就业优先的宏观政策协同，将就业影响评估纳入重大项目和产业规划[①]；二是完善灵活的就业保障，针对新业态劳动者出台《新就业形态劳动者劳动合同和书面协议订立指引》[②]，旨在规范新就业形态下的用工关系，维护劳动者的合法权益，并促进新就业形态的健康发展；三是加强职业技能培训，如《人力资源社会保障部关于印发"技能中国行动"实施方案的通知》旨在通过提升技能人才的培养、使用、评价和激励，推动技能人才发展，助力经济高质量发展，这一行动的核心目标是缓解就业结构性矛盾，培养高技能人才、能工巧匠和大国工匠，为全面建设社会主义现代化国家提供坚实的技能人才保障。

易地扶贫搬迁作为精准扶贫政策之一，主要解决"一方水土养不起一方人"的山区零散居住人员的实际贫困问题。易地扶贫搬迁是"自上而下"的政府主导型工程。易地搬迁是实现贫困群众跨越式发展的根本途径，也是打赢脱贫攻坚战的重要途径[③]。"搬得出"是起点，"稳得住""能致富"才是目的。

易地扶贫搬迁作为"五个一批"精准扶贫工程的重要举措，已帮助近千万贫困人口摆脱"一方水土养不起一方人"的困境。为了促进易地搬迁移民就业，国家层面不断创新政策工具，根据易地搬迁移民的现实需求调整政策，扶持工作重心不断发生变化。2021年《关于切实做好易地扶贫搬迁后续扶持工作 巩固拓展脱贫攻坚成果的指导意见》的出台标志着扶持政策重心转向高质量充分就业这一目标，政策工具在就业培训、信贷支持、产业培育、劳务输出等核心领域发挥了重要作用。一是就业培训政策提升人力资本。政府组织的职业技能培训显著提升了搬迁户非农就业能力，通过培训机会的获得效应，促进其向非农就

---

① 都阳. 着力构建就业友好型发展方式 [J]. 红旗文稿, 2024 (15)：41-44.

② 方长春. 稳就业：成效、挑战与政策指向 [J]. 人民论坛, 2024 (5)：25-27.

③ 国家发展和改革委员会. 人类减贫史上伟大壮举："十三五"千万贫困人口易地扶贫搬迁纪实 [M]. 北京：人民出版社, 2021.

业转型①。二是信贷支持缓解资金约束。信贷支持（尤其是正规信贷和政策性信贷）显著提升了搬迁户的生计恢复力②。三是产业扶持创造本地就业机会。政府主导的社区工厂、扶贫车间等产业项目直接提供就近就业岗位，降低返贫风险③；特色农业、旅游产业扶持政策通过"企业＋合作社＋农户"模式，带动搬迁户加入产业链，形成生产带动型就业④。四是劳务输出与岗位对接。政府通过定向劳务派遣和跨区域就业协作，组织搬迁户外出务工，显著提高跨区域就业比例⑤。公益性岗位兜底政策为弱劳动能力群体（如老年人、残疾人）提供就业保障，降低生计脆弱性⑥⑦。五是安置区配套政策优化就业环境。城镇化集中安置区通过完善基础设施（如交通、市场）和公共服务（如教育、医疗），降低非农就业成本，提升就业稳定性⑧。安置区就业信息平台建设、就业服务中心建设有效促进就业信息对称，缩短求职周期⑨。六是政策协同与长效机制。搭建"产业＋就业＋社会融入"三位一体政策框架，即产业发展提供岗位基础、就业帮扶提升参与能力、社会融入政策减少就业歧视，形成协同效应⑩。

从政策逻辑看，易地搬迁移民就业具有双重属性。一方面，作为社会

①⑤ 侯学博，李现康，张蚌蚌．易地扶贫搬迁集中安置对家庭劳动力非农就业促进效应及其机制研究：基于2014—2020年武陵山连片特困地区857户家庭7期追踪数据的分析［J］．自然资源学报，2024，39（4）：978-996．

② 徐家鹏，颜晓彬．信贷支持能提升易地扶贫搬迁农户生计恢复力吗［J］．中国经济问题，2024（4）：80-96．

③ 郭占锋，张岳芬，周静．多重空间整合：易地搬迁社区工厂的发展路径——以陕西省Z县为例［J］．学习与实践，2024（12）：86-97．

④ 田鹏．集体产权视角下易地搬迁后续产业培育的实践逻辑及反思［J］．农村经济，2022（9）：76-88．

⑥ 田鹏．可持续生计视角下易地搬迁的产业培育模式和治理机制［J］．暨南学报（哲学社会科学版），2023，45（10）：73-86．

⑦ 尹俊，孙博文，刘冲，等．易地扶贫搬迁政策效果评估：基于S省三县贫困户建档立卡微观追踪数据［J］．经济科学，2023（3）：185-204．

⑧ 武汉大学易地扶贫搬迁后续扶持研究课题组．易地扶贫搬迁的基本特征与后续扶持的路径选择［J］．中国农村经济，2020（12）：88-102．

⑨ 张晨，马彪，仇焕广．信息通信技术使用可以促进易地扶贫搬迁户的社会融入吗？［J］．中国农村经济，2022（2）：56-75．

⑩ 赵文杰，丁凡琳，高明．中国式现代化背景下易地扶贫搬迁集中安置区转型发展研究：基于产业、就业与社会融入"三位一体"的路径分析［J］．农村经济，2024（9）：70-81．

政策，需保障移民基本生存权益；另一方面，作为发展政策，需通过就业赋能推动人的全面发展。易地搬迁移民就业正从"超常规帮扶"向"常态化发展"转型。其核心矛盾在于如何将政策托底的"输血式"帮扶转为内生驱动的"造血式"发展，即安置区如何有效依托后续扶持，在产业发展、就业保障等领域有所突破，进而逐步推动基础设施建设、基本公共服务和整体社会治理水平稳步提升，不断提高内生发展动力，并最终摆脱对外部扶持的依赖而实现自我可持续发展[①]。但目前的促进易地搬迁移民就业的政策工具存在短期效果显著、长期可持续性不足、政策瞄准偏差和政策执行的刚性等问题。加之安置区周边经济发展不足、劳动力市场的发展不健全、社会保障覆盖不完全及搬迁移民和家庭资本的限制等现象，导致部分易地搬迁移民面临"就业不充分、质量不高、稳定性不足"的多重困境。因此，重视易地搬迁移民高质量充分就业成为重点关注的主题，搬迁移民的高质量充分就业问题成为防止规模性返贫、实现共同富裕的关键挑战。

易地搬迁移民高质量充分就业面临的挑战。一是易地搬迁移民政策依赖与内生发展动力不足。搬迁后部分移民仍依赖政策帮扶，内生发展动力不足，导致脱贫成果的可持续性存疑[②]。政策执行中若易地搬迁移民过度依赖短期补贴，易形成"福利依赖"，削弱移民自主就业意愿[③]。二是就业稳定性与质量较低。非农就业机会集中于低技能、临时性岗位，收入波动大，部分移民面临"就业不充分"或"隐性失业"。搬迁后移民农业生计断裂，但非农就业技能不足，导致生计转型困难。三是产业支撑薄弱。社区工厂等就业载体物理空间与社会空间分离，产业配套不足，难以形成稳定就业网络[④]。迁出地土地撂荒与迁入地产业同质化并存，县域产业吸

① 赵文杰，丁凡琳，高明. 中国式现代化背景下易地扶贫搬迁集中安置区转型发展研究：基于产业、就业与社会融入"三位一体"的路径分析 [J]. 农村经济，2024 (9)：70 - 81.

② 王志章，刘芮伶，杨珂凡. 易地搬迁后续扶持政策效果评价与影响因素：基于西部10省1 297户的实地调查数据 [J]. 西南大学学报（社会科学版），2024，50 (3)：149 - 165.

③ 时鹏，王倩，余劲. 易地扶贫搬迁对农户收入的影响机理及效应：基于陕南3市8县1 712个农户数据的实证分析 [J]. 经济地理，2022，42 (2)：190 - 202.

④ 郭占锋，张岳芬，周静. 多重空间整合：易地搬迁社区工厂的发展路径——以陕西省Z县为例 [J]. 学习与实践，2024 (12)：86 - 97.

纳就业能力有限[①]。四是社会融入障碍。移民因语言、文化差异及社会资本断裂，难以融入本地就业市场[②]。

易地搬迁移民高质量充分就业的机遇。易地搬迁移民就业面临政策依赖与内生发展动力不足、就业稳定性与质量较低、产业支撑薄弱、社会融入障碍等挑战，但也受益于政策创新、县域经济发展、城镇化红利及数字技术赋能等机遇。一是政策工具不断创新。政策工具的持续精准化与差异化，为易地搬迁移民就业提供了制度保障和资源支持。二是重视发展县域经济。县域经济成为搬迁移民就业的主阵地，通过产业链延伸和要素集聚创造多元化就业场景。目前，国家重点支持县域经济发展，为易地搬迁移民就业不断创造就业岗位，提供了很好的就业契机。三是持续推进城镇化。安置区城镇化的持续推进已经形成人口集聚效应，借助东西部产业梯度转移的契机，可以吸引更多劳动密集型产业入驻搬迁安置区，从而降低企业用工成本和移民就业成本。四是数字技术的发展赋能。数字技术正在重构就业服务体系，信息技术正在不同程度地嵌入信息匹配、技能培训与就业监测等各个环节，突破了传统就业服务体系中的信息不对称、技能错配、监管乏力等痛点，为易地搬迁移民高质量充分就业提供了信息技术的支持。

二、研究价值

（一）研究的理论价值

1. 深化了对现代化治理中"治理效能转化"的理论认识

现代化治理的核心目标之一是推动经济高质量发展，而实现"稳就业""保就业"并提升就业质量是其关键环节。本书聚焦易地搬迁移民高质量充分就业的政策评估、质量评价、实践路径及政策优化，研究成果不仅验证了提

---

① 蒋国东，李娅，沈艳. 怒江州泸水市易地扶贫搬迁农户土地利用方式及影响因素分析 [J]. 中国农业资源与区划，2022，43（12）：183-190.
② 马明，陈绍军，张安若. 易迁移民就业机会、人力资本变动及其影响因素：基于对少数民族地区的考察 [J]. 西北农林科技大学学报（社会科学版），2024，24（1）：139-151.

升就业质量在实现"稳就业"目标中的基础性作用，更重要的是揭示了易地搬迁后续扶持中如何通过优化政策组合、强化能力建设等机制，将宏观的现代化治理目标有效转化为微观个体的高质量就业成果。这为理解现代化治理效能如何在复杂的社会政策领域向下传导并精准落地提供了重要的理论启示。

2. 创新高质量充分就业理论的分析视角

本书通过整合公共管理、社会学和经济学的相关理论，从宏观、中观和微观三个层面建构"制度-机会-能力"的易地搬迁移民高质量充分就业分析框架，即宏观层面的制度通过政策工具塑造中观层面的机会结构，中观层面的机会结构通过信息网络与资源分配影响微观层面的能力提升，而微观层面的能力提升促使制度优化升级，形成"结构赋能—机会激活—能力反馈"的正向循环。

3. 丰富就业帮扶的理论内涵

促进搬迁移民就地就近就业是高质量充分就业的重要组成部分。"就地"充分体现搬迁家庭的伦理责任，"就近"则体现政府的社会保障责任，而"就业"是实现搬迁家庭生计可持续性的重要手段，对搬迁家庭的就业帮扶应充分考虑实现家庭伦理责任和政府社会保障责任的有机统一，实现搬迁移民家庭本地就业稳定、外地就业收入增长的目标。

（二）研究的实践价值

1. 为地方政府在"保就业"的具体实践中提供政策思路

本书既有理论层面的探讨，也有实证方面的研究，通过大量的数据调查分析和实地走访调查掌握了第一手资料，为地方政府提供决策依据，为破解易地搬迁移民"就业不稳定—收入波动大—返贫风险高"的恶性循环提供理论支撑，推动后续扶持政策从"保生存"向"促发展"转型，助力实现共同富裕目标。

2. 为解决易地搬迁移民可持续生计与融入发展难题提供关键路径

稳定且高质量的就业是易地搬迁移民实现"稳得住、有就业、逐步能致富"目标的核心支撑。本书聚焦易地搬迁移民的就业质量与充分就业问题，旨在探索如何通过提升就业稳定性、增加就业收入等，有效增强移民生计韧性，降低返贫风险，促进其深度融入新安置区，并最终提升其整体福祉和实现自我发展的能力。研究成果可为政府及相关部门制定更具针对性的就业帮扶政策和后续产业发展策略，切实解决搬迁移民的长远生计与发展问题提供科学依据和实践指导。

3. 形成以发展赋能的长期目标

本书聚焦易地搬迁移民就业问题，核心在于剖析如何以提升就业质量和扩大充分就业为关键纽带，有效激活安置区及周边产业链活力，促进生产要素优化配置与集聚发展。其深远意义在于，通过推动"产-城-人"深度融合，不仅可为搬迁移民创造可持续生计与发展空间，更能有效驱动县域经济发展、优化城乡空间布局、缩小发展差距。本书可为解决重大民生工程后续发展的长效机制问题贡献实践智慧，为实现全体人民共同富裕的宏伟目标提供微观实证。

三、研究综述与评述

（一）研究综述

1. 易地搬迁移民就业的相关研究

（1）易地搬迁移民就业政策评估。关于易地搬迁移民就业政策评估的研究主要集中在"易地搬迁政策效果""就业政策评估"等方面。对于易地搬迁政策效果方面的研究，尹俊等人（2023）基于"十三五"时期西部S省G市三县贫困户建档立卡微观追踪数据，采用基于倾向得分匹配的渐进DID方法，系统评估了易地扶贫搬迁政策效果，并基于配套精准扶贫项目和帮扶人制度的双重视角，对促进搬迁政策效果的精准扶贫项目渠道作用和帮扶人制度保障作用进行了详细分析[①]。金梅等人（2017）基于云

---

① 尹俊，孙博文，刘冲，等 . 易地扶贫搬迁政策效果评估：基于 S 省三县贫困户建档立卡微观追踪数据［J］. 经济科学，2023（3）：185 - 204.

南省怒江州贫困农户易地扶贫搬迁实验数据，采用 DID 模型对绝对贫困户和相对贫困户在不同易地扶贫搬迁模式前后的生计资本变动状况进行了政策评估，发现易地扶贫搬迁总体上有利于提升农户生计资本[①]。郭劲光、于泽乾（2021）从系统论角度构建了包括政策自身系统、政策执行系统、政策目标客体系统、政策评估系统和政策环境系统在内的易地扶贫搬迁政策评价研究体系[②]。王宏新等人（2017）运用政策文本量化分析方法，对易地扶贫搬迁涉及的 90 余部国家政策文本进行编码分类，提取出包含财政与金融政策在内的 7 个政策维度，结合易地搬迁发展阶段，得出易地扶贫搬迁政策发展由政府引导型向政府主导型演变；搬迁机制由整村搬迁到精准搬迁转变；各政策维度不断完善，初步形成了有中国特色的易地扶贫搬迁政策体系。陈胜东等人（2016）研究发现，易地扶贫搬迁政策对农户的减贫效果比较显著[③]。何得桂、党国英（2015）的研究发现易地扶贫搬迁政策存在执行偏差的现象[④]。

关于就业政策评估的研究比较多。早期，沈熙（2009）分析了就业政策评估指标研究的几个明显趋势，即评估指标体系化、定量定性结合化、指标内容深入化、评估对象具体化、适用范围扩大化、指标体系国际化[⑤]。该研究为学者后续开展就业政策评估相关研究奠定了方法论基础。英明、魏淑艳（2016）认为，就业政策评估应以生存权、社会保障权和就业权为评估理念，以公平、效率、满意度为评估标准，多维度剖析战略性就业政策、市场性就业政策、保护性就业政策的评估内容，构建主客观评价指标，将第三方评估机构作为评估主体，采取主客观相结合的评估方

① 金梅，申云．易地扶贫搬迁模式与农户生计资本变动：基于准实验的政策评估［J］．广东财经大学学报，2017，32（5）：70-81．

② 郭劲光，于泽乾．易地扶贫搬迁政策研究评价与"十四五"关注点研判［J］．东北财经大学学报，2021（5）：17-27．

③ 陈胜东，蔡静远，廖文梅．易地扶贫搬迁对农户减贫效应实证分析：基于赣南原中央苏区农户的调研［J］．农林经济管理学报，2016，15（6）：632-640．

④ 何得桂，党国英．西部山区易地扶贫搬迁政策执行偏差研究：基于陕南的实地调查［J］．国家行政学院学报，2015（6）：119-123．

⑤ 沈熙．就业政策评估指标研究的六个趋势［J］．开放导报，2009（1）：58-61．

法，并建构中国特色积极就业政策效果分析的评估框架[①]。

（2）易地搬迁移民就业的理论研究视角。学术界对易地搬迁移民就业的研究主要从以下几个理论视角展开。

第一，可持续生计理论视角。可持续生计理论强调通过整合多维资本提升易地搬迁移民的生计恢复力与长期可持续发展能力。马明等（2024）、周丽等（2020）的研究发现搬迁后移民的生计资本总量显著增加，但自然资本因土地流转或撂荒而减少，而人力资本、物质资本和社会资本通过就业培训、基础设施改善等途径得到提升[②③]。陈绍军等（2023）的研究发现生计策略的非农化转型对家庭收入增长作用显著，但需配套金融支持与技能培训以降低转型风险[④]。徐家鹏等（2024）研究发现政策帮扶与社区环境是影响生计资本重组的关键外部因素，需通过差异化扶持优化生计结构[⑤]。

第二，社会空间理论视角。社会空间理论关注搬迁引发的物理空间重构与社会关系网络重建对移民就业的影响。郭占锋等（2024）发现集中安置区通过空间整合创造就业机会，但面临空间分离导致的就业不稳定问题[⑥]。杨慧（2024）研究发现搬迁后社会资本因原有邻里关系断裂而短期下降，需通过社区公共活动和组织化就业重建社会网络[⑦]。马明等（2024）发现民族文化与安置区主流文化的冲突可能限制移民就业选择，

① 英明，魏淑艳. 中国特色积极就业政策效果分析：一个评估框架 [J]. 东北大学学报（社会科学版），2016，18（3）：288-295.
② 马明，陈绍军，张安若. 易迁移民就业机会、人力资本变动及其影响因素：基于对少数民族地区的考察 [J]. 西北农林科技大学学报（社会科学版），2024，24（1）：139-151.
③ 周丽，黎红梅. 易地扶贫搬迁安置模式与农户生计资本变动：基于湖南省集中连片特困地区的调查分析 [J]. 湖南科技大学学报（社会科学版），2020，23（3）：85-92.
④ 陈绍军，马明，陶思吉. 共同富裕视域下易地扶贫搬迁移民生计资本、生计策略与生计选择行为的影响研究 [J]. 河海大学学报（哲学社会科学版），2023，25（1）：94-108.
⑤ 徐家鹏，颜晓彬. 信贷支持能提升易地扶贫搬迁农户生计恢复力吗 [J]. 中国经济问题，2024（4）：80-96.
⑥ 郭占锋，张岳芬，周静. 多重空间整合：易地搬迁社区工厂的发展路径——以陕西省 Z 县为例 [J]. 学习与实践，2024（12）：86-97.
⑦ 杨慧. 社会资本构建与社区公共品供给：易地搬迁安置社区治理中的社会组织行动逻辑 [J]. 南京社会科学，2024（4）：59-68.

需通过文化适应性培训促进社会融入①。

第三，可行能力理论视角。可行能力理论聚焦移民个体发展权能的提升，强调内生动力与外部机会的协同。高博发等（2023）研究发现，搬迁移民中的妇女和老年群体因技能不足或文化适应困难面临就业边缘化，需针对性赋权②。张晨等（2022）的研究发现，信息通信技术（ICT）的使用通过拓宽就业信息获取渠道、增强经济融入，但对低社会融入群体效果有限③。袁瑶等（2025）的研究发现搬迁后的心理适应（如离土焦虑）影响就业参与，需将心理帮扶与生计支持相结合④。

第四，嵌入性理论视角。嵌入性理论揭示移民就业行为与地域经济、社会结构的互动关系。田鹏（2023）发现搬迁移民的生计策略受安置区产业类型和地理区位的嵌入性约束⑤。郑娜娜等（2023）认为"乡土逻辑"与市场化就业需求的冲突导致部分移民返迁或低效就业，需通过社区治理调和传统与现代生计方式⑥。蒋国东等（2022）发现土地权益保障通过降低离地风险促进就业转型，但需完善流转机制以避免资源闲置⑦。

（3）影响易地搬迁移民就业的因素研究。第一，政策支持与易地搬迁移民就业。政策支持主要通过就业帮扶措施和后续扶持政策影响移民就业，不同研究聚焦政策的不同方面。一是就业岗位供给与培训。侯学博等（2024）发现政府促进就业的措施包括协助对接企业就业、农业特色产业

① 马明，陈绍军，张安若. 易迁移民就业机会、人力资本变动及其影响因素：基于对少数民族地区的考察 [J]. 西北农林科技大学学报（社会科学版），2024，24（1）：139-151.
② 高博发，李聪，李树苗，等. 易地搬迁政策何以影响农村妇女脱贫与发展：基于可行能力视角的调研与分析 [J]. 贵州财经大学学报，2023（6）：90-99.
③ 张晨，马彪，仇焕广. 信息通信技术使用可以促进易地扶贫搬迁户的社会融入吗？[J]. 中国农村经济，2022（2）：56-75.
④ 袁瑶，李凤兰，卢奕辰. 易地扶贫搬迁移民社会适应对心理健康的影响：基于湖北省J县的调查 [J]. 华中农业大学学报（社会科学版），2025（1）：180-193.
⑤ 田鹏. 嵌入性视角下易地搬迁人地关系的实践逻辑及反思 [J]. 农村经济，2023（10）：61-72.
⑥ 郑娜娜，许佳君. 失据与扎根：新社区工厂的发展困局与破解策略——基于陕南移民安置社区的案例研究 [J]. 学海，2023（6）：59-68.
⑦ 蒋国东，李娅，沈艳. 怒江州泸水市易地扶贫搬迁农户土地利用方式及影响因素分析 [J]. 中国农业资源与区划，2022，43（12）：183-190.

扶持、提供职业技能培训、定向劳务派遣、组织招工会等，这些措施有效促进了家庭非农就业占比和跨区域就业，显著提高非农就业率[①]。尹俊等（2023）研究发现"十三五"时期政府的产业扶贫、就业扶贫和公益性岗位项目等配套精准扶贫项目对降低贫困发生率有直接作用，但短期的教育扶贫和金融扶贫的效果不显著[②]。陈芳等（2021）发现，南疆搬迁户中，纯农业就业方式对减贫效果最显著，而以兼业或打工为主的就业方式减贫效果较弱，建议政府加强政策扶持与引导，加强劳动力就业培训，促进收入多元化，实现贫困农户跨越式发展[③]。二是政策依赖与瞄准偏差。吕建兴等（2019）基于5省数据，发现仅提供就业机会的政策能降低返迁意愿，而政府提供产业发展支持、金融贷款支持、社会保障支持的扶持政策对降低搬迁户返迁意愿的作用不明显，存在政策瞄准偏差[④]。时鹏等（2022）研究发现，搬迁后部分农户对补贴的"福利依赖"会抑制非农就业主动性，需平衡短期救济与长期能力建设[⑤]。三是政策类型差异。徐家鹏等（2024）通过对比信贷支持类型，发现正规信贷和政策性信贷对生计恢复力的提升作用强于非正规信贷[⑥]。武汉大学易地扶贫搬迁后续扶持研究课题组（2020）的研究发现，城镇化集中安置更依赖后续就业扶持，而农村安置需加强农业产业配套[⑦]。

---

① 侯学博，李现康，张蚌蚌．易地扶贫搬迁集中安置对家庭劳动力非农就业促进效应及其机制研究：基于2014—2020年武陵山连片特困地区857户家庭7期追踪数据的分析［J］．自然资源学报，2024，39（4）：978-996.

② 尹俊，孙博文，刘冲，等．易地扶贫搬迁政策效果评估：基于S省三县贫困户建档立卡微观追踪数据［J］．经济科学，2023（3）：185-204.

③ 陈芳，苏洋，王迪，等．易地搬迁对不同就业方式农户的减贫效应：基于南疆四地州的实证分析［J］．江苏农业科学，2021，49（14）：19-25.

④ 吕建兴，曾小溪，汪三贵．扶持政策、社会融入与易地扶贫搬迁户的返迁意愿：基于5省10县530户易地扶贫搬迁的证据［J］．南京农业大学学报（社会科学版），2019，19（3）：29-40，156.

⑤ 时鹏，王倩，余劲．易地扶贫搬迁对农户收入的影响机理及效应：基于陕南3市8县1712个农户数据的实证分析［J］．经济地理，2022，42（2）：190-202.

⑥ 徐家鹏，颜晓彬．信贷支持能提升易地扶贫搬迁农户生计恢复力吗［J］．中国经济问题，2024（4）：80-96.

⑦ 武汉大学易地扶贫搬迁后续扶持研究课题组．易地扶贫搬迁的基本特征与后续扶持的路径选择［J］．中国农村经济，2020（12）：88-102.

第二，生计资本变化与就业转型。搬迁导致移民生计资本重构，不同资本对就业的影响存在差异。一是人力资本（技能、教育）。马明等（2024）发现，怒江州搬迁移民的家庭人口、社会资本、政策感知、社会适应、公共设施、民族文化等因素对易地搬迁移民的人力资本有显著影响，且人力资本对就业机会有持续性正向影响①。邹瑜等（2020）基于新疆的数据，指出参加非农培训的移民更易实现稳定就业②。二是金融资本（信贷、收入）。汪磊等（2024）对大型集中安置区的分析发现，五大资本中人力资本与自然资本、物质资本、社会资本及金融资本之间存在着普适性互补效应，金融资本与社会资本间存在替代效应。互补性生计资本值越大，移民家庭工资收入和财产收入越高③，意味着金融资本更支持创业型就业。李聪等（2022）研究发现，家庭在业人数、平均受教育程度、有无加入合作社、信贷可得性、家庭负担率、风险容忍度、搬迁年份、生计策略和交通可及性对搬迁户收入流动具有显著影响④。三是社会资本（关系网络）。谢大伟（2020）认为若想提高移民的可持续生计能力，应积极拓宽移民的社会关系网络，增强移民参与社会组织的积极性，提高移民的社会资本，激发移民的内生动力，探寻生计资本与内生动力的优化途径，提高资源的使用效率，并针对不同安置方式建立移民能力提升机制，增加就业机会⑤。陈绍军等（2023）的研究发现，人力资本、社会资本对以务工为主、农业为辅类型的移民家庭有正向影响⑥。四是自然资本（土地资

① 马明，陈绍军，张安若．易迁移民就业机会、人力资本变动及其影响因素：基于对少数民族地区的考察 ［J］．西北农林科技大学学报（社会科学版），2024，24（1）：139-151．
② 邹瑜，王华丽，刘子豪．生计恢复力框架下易地扶贫搬迁农户非农就业影响因素研究：基于新疆克孜勒苏柯尔克孜自治州的调查 ［J］．干旱区资源与环境，2020，34（11）：29-35．
③ 汪磊，张薇薇，汪霞．大型城镇集中安置区搬迁移民生计资本组合对家庭收入影响机理的实证研究 ［J］．贵州财经大学学报，2024（3）：81-91．
④ 李聪，王磊，王金天，等．跨越贫困陷阱：易地搬迁农户的收入流动及其影响因素 ［J］．统计与信息论坛，2022，37（5）：102-114．
⑤ 谢大伟．易地扶贫搬迁移民的可持续生计研究：来自新疆南疆深度贫困地区的证据 ［J］．干旱区资源与环境，2020，34（9）：66-71．
⑥ 陈绍军，马明，陶思吉．共同富裕视域下易地扶贫搬迁移民生计资本、生计策略与生计选择行为的影响研究 ［J］．河海大学学报（哲学社会科学版），2023，25（1）：94-108．

源）。蒋国东等（2022）指出，搬迁后耕地撂荒普遍，土地流转政策完善的地区，移民更易转向非农就业[①]。在后搬迁时代，汪磊等（2024）发现自然资本对家庭收入的边际贡献最小，而社会资本对家庭收入呈现负向影响[②]。

第三，社会融入与就业稳定性。社会融入程度影响移民就业的长期稳定性。一是心理适应与身份认同。刘升（2023）发现，城镇安置区老年移民因心理融入困难，返迁率较高[③]。袁瑶等（2025）发现，生计适应能力弱的移民心理健康风险高，进而影响就业稳定性[④]。二是社区参与和公共服务。陈琳（2025）基于黔东案例，发现社区公共活动（如民族团结活动）促进移民社会网络重建，间接支持就业[⑤]。三是民族文化因素。马明等（2024）强调，少数民族移民的文化保留（如语言、习俗）可能影响其就业选择[⑥]。此外，赵文杰等（2024）研究发现社会融入同产业发展和就业保障之间存在相互支撑关系[⑦]。

（4）易地搬迁移民就业质量。国内有关易地搬迁移民就业质量的研究最早见于有关"就业质量"的相关研究中。就业质量的研究起步于20世纪90年代末期，真正开始于21世纪初，主要对"就业质量"的内涵界定、指标体系构建、影响因素及公共就业服务等内容进行研究，研究重点群体包括高校毕业生、农民工（含青年农民工、新生代农民工、随迁子

---

① 蒋国东，李娅，沈艳. 怒江州泸水市易地扶贫搬迁农户土地利用方式及影响因素分析 [J]. 中国农业资源与区划，2022，43（12）：183 - 190.

② 汪磊，张薇薇，汪霞. 大型城镇集中安置区搬迁移民生计资本组合对家庭收入影响机理的实证研究 [J]. 贵州财经大学学报，2024（3）：81 - 91.

③ 刘升. 养老型返迁：易地搬迁老人的社会融入困境及养老选择——基于某脱贫县集中安置社区的跟踪调查 [J]. 南京农业大学学报（社会科学版），2023，23（4）：119 - 129.

④ 袁瑶，李凤兰，卢奕辰. 易地扶贫搬迁移民社会适应对心理健康的影响：基于湖北省J县的调查 [J]. 华中农业大学学报（社会科学版），2025（1）：180 - 193.

⑤ 陈琳. 易地扶贫搬迁安置与民族交往交流交融：基于黔东移民型F社区的调查 [J]. 中南民族大学学报（人文社会科学版），2025，45（2）：74 - 81，184.

⑥ 马明，陈绍军，张安若. 易地移民就业机会、人力资本变动及其影响因素：基于对少数民族地区的考察 [J]. 西北农林科技大学学报（社会科学版），2024，24（1）：139 - 151.

⑦ 赵文杰，丁凡琳，高明. 中国式现代化背景下易地扶贫搬迁集中安置区转型发展研究：基于产业、就业与社会融入"三位一体"的路径分析 [J]. 农村经济，2024（9）：70 - 81.

女）、失地农民、贫困群体等。

第一，就业质量内涵研究较丰富。早期，刘素华（2005）在《就业质量：概念、内容及其对就业数量的影响》一文中指出"就业质量是反映整个就业过程中劳动者和生产资料结合并取得报酬或收入的具体状况之优劣程度的综合性范畴"[1]，并从宏观和微观两个层面进行了阐释。之后，李军峰（2003）、程蹊等（2003）、马庆发（2004）、彭国胜（2008）、张抗私（2012）、陈成文（2014）等学者分别从不同视角丰富了就业质量的内涵。如今，在新时代背景下，相关学者的研究有了新的突破，苏丽锋、赖德胜（2018）认为"就业质量关乎人民获得感和社会公平正义"[2]。徐晓雯等（2021）认为新发展格局背景下，稳就业、保就业工作不能仅依赖于从需求侧出发的政府投资拉动经济增长来增加就业岗位，更要从供给侧发力，扶持中小微企业打通创新链为就业扩围，而这就需要有为政府和有效市场的联动跟进[3]。赖德胜（2021）认为"不同人群的就业质量有可能进一步分化"，"在新的科技革命时代，随着新经济业态的发展，工作的性质发生了深刻变化，平台性就业、弹性就业、非标准就业等不断涌现"[4]。因此，随着时代的发展，"就业质量"内涵更丰富。

第二，就业质量评价体系研究主要围绕就业主体本人来设计。国内学者多数从就业者的工资收入高低、就业环境、就业质量、就业稳定性、就业保障、劳动关系及就业能力等方面来设计就业质量评价指标体系。如刘素华（2003）认为应将就业质量的内容作为确定评价要素的最基本依

---

[1] 刘素华.就业质量：概念、内容及其对就业数量的影响［J］.人口与计划生育，2005（7）：29-31.

[2] 苏丽锋，赖德胜.高质量就业的现实逻辑与政策选择［J］.中国特色社会主义研究，2018（2）：32-38.

[3] 徐晓雯，纪文婷，彭飞.新发展格局下我国就业矛盾及稳就业、保就业的财税政策选择［J］.企业经济，2021，40（5）：151-160.

[4] 赖德胜.构建新发展格局更好地促进就业［J］.中国人口科学，2021（1）：2-11，126.

据①；高伟、张广胜、孙若愚（2012）基于主成分分析法构建农民工就业质量评价指标体系②；王晓刚（2015）运用模糊综合评价法对失地农民就业质量进行综合评价③；陈万明、徐国长、戴克清（2019）通过层次分析法来确定就业质量评价指标权重④。综合来看，以往研究缺少从就业承载能力和就业服务角度出发来设计指标体系，就业质量评价指标体系设计创新空间广阔。

2. 高质量充分就业相关研究

（1）国内外关于高质量充分就业的内涵及评价。国外没有明确的"高质量充分就业"的概念，相关研究主要体现在"充分就业"和"就业质量"两方面。

第一，国外关于充分就业的内涵。充分就业是英国经济学家J·M·凯恩斯在《就业、利息和货币通论》一书中提出的，指"在某一工资水平下，所有愿意接受该工资的劳动者都能获得就业机会。"⑤ 1946年，美国国会颁布《就业法案》，将充分就业法律化为"最大限度就业"目标，美联储据此制定货币政策⑥。西方经济学将充分就业定义为仅存在自然失业（结构性和摩擦性）的状态。结构性失业源于经济转型中的劳动力供需错配，摩擦性失业由求职成本导致，周期性失业则因有效需求不足产生，属于非自然失业。当要求消灭"非自愿失业"时，即实现充分就业⑦。充分就业并不等于全部就业，而是承认并允许失业在一定程度上存在，只要确保实际失业率不是大大高于自然失业率。在尽可能实现充分就业、提高劳

①　刘素华．建立我国就业质量量化评价体系的步骤与方法［J］．人口与经济，2005（6）：34-38.

②　高伟，张广胜，孙若愚．基于主成分分析法的农民工就业质量评价体系构建及应用：以沈阳市农民工为例［J］．中国集体经济，2012（6）：86-88.

③　王晓刚．失地农民就业质量评价：以郑州市为例［J］．城市问题，2015（7）：71-77.

④　陈万明，徐国长，戴克清，等．新生代农民工就业质量评价体系［J］．江苏农业科学，2019，47（20）：311-315，327.

⑤　李杜．凯恩斯就业理论及其启示［J］．广西社会科学，2005（12）：61-64.

⑥　韩笑．"促进高质量充分就业"研讨会综述［J］．劳动经济研究，2024，12（4）：141-144.

⑦　张顺．数字经济时代如何实现更充分更高质量就业［J］．北京工商大学学报（社会科学版），2022，37（6）：12-21.

动力资源配置效率的同时，还须追求就业质量，强调就业稳定性的增强、就业公平性的提高以及劳动者权益的维护①。

第二，国外关于就业质量的内涵。国外关于"就业质量"的研究起源于 1995 年国际劳工组织提出的劳工标准，如国际劳工组织使用"体面劳动"指标、欧盟委员会使用"工作质量"指标、欧洲基金会使用"工作和就业质量"指标等具体体现就业质量的内涵。2010 年，联合国欧洲经济委员会编制了一套就业质量评价指标体系，涉及七项具体指标。之后，国际上还开发了行业层面工作岗位质量评价指标"就业质量指数"（Employment Quality Index，EQI），具体涉及三个分指标，并建立了 EQI 月度发布制度。

国内"高质量充分就业"的提出与发展主要以政策驱动为主，是由我国经济转型发展和保障社会公平共同决定的，属于典型的中国本土概念，其发展经历了"充分就业""稳定就业""更高质量更充分就业"到"高质量充分就业"的变化，具有阶段性特点。新中国成立初期的"统包统配"就业政策的目标是从国家层面主导实现充分就业；改革开放后，通过以工代赈、创造本地就业机会、开展职业技术培训和组织劳务输出②等方式实现稳定就业，这一时期就业由完全政府主导转变为政府主导、社会参与。1994 年，国务院印发《国家八七扶贫攻坚计划》，明确将"户均向乡镇企业或发达地区转移一个劳动力、开展成人职业技术教育和技术培训"作为奋斗目标，重点实施东西部劳务协作。2011 年进入"精准对接、稳定就业"阶段，形成了"一核两精三协同四融合五大举措"就业扶贫政策体系③。党的十九大报告明确提出"高质量发展"，就业政策转向"更高质量和更充分就业"。党的二十大报告强调"强化就业优先政策，健全就业促进机制，促进高质量充分就业"，首次提出"高质量充分就业"的概念。

<hr>

① 李志明. 中国就业政策 70 年：走向充分而有质量的就业 [J]. 天津社会科学，2019（3）：57 - 63.

②③ 平卫英，罗良清，张波. 我国就业扶贫的现实基础、理论逻辑与实践经验 [J]. 管理世界，2021，37（7）：32 - 43，3.

党的二十届三中全会进一步明确"健全高质量充分就业促进机制，完善就业公共服务体系，着力解决结构性就业矛盾。"

国内关于"高质量充分就业"的评价主要从"充分就业"和"高质量就业"两个方面进行，也有部分学者仅评价"高质量就业"或者"就业质量"。既评价"充分就业"，又评价"高质量就业"方面，谭永生（2020）将更高质量更充分就业分为"就业质量"和"充分就业"2个一级指标，包含6个二级指标、19项具体三级指标。"就业质量"的二级指标为就业能力、就业报酬、就业保护；"充分就业"的二级指标为就业机会、就业市场和就业结构①。陆跃祥、梁占永、邱康权（2024）构建起更充分更高质量就业的评价指标体系，包含了1个综合指标、2个一级指标（更充分就业水平、更高质量就业水平）、8个二级指标（经济发展、传统产业、新兴产业、职业技能培训、创业服务、营商环境、工作环境、生活环境）和29个三级指标。该研究发现，2010—2021年中国就业水平年均增长率为7.0%，保持稳定的增长趋势，充分就业水平年均增长率高于高质量就业水平年均增长率②。仅评价"高质量就业"方面，王阳（2018）将北京市更高质量就业水平的评价维度依照更高质量就业的概念进行了设计，共设计了5个维度，评价指标即二级指标进一步细分，共设立10个，具体包括城镇登记失业率、城镇新增就业弹性、单位从业人数比例、工会会员人数比例、产均工伤事件发生率、工伤事故死亡率、最低工资保护程度、社会保险保护程度、劳均劳动争议案件发生率，以及劳动争议劳动者当事人数比例③。沈嘉贤（2020）关注高质量就业的实现基础、持续动能、个体回报、最终目标等方面，从就业稳定与劳动关系、就业能力与职业发展、劳动报酬与社会保障、就业环境与工作认同四个维度对高质量就业评

---

① 谭永生．中国更高质量和更充分就业的测度评价与实现路径研究［J］．宏观经济研究，2020（5）：82-90，101.

② 陆跃祥，梁占永，邱康权．2010—2021年中国就业水平的测度及量化分析［J］．上海经济研究，2024（1）：88-105.

③ 王阳．北京市实现更高质量就业水平评价及就业政策再完善［J］．经济与管理研究，2018，39（7）：39-47.

价指标体系进行研究[①]。多数学者主要对"就业质量"进行评价。王阳（2024）分两级评价维度构建制造业就业质量评价指标体系，一级维度设立4个指标，包括就业、工资、劳动者特征和工作时间；二级维度设立11个指标，包括就业机会、就业结构、就业稳定性、就业公平性、工资竞争力、工资差距、工资增长、劳动者素质结构、劳动者年龄结构、工作时间构成，以及工作和生活平衡[②]。刘松林、王坦、戚琳琳（2023）基于就业状况、劳动报酬、就业与社会保障、劳动关系、就业能力、就业环境六个维度构建了就业质量评价指标体系，运用CRITIC法、熵值法对湖北省2015—2021年的就业质量进行测度与分析[③]。许长新、凌珑（2020）从劳动者的主客观福祉出发构建就业质量指标体系，客观维度指标选择劳动报酬和休闲时间，主观维度指标选择相对收入、就业满意度、就业感受[④]。

（2）高质量充分就业的影响因素。第一，政策工具与高质量充分就业。关于政策工具与高质量充分就业，学术界的研究主要集中在三个方面。一是聚焦宏观政策工具的协同效应，其中又细分为两个不同的视角。许梦博、寇依（2024）认为其中一种视角着眼于落实减税降费政策、优化财政支出结构，在短期和中长期均有效地促进了高质量就业[⑤]；另一种视角则指出政府采购等财政工具通过稳定企业经营和缓解融资约束，对"稳就业"的效果优于传统的政府补贴和税收优化等政策工具[⑥]。由此可见，宏观政策工具的有效性依赖于工具间的动态适配性，而这一共识揭示了政

---

① 沈嘉贤.新时代高质量就业评价指标体系研究［J］.统计科学与实践，2020（6）：13-16.

② 王阳.中国制造业就业质量水平评价研究：兼析促进制造业高质量就业的政策着力点［J］.经济体制改革，2024（6）：161-169.

③ 刘松林，王坦，戚琳琳.基于客观组合赋权的就业质量测度与评价［J］.统计与决策，2023，39（20）：168-173.

④ 许长新，凌珑.中国微观就业质量：绩效评价、影响因素及优化路径［J］.江海学刊，2020（6）：110-115，254.

⑤ 许梦博，寇依.财政政策、货币政策与高质量就业：基于TVP-SV-VAR模型的动态分析［J］.华东经济管理，2024，38（5）：90-102.

⑥ 张文文，景维民.政府采购与中小企业稳就业［J］.山西财经大学学报，2025，47（2）：1-14.

策协同的底层逻辑，即高质量充分就业需要不同政策工具之间的协同。二是关注结构性政策工具的差异化设计，其中包含三类主张。一种主张认为人力资本投资类工具能通过提升劳动者技能适应性，显著促进农村青年高质量就业[①]；另一种主张则强调环境规制需与产业结构匹配，其就业效应呈倒 U 型曲线[②]；第三种主张从政策组态视角证明，信息供给与培训指导的工具组合对高校毕业生就业具有普适性[③]。这些研究共同表明，结构性工具的效果受制于目标群体特征与制度环境，需通过精准识别劳动力市场分层需求实现工具创新。三是揭示制度性约束的关键作用。汪华等（2025）指出，仅依赖再分配政策难以根治贫富分化，必须通过劳动力要素市场化改革破除制度壁垒[④]；杨烁晨等（2025）则发现生育政策对女性就业的挤压效应源于长期制度缺位[⑤]。此类研究将政策工具置于更广阔的制度框架下，凸显了高质量就业的实现既需短期政策干预，更依赖人力资本积累、户籍改革等长效机制。

第二，社会保障政策与高质量充分就业。学术界关于社会保障对高质量充分就业的作用形成了三类主要观点。一是聚焦社会保障的"双刃剑"效应，其中又细分为两种代表性观点。一种观点认为，公共服务供给通过人力资本积累和消费刺激路径显著降低就业不足概率，尤其在地方财政治理能力较强的区域更易形成"收入效应"[⑥]；与此不同的是，另一种观点指出，工业智能化在推动服务业就业结构高级化的同时，需配套职业培训

①　李建奇，丁述磊. 人力资本、技术进步与农村青年高质量充分就业 [J]. 当代财经，2024 (6)：17 - 29.

②　柴倩倩，李喆溪. 环境规制对高质量就业的影响路径及效应 [J]. 税务与经济，2023 (2)：91 - 99.

③　陆根书，董宇婧. 高校毕业生就业政策如何促进就业：基于政策工具的组态分析 [J]. 国家教育行政学院学报，2024 (4)：86 - 95.

④　汪华，翟一鑫. 再分配与共同富裕之间的逻辑张力 [J]. 社会政策研究，2025 (1)：110 - 120，135 - 136.

⑤　杨烁晨，杜海峰，靳小怡. 生育政策调整对农村女性劳动力非稳定就业的影响研究 [J]. 华中农业大学学报（社会科学版），2025 (1)：194 - 205.

⑥　王红梅，刘子硕，付正淦. 公共服务供给与劳动力不充分就业：加剧或抑制——对地方财政治理能力异质性的再检验 [J]. 经济问题探索，2024 (12)：84 - 102.

和社会保障以缓解岗位替代冲击①。由此可见，这类研究揭示了社会保障的政策效果具有情境依赖性，其净效应取决于制度设计与执行环境的协同。二是强调社会保障制度与新型劳动关系的适配性。一种观点认为，雇佣稳定性比保障完善性更能促进新职业群体（如骑手）的市民化，主张优先推动雇佣正规化而非单纯扩大社保覆盖面②；另一种观点则提出，应构建与新就业形态匹配的专项社保制度，以解决平台劳动者面临的"技能需求—技能形成"冲突和权益保障困境③。这表明，社会保障需在"稳定性"与"灵活性"之间寻求动态平衡，其制度创新是高质量就业的结构性支撑。三是从宏观政策协同视角拓展讨论。学者普遍认为，社会保障需与产业政策、教育培训形成联动，如非稳定就业者因社保缺失难以向上流动，需通过提高劳动报酬占比和社保改革增强劳动者的就业稳定性④。这三类主要观点层层递进，即从微观效应辨析到中观制度设计，最终指向宏观政策体系的整合，共同凸显社会保障作为高质量充分就业"稳定器"与"助推器"的双重价值。

第三，数字技术发展与高质量充分就业。学术界主要从就业总量、就业劳动力市场、就业质量和就业公平等方面进行数字技术影响高质量充分就业的研究。一是就业总量。数字技术主要通过替代效应、补偿效应和创造效应对就业总量产生影响⑤。数字技术具有高创新性、强渗透性和广覆盖性，打破了传统就业的时间、空间和行业限制，创造了大量新职业和新岗位，增加了就业总量⑥。也有学者认为，就业总量在替代效应与抑制效

① 王文. 数字经济时代下工业智能化促进了高质量就业吗 [J]. 经济学家，2020（4）：89-98.

② 田志鹏. 不稳定就业与新职业群体市民化研究：以骑手为例 [J]. 中国社会科学院大学学报，2022，42（11）：90-103，135.

③ 姜鹏飞，姜良杰，曹敏，等. 新就业形态劳动者高质量就业的价值意蕴、现实困境与突破路径 [J]. 中国软科学，2024（S1）：434-440.

④ 何文炯，王中汉. 非稳定就业者能够进入中等收入群体吗?：基于 CFPS 数据的分析 [J]. 西北大学学报（哲学社会科学版），2022，52（2）：52-64.

⑤ 王春超，聂雅丰. 数字经济对就业影响研究进展 [J]. 经济学动态，2023（4）：134-149.

⑥ 刘盘根，高晋. 数字经济赋能高质量充分就业：内在逻辑、作用机理与优化路径 [J]. 华北水利水电大学学报（社会科学版），2024，40（5）：1-9.

应作用下将保持基本稳定①。二是劳动力市场。数字技术对劳动力市场造成巨大冲击和潜在的就业风险，主要包括新技术革命引发"机器换人"的就业替代效应、技术性失业风险、新就业形态引发的劳动者权益保障缺失②。此外，数字技术催生新的生产方式和就业形态，在扩大市场份额、增加就业岗位、提高劳动者素质等方面具有积极作用③。数字技术创新可以通过劳动力流动加剧高技能与低技能劳动力市场极化④、推动本地劳动力市场扩容升级、促进劳动服务的"线上化"转移⑤。数字技术已成为经济增长的新动能，在扩大就业规模、激发就业市场活力方面正发挥着重要作用⑥。三是就业质量。多数研究发现数字技术促进就业质量提升，主要体现在数字技术的发展能优化劳动力配置⑦、优化就业结构⑧⑨、促进就业环境持续改善、增强劳动者就业能力，为实现更高质量就业提供新契机⑩。数字化转型是农户参与非农就业的有效动力，能显著提高就业质量⑪。也有学者认为数字技术对高质量就业产生了负面影响，包括劳动者权益得不到有效保障，劳资关系或日益紧张；对低技能劳动者产生替代效

---

① 蔡跃洲，陈楠. 新技术革命下人工智能与高质量增长、高质量就业［J］. 数量经济技术经济研究，2019，36（5）：3-22.

② 王轶，刘蕾，魏巍. 数字经济时代我国面临的就业风险及治理机制研究［J］. 济南大学学报（社会科学版），2023，33（4）：98-107.

③ 刘传雷. 以数字经济推动就业市场创新改革［J］. 宏观经济管理，2024（2）：77-82，92.

④ 张洋. 数字技术创新对劳动力市场极化的影响研究［J］. 技术经济与管理研究，2023（7）：33-38.

⑤ 王曰影，李銮淏，夏杰长. 跨境劳务合作能否助力中国包容性经济增长：基于对外工程承包视角的经验分析［J］. 山西财经大学学报，2024，46（3）：18-29.

⑥ 胡放之. 数字经济、新就业形态与劳动力市场变革［J］. 学习与实践，2021（10）：71-77.

⑦ 孟维福，郭正燕. 数字经济、劳动力配置与经济高质量发展［J］. 江汉论坛，2024（1）：26-36.

⑧ 向国成，毛雨浩，邝劲松. 数字经济的就业效应：研究进展与分析框架［J］. 经济社会体制比较，2024（3）：183-193.

⑨ 司小飞，李麦收. 数字经济、就业结构与就业质量：基于中国省域数据的实证分析［J］. 西北人口，2022，43（4）：54-69.

⑩ 戚聿东，刘翠花，丁述磊. 数字经济发展、就业结构优化与就业质量提升［J］. 经济学动态，2020（11）：17-35.

⑪ 尹志超，仇化. "数智"还是"数滞"：数字化转型与非农就业［J］. 经济学动态，2024（2）：32-51.

应，收入差距或逐步扩大；对不同产业行业产生差异化影响，经济效率或受到影响[1]。四是就业公平。数字技术有助于缩小就业不平等。数字技术通过提供信息获取、技能培训和再教育机会，帮助弱势群体跨越数字鸿沟，特别是为女性劳动者和超龄农民工提供了更多就业机会和再就业路径，促进了社会公平与包容性增长[2][3][4]。同时，数字技术会对工资收入和收入不平等产生影响，表现为延长劳动者工作时间，产生新就业形态，对灵活就业者的社会保障带来挑战[5]。另外，有学者的研究发现，数字技术进步能够显著提高农村青年劳动力群体外出打工的意愿[6]；数字技术与高技能劳动力存在互补效应，与中、低技能劳动力没有互补效应[7]。数字技术的发展从总体上提高了中国劳动力资源配置效率[8]。

第四，产业发展与高质量充分就业。有关产业发展影响高质量充分就业的研究主要体现在两个方面。一是聚焦产业政策与就业目标的协同机制，其中又细分为两种代表性观点。一种观点认为，传统赶超型产业政策因忽视就业优先目标，导致高技术产业发展与民生就业的兼容性困境，因此需要解决产业发展尤其是高技术产业发展与就业、民生之间的兼容性问题[9]；与此不同，另一种观点强调应以区域空间重构为抓手，推动产业、

---

① 崔宇，范芹. 数字经济对高质量就业的双重影响及其实现路径 [J]. 经济问题，2023（9）：52-59.

② 韩慧怡，刘璐婵. 数字技术应用对女性劳动者就业质量的影响及其作用机制研究 [J]. 中国劳动关系学院学报，2024，38（3）：94-103.

③ 何鸿智. 数字技术赋能超龄农民工再就业的路径、困境及对策 [J]. 商业经济，2024（8）：112-117.

④ 刘翠花，戚聿东. 数字经济促进就业扩容提质的理论逻辑、作用机理与推进路径 [J]. 理论学刊，2023（4）：129-141.

⑤ 王春超，聂雅丰. 数字经济对就业影响研究进展 [J]. 经济学动态，2023（4）：134-149.

⑥ 王少国，句国艳. 数字技术进步促进农村剩余劳动力流出了吗？：来自CFPS数据的微观证据 [J]. 求是学刊，2023，50（6）：79-93.

⑦ 武可栋，阎世平，朱梦春. 数字技术、劳动力结构与全要素生产率的关系 [J]. 企业经济，2022，41（8）：35-46.

⑧ 丛屹，俞伯阳. 数字经济对中国劳动力资源配置效率的影响 [J]. 财经理论与实践，2020，41（2）：108-114.

⑨ 刘志彪. 构建就业友好型产业政策：理论逻辑与改革取向 [J]. 江海学刊，2024（5）：5-11，255.

就业与企业的三业结合，关注并解决社会重点群体的就业问题[①]。二是研究关注技术变革对就业结构的重塑作用，即数字经济通过创造新职业和优化技能结构产生就业增量效应[②]，但经济增长对就业的带动作用存在空间异质性。其中包含三个维度，不同区域内技术进步、产业结构升级、人力资本、资本投入、政府干预和收入分配的差异是造成区域经济增长与就业关系非一致性的原因[③]，会加剧区域差异与群体差异；产业工人群体需通过技能升级适应新型工业化需求[④]；在信息技术普及的条件下，劳动力技能提升，劳动者具备向现代产业转移的素质与禀赋条件，能够更好地适应现代产业发展的需要[⑤]，服务业与私营经济成为吸纳劳动力的主要渠道。

第五，技能影响高质量充分就业。技能作为劳动力市场的核心要素，对就业质量的影响日益凸显。现有研究围绕技能与高质量就业的关系，主要从技能供需匹配、技能形成机制、技能转型效应三个维度展开。一是技能供需匹配。技能供需匹配是高质量就业的基础，学界对此有两种代表性观点。一种观点认为，技能与岗位需求的精准匹配能显著提升就业质量。例如，数字创新合作具有长期的就业促进效应，并驱动技能偏向型的就业结构优化[⑥]；社会网络中的城市本地网络通过提升人力资本和就业匹配效率，推动农业转移人口高质量就业，城市乡土网络则依托人力资本和社会认同提升实现就业改善[⑦]。与此不同，另一种观点指出，技

① 叶超，高磊．"三业结合"全面提振中国经济的逻辑与路径［J］．经济地理，2022，42（9）：103－109.

② 王跃生，张羽飞．数字经济的双重就业效应与更高质量就业发展［J］．新视野，2022（3）：43－50.

③ 吴昊，李萌．中国经济增长与就业关系的空间差异性研究［J］．经济纵横，2022（4）：49－59.

④ 林嘉．产业工人群体就业及职业发展新趋势［J］．人民论坛，2024（12）：35－37.

⑤ 唐聪聪，陈翔．中国当前就业结构变化的特征、内生动力与经济效果研究［J］．经济问题探索，2023（1）：21－33.

⑥ 史婵，杨志红，王小林．数字创新合作与高质量充分就业：基于上市公司联合申请专利数据的研究［J］．劳动经济研究，2025，13（1）：104－130.

⑦ 付明辉，刘传江．社会网络、数字经济与农业转移人口高质量充分就业［J］．劳动经济研究，2025，13（1）：131－159.

能错配会加剧结构性矛盾，如制造业面临就业质量"一降三不高"问题，即就业规模和占比持续下降、收入和服务保障水平不高、技能人才占比和就业技能不高、就业环境满意度不高，表现为技能人才占比不足与岗位需求脱节①。由此可见，两类观点的基本共识是技能供需的动态平衡是高质量就业的前提。值得进一步追问的是，在数字经济快速发展的背景下，为什么会出现低技能群体就业质量提升滞后的问题？而这也正是技能形成机制所关注的重点。二是技能形成机制。技能形成机制决定就业质量的可持续性，其中又细分为三种代表性观点。一种观点强调稳定就业环境对技能积累的关键作用。例如，国有企业通过师徒制和职称评定等制度保障技能形成的连续性②；个体及培训单位层面的补贴均能显著提升就业质量；职业技能培训补贴通过提升师生互动性和家庭支持度，显著改善劳动者就业质量③。另一种观点认为，数字化技能转型是"技能中国"的核心路径，如企业数字化转型通过研发投入和经营扩张推动人力资本升级④。第三种观点从职业教育角度提出技能竞赛对就业的促进作用具有"补差"效果，能够有效弥补弱势群体的能力短板，促进认知能力和自我评价发展⑤。技能形成机制的研究补充了供需匹配的静态视角，突出了制度、技术和教育对技能发展的动态塑造作用。三是技能转型效应。技能转型效应重塑就业质量格局，其中又细分为两种视角。一种视角关注数字技能的极化效应。例如，数字经济发展能够显著促进农民就业质量提升，此效应在西部地区更为显著，且主要促进了低技能农民群体的

① 范宪伟，盛思鑫. 制造业高质量就业的理论内涵、趋势特征和对策建议 [J]. 宏观经济研究，2024 (12): 4-15, 28.

② 李政. 稳定就业如何影响技能形成：基于我国企业雇佣制度的历史考察 [J]. 华东师范大学学报（教育科学版），2024, 42 (4): 51-62.

③ 李晓曼，白诗佳，陈玉杰. 我国职业技能培训补贴策略与高质量就业：来自"培训单位—劳动者"匹配数据的证据 [J]. 经济科学，2023 (1): 203-220.

④ 李旭超，张文怡，赵婧. 企业数字化转型、人力资本升级与高质量就业 [J]. 北京工商大学学报（社会科学版），2024, 39 (3): 40-52.

⑤ 杨钋，杨钰鑫，姜琳丽，等. 技能竞赛对高职毕业生高质量就业的影响 [J]. 北京大学教育评论，2023, 21 (3): 69-97, 189.

就业质量①。另一种视角则聚焦绿色技能的包容性价值，如绿色低碳发展通过生产力效应和结构优化效应促进农民工高质量就业，尤其惠及低技能群体②。这部分研究既揭示了技术变革对就业质量的复杂影响，也强调了政策干预的必要性。

第六，人力资本与高质量充分就业。人力资本作为高质量充分就业的核心驱动力，其影响机制呈现多维度、动态化的特征，现有研究主要从结构升级效应、技能适配效应和制度协同效应三个视角展开分析。视角一聚焦人力资本通过产业结构升级间接促进就业质量提升，其中又细分两种观点。一种观点认为，数字技术驱动下的人力资本升级通过扩大生产规模与优化就业结构提升就业质量③④；与此不同，另一种观点强调传统社会网络与人力资本的交互作用，如城市本地网络通过提升社会认同与就业匹配效率促进农业转移人口高质量就业⑤。两种观点共同揭示，人力资本的结构性积累需与产业转型协同，方能释放就业促进效能。值得进一步追问的是，在数字经济分化背景下，为何低技能群体仍面临就业质量提升瓶颈？这正引向视角二关注的技能适配性问题。一种观点指出，数字素养通过缓解过度教育和社会资本拓展提升农村劳动力就业质量⑥；另一种观点则发现，非认知能力通过职业匹配与社会资本积累显著影响职业成就⑦。此视角凸显人力资本内涵的扩展——从传统教育指标转向涵盖数字

---

① 郭露，王峰，曾素佳. 数字经济、乡村振兴与农民高质量就业 [J]. 调研世界，2023（10）：3-11.

② 郭庆. 绿色低碳发展与农民工高质量就业 [J]. 华南农业大学学报（社会科学版），2023，22（6）：38-49.

③ 史婵，杨志红，王小林. 数字创新合作与高质量充分就业：基于上市公司联合申请专利数据的研究 [J]. 劳动经济研究，2025，13（1）：104-130.

④ 李旭超，张文怡，赵婧. 企业数字化转型、人力资本升级与高质量就业 [J]. 北京工商大学学报（社会科学版），2024，39（3）：40-52.

⑤ 付明辉，刘传江. 社会网络、数字经济与农业转移人口高质量充分就业 [J]. 劳动经济研究，2025，13（1）：131-159.

⑥ 黄小勇，李豪旺. 数字素养能助力农村劳动力实现高质量就业吗？[J]. 科学决策，2024（10）：215-234.

⑦ 于潇，王琪汇. 人口高质量发展、新人力资本与高质量就业 [J]. 人口研究，2023，47（5）：59-73.

技能、心理特质等的复合维度。视角三则探讨政策制度对人力资本效应的调节作用。职业技能培训补贴通过提升师生互动性优化就业质量[①]。另外，数字经济对实现高质量就业有促进作用，人力资本投资则对两者之间的作用关系有明显的正向调节效应，但不同区域、不同时段差异明显；人力资本投资在数字经济对高质量就业作用关系中也存在显著的门槛效应[②]。

第七，社会资本与高质量充分就业。学术界关于社会资本对高质量充分就业的促进作用研究主要集中三方面。一是聚焦社会资本的类型分化效应，其中又细分为两种代表性观点。一种观点认为，乡土网络通过提升人力资本和社会认同显著促进农业转移人口的充分就业，而本地网络则通过多维路径（就业匹配、能力提升等）推动高质量就业[③]；另一种观点指出，互联网使用衍生的线上社会资本与线下传统社会资本协同作用，共同提升劳动者的就业稳定性与收入水平[④]。由此可见，社会资本的异质性特征决定了其就业促进效应的差异化路径。二是数字技术对社会资本赋能就业的调节机制。例如，数字素养通过拓展社会资本与缓解教育错配双重路径提升农村劳动力就业质量[⑤]，而数字经济在宏观层面优化了就业结构，在微观层面促进了弱关系社会资本及人力资本的积累，进而显著改善了农民工的就业质量，尤其是在收入水平提升和劳动合同签订率方面[⑥]。三是从制度协同视角，强调公共就业服务通过社会资本积累（如技能培训拓展

---

① 李晓曼，白诗佳，陈玉杰.我国职业技能培训补贴策略与高质量就业：来自"培训单位—劳动者"匹配数据的证据 [J].经济科学，2023（1）：203-220.

② 丛屹，闫苗苗.数字经济、人力资本投资与高质量就业 [J].财经科学，2022（3）：112-122.

③ 付明辉，刘传江.社会网络、数字经济与农业转移人口高质量充分就业 [J].劳动经济研究，2025，13（1）：131-159.

④ 张敏，邴丕敬，袁可.互联网使用与劳动者就业质量：线上和线下社会资本的双重视角 [J].中国人力资源开发，2024，41（5）：110-124.

⑤ 黄小勇，李豪旺.数字素养能助力农村劳动力实现高质量就业吗？ [J].科学决策，2024（10）：215-234.

⑥ 许清清，王丽云，江霞.数字经济发展与农民工就业质量：契机与困境——基于CFPS 2018数据的多层模型分析 [J].宏观质量研究，2024，12（3）：47-61.

社交网络）间接提升就业质量①②。上述研究发现，类型分化效应揭示了社会资本的作用基础，数字调节机制回应了技术变革下的动态演变，而制度协同视角则凸显了政策干预的杠杆价值。

第八，劳动力市场结构与高质量充分就业。学术界关于劳动力市场结构影响高质量充分就业的作用机理主要体现在三个方面。第一，聚焦技能供需匹配机制。刘骥和苟丹琪（2025）通过分析技能密度、水平与宽度对工资的影响，指出三者提升分别对应 480 元、12 580 万元和 1 440 元的收入增长，且交互作用产生叠加效应，强调技能投资对就业质量的直接促进作用③。而张君凯和张世伟（2024）发现工业机器人应用降低了低技能群体与高认知职业的匹配度，导致其更多集中于生产操作类岗位，揭示了技术变革可能加剧技能错配④。第二，分析市场分割的抑制效应。许敏波和鄢姣（2024）提出，户籍歧视曾通过雇主搜寻强度差异形成工资差距，但城乡一体化政策已基本消除此类歧视⑤；蔚金霞等（2024）则补充指出，年龄歧视仍显著增加劳动者失业风险并降低其收入水平，表明非户籍性市场分割问题依然突出⑥。程雅雯等（2024）发现互联网使用通过信息获取和社会资本提升，缓解了女性、低学历人群和农村劳动者的教育错配⑦，说明数字技术可部分削弱市场分割的负面影响。第三，探讨新经济形态的双重作用。范玉莹和郑浩天（2024）证明数字经济发展通过改善劳动力错

① 刘璐婵. 公共就业服务能促进个体劳动参与吗？：来自 CLDS 的证据 [J]. 南方人口，2022，37（5）：38-53.
② 李礼连，程名望，张珩. 公共就业服务提高了农民工就业质量吗？ [J]. 中国农村观察，2022（4）：134-152.
③ 刘骥，苟丹琪. 新质生产力视域下劳动者的岗位技能回报及教育提升策略 [J]. 湖南师范大学教育科学学报，2025，24（2）：22-30，81.
④ 张君凯，张世伟. 工业机器人应用与劳动力职业选择 [J]. 中国经济问题，2024（6）：91-107.
⑤ 许敏波，鄢姣. 户籍工资差距中歧视的形成路径：基于城市偏向的劳动力市场搜寻分析 [J]. 北京社会科学，2024（12）：60-72.
⑥ 蔚金霞，高文书，倪晨旭. 中国劳动力市场中的年龄歧视及其影响：基于中国社会状况综合调查（CSS）数据的分析 [J]. 人口与经济，2024（3）：97-110.
⑦ 程雅雯，闫思宇，龙媛. 互联网使用减少了劳动者的教育错配吗？：基于信息获取和社会资本提升的视角 [J]. 首都经济贸易大学学报，2024，26（5）：81-95.

配程度促进高质量就业，但其效应受地区初始错配水平制约[①]；张顺和吕风光（2024）指出企业数字化通过生产力机制和资源机制降低就业风险[②]，未直接提及替代效应的具体数据，仅说明其存在潜在威胁。

（3）高质量充分就业的实现路径。学术界关于高质量充分就业的优化路径可归纳为以下三类。

第一，政策协同与体制机制创新。财政、教育、产业政策需协同发力，构建就业友好型制度环境。财政政策通过税费减免和产业帮扶直接创造岗位，同时优化教育资源配置提升人力资本[③④]。职业教育需对接市场需求，通过产教融合缓解"学用脱节"，如市域产教联合体提升技能适配性[⑤⑥]。新业态就业需完善法律保障，如试点职业伤害保险并规范平台责任，平衡灵活性与稳定性[⑦⑧]。

第二，数字化转型与就业结构优化。数字化赋能通过技术升级和产业转型推动就业高质量发展，但需解决技术性失业与结构性矛盾。数字化技术通过创造新职业（如平台经济岗位）和提升传统产业效率扩容就业"蓄水池"，但技术替代效应可能导致低技能劳动者失业[⑨]。数字经济发展需配套劳动力技能升级，通过职业培训和政策引导缓解"技能需求—技能形

---

① 范玉莹，郑浩天．数字经济、劳动力资源配置与高质量就业［J］．调研世界，2024（6）：41-51.

② 张顺，吕风光．企业数字化对劳动力市场就业风险的影响［J］．当代经济科学，2024，46（4）：14-26.

③ 石英华，张嘉洋．财政政策促进高质量就业的理论分析［J］．财政科学，2024（10）：5-12.

④ 谭永生．中国更高质量和更充分就业的测度评价与实现路径研究［J］．宏观经济研究，2020（5）：82-90，101.

⑤ 刘晓，童小晨．职业教育助力高质量充分就业的作用机理与提升路径［J］．现代教育管理，2024（2）：85-93.

⑥ 和震．统筹抓好教育、培训和就业的理论意蕴和实践路径［J］．人民论坛，2024（12）：42-45.

⑦ 张赛群．外卖骑手就业质量及其提升路径分析：以美团为例［J］．广西社会科学，2024（6）：30-36.

⑧ 田志鹏．不稳定就业与新职业群体市民化研究：以骑手为例［J］．中国社会科学院大学学报，2022，42（11）：90-103，135.

⑨ 崔宇，范芹．数字经济对高质量就业的双重影响及其实现路径［J］．经济问题，2023（9）：52-59.

成"冲突，如公共就业服务需以劳动力需求为导向①。区域数字基建（如"宽带中国"政策）通过优化劳动力市场匹配效率促进就业，但需平衡城乡差异，避免加剧数字鸿沟②。

第三，重点群体就业支持与公共服务完善。农民工、青年、残疾人等群体需以针对性政策突破就业壁垒，公共服务供给是关键抓手。农民工职业向上流动依赖社会资本与公共就业服务的协同作用，低教育水平群体更需本地化服务③④。青年就业需破除"体制偏好"，通过灵活就业正规化和职业技能培训缓解结构性矛盾⑤⑥。残疾人高质量就业需构建"生态增能"支持网络，整合政策、企业和社会资源实现个性化服务⑦。

（二）研究评价

自全国易地搬迁工程开始，学术界关于易地搬迁移民就业的相关讨论从未停止，为促进易地搬迁移民就业提供了一定的理论基础，同时也为后续研究做好理论铺垫，但目前的研究总体上还存在一些问题。一是在研究对象上，现有研究多聚焦于"搬迁移民家庭生计恢复力""政策减贫效应""社会融入障碍"等主题，研究对象以整体移民家庭或特定群体（如妇女、老人、少数民族）为主，存在群体异质性关注不足、微观个体特征弱化、高质量就业标准不一等局限。二是在研究内容上，现有研究内容呈现"重

① 陈仁兴．劳动就业政策赋能新质生产力发展的逻辑机理与实践路径［J］．吉首大学学报（社会科学版），2025，46（1）：49-58．

② 张慧智，孙茹峰．网络基础设施建设与城市就业：传导路径与结构变化［J］．人口学刊，2023，45（5）：97-112．

③ 李珊珊，彭珈祺．农民工职业流动的成因及优化路径：基于公共就业服务和社会资本的影响研究［J/OL］．兰州学刊．https://link.cnki.net/urlid/62.1015.C.20250110.1518.002．

④ 李昊，年猛．新时代农民工就业趋势特征及高质量就业路径探究［J］．当代经济管理，2024，46（12）：56-64．

⑤ 张青松，代伟．青年高质量充分就业的现实差距与提升路径［J］．青年探索，2024（4）：82-92．

⑥ 赖德胜．促进青年高质量就业的对策与路径：《青年就业问题应对之道——基于公共卫生危机视角》书评［J］．财贸经济，2023，44（9）：177．

⑦ 姚进忠，杨春红，甘域，等．生态增能：残疾人高质量就业支持机制建构研究［J］．残疾人研究，2024（6）：3-14．

结果评价、轻过程机制"的特点，包括多数文献对政策效应评估主要集中于搬迁政策对收入、贫困脆弱性的影响，缺乏对政策如何通过优化就业结构促进可持续增收的路径分析；高质量充分就业内涵简单等同于"非农就业"或者"就业质量"，忽视搬迁移民就业的低技能、低保障问题；搬迁移民就业是一个动态适应过程，但现有研究多采用横截面数据，缺乏对搬迁移民的实际就业能力、安置区的经济发展情况与制度的综合考量。三是在研究视角上，宏观政策分析与微观个体行为研究未能有效衔接，未能处理好搬迁后物理空间、社会网络与就业机会重构的问题，搬迁后的文化适应（如语言障碍、习俗差异）对其就业的影响多被简化为"社会融入问题"，缺乏文化资本向经济能力转化的路径设计。四是在研究理论上，理论应用呈现"工具化"倾向，缺乏理论整合与创新。理论被广泛用于分析生计资本重组，但未能充分结合易地搬迁移民的实际情况，过度依赖外生理论，缺乏与本土有效结合；对政策执行偏差的关注多停留在现象描述，缺乏"政策设计—执行—反馈"的思路；跨学科结合研究较少，公共管理视角强调制度供给，社会学视角关注社会网络，但二者未能与经济学（如劳动力市场分割理论）深度交叉。五是在研究方法上，定量研究较多，定性分析较少。多数研究采用截面数据或短期追踪数据，难以捕捉搬迁移民高质量充分就业的长期性和阶段性的发展规律，质性研究多依赖个案访谈，样本代表性受限；因果推断方法单一，学术界主要采取倾向得分匹配（PSM）、双重差分（DID）等方法评估政策效应，但未充分考虑安置区异质性问题，导致对就业结果的调节作用不明显。混合方法应用不足，主要体现在定量分析难以揭示政策执行中的实际困境和移民家庭就业决策中的文化惯性和实际负担问题，需结合深度访谈、参与式观察等质性方法。

四、研究思路、研究内容与研究特色

（一）研究思路

本书以"易地搬迁移民高质量充分就业"为核心命题，聚焦中国易地扶贫搬迁后续扶持中的就业难题，立足理论与实践的双重需求，构建"理论阐释—实证分析—路径设计—政策优化"的闭环研究体系。本书以就业优先政策为理论制高点，将"稳就业""保就业"思维贯穿研究设计，综合运用可行能力理论、空间正义理论、劳动力市场分割理论、内生发展理论、复合资本理论、政策工具理论和制度变迁理论，涉及社会学、公共管理学和经济学等多学科视角，构建"制度—机会—能力"的高质量充分就业分析框架，聚焦"制度供给、机会传导与能力转化如何协同作用于易地搬迁移民高质量充分就业"这一核心问题。这一核心问题包括四个维度，即四个子问题，分别是：制度如何保障和支持就业机会的创造、机会网络如何有效传导到移民个体、移民个人能力如何转化为实际的就业成果、如何通过优化这三个层面来实现高质量充分就业。易地搬迁移民高质量充分就业的宏观、中观和微观三个层面相互依存、相互促进，共同构成高质量充分就业目标实现的逻辑链。宏观层面的制度设计为中观和微观层面提供制度保障和资源分配依据；中观层面安置区的经济社会环境和微观能力发挥是关键媒介；微观层面的移民个体及家庭的就业能力是高质量就业的核心，其实现程度检验宏观和中观层面的有效性。具体研究思路和研究内容框架见图 1-1。

具体研究思路如下：

（1）理论建构部分。研究以"发展正义"为价值主线，从制度逻辑、理论逻辑、现实逻辑三重维度解析易地搬迁移民高质量充分就业的深层机理。一是制度逻辑是基于政策工具理论与制度变迁理论，揭示政策设计中从"生存保障"到"发展赋能"的转型逻辑，分析政策执行中科层动员与地方策略性行为的张力，提出"动态响应制度"的优化方向。二是理论逻辑。融合可行能力理论、空间正义理论、劳动力市场分割理论等，构建"能力-空间"耦合、"市场-社会"双重嵌入、"资本相互转化"的三重解释链条，阐明易地搬迁移民高质量充分就业的理论传导机制。三是现实逻辑。从家庭需求（生计转型、技能提升）、国家战略（区域协调、产业升级）、社会目标（公平正义、稳定和谐）三个层面论证易地搬迁移民高质量充分就业的现实迫切性。在此基础上，第四章提出"制度-机会-能力"三维理论分析框架，即宏观上的就业制度、就业政策完善；中观层面的安置区周边用工主体吸纳就业能力、安置区周边产业发展结构与就业结构匹配以及安置区周边劳动力市场建设等；微观层面的搬迁移民及家庭就业能力、劳动关系与权益保障、安置区公共就业服务能力等。该框架为后续实证分析提供系统性工具，形成贯穿全书的逻辑主轴。

（2）实证分析部分。本书选取 A 省为样本，通过政策评估、质量评价与困境诊断，验证理论框架并揭示现实问题。第五章对就业政策进行评估，梳理就业促进政策的演进脉络（2016 年至今），从"稳岗补贴精准化""技能培训订单化"等维度分析政策特点，结合访谈与文本分析，揭示政策执行中"数字赋能协同治理"的转型趋势与基层实践偏差。通过编码分析政策文本与访谈数据，量化评估政策成效，识别政策工具失衡与协同治理困境。第六章对易地搬迁移民高质量充分就业质量进行评价。这一章节主要是基于第四章构建的中观、微观评价指标体系，采用问卷调查与统计模型（如多元回归分析），从"用工主体吸纳能力""就业结构匹配度""工资收入与满意度"等维度量化移民就业质量，揭示影响易地搬迁移民高质量充分就业的因素。

（3）路径设计。第七章提出易地搬迁移民高质量充分就业的四维路径，即"制度重塑—能力再造—市场激活—社会托底"路径。一是制度重塑。构建"东西部劳务协作＋数字技术赋能"的协同治理体系，优化政策工具组合（如动态补贴机制、弹性监测制度），破解科层制执行中的刚性。二是能力再造。设计"技能银行"学分制与分级培训体系，提升移民人力资本；通过"家庭动态管理台账"精准识别需求，激发内生动力。三是市场激活。以县域产业链延伸创造就业容量，发展"平台型就业"与零工市场，降低用工主体成本，构建"政府-市场"风险共担机制。四是社会托底。完善以家庭为单位的综合保障网络（医疗、权益保护、防返贫监测），推动公共服务品牌化与数据共享，增强就业稳定性。

（4）政策优化部分。第八章结合短期、中期、长期目标，提出可操作的政策建议，即短期以"保障型就业"为主，重点优化公益性岗位管理，强化兜底保障；中期以"发展型就业"为主，重点推动技能培训与产业联动，完善劳务协作；长期以"增长型就业"为主，依托数字技术赋能内生发展，构建城乡融合就业生态。研究强调政策需从"救济式帮扶"向"赋能式发展"转型，通过动态监测与弹性制度设计，实现移民从"充分就业"到"高质量就业"的跃升。

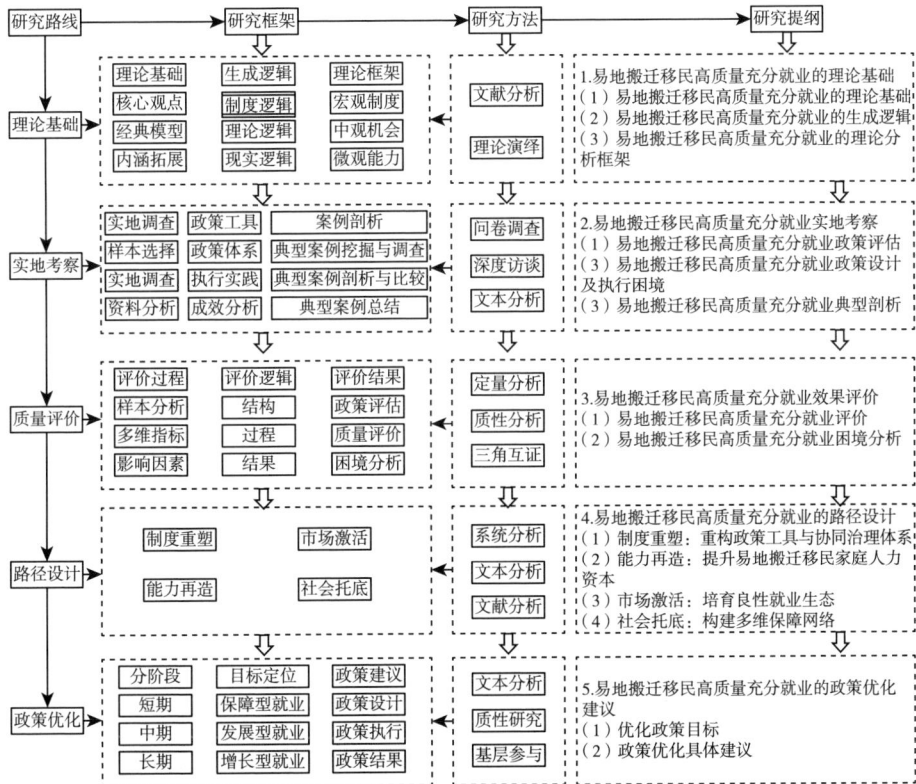

研究路线 → 研究框架 → 研究方法 → 研究提纲

理论基础
- 研究框架：理论基础 / 生成逻辑 / 理论框架；核心观点 / 制度逻辑 / 宏观制度；经典模型 / 理论逻辑 / 中观机会；内涵拓展 / 现实逻辑 / 微观能力
- 研究方法：文献分析；理论演绎
- 研究提纲：1.易地搬迁移民高质量充分就业的理论基础 （1）易地搬迁移民高质量充分就业的理论基础 （2）易地搬迁移民高质量充分就业的生成逻辑 （3）易地搬迁移民高质量充分就业的理论分析框架

实地考察
- 研究框架：实地调查 / 政策工具 / 案例剖析；样本选择 / 政策体系 / 典型案例挖掘与调查；实地调查 / 执行实践 / 典型案例剖析与比较；资料分析 / 成效分析 / 典型案例总结
- 研究方法：问卷调查；深度访谈；文本分析
- 研究提纲：2.易地搬迁移民高质量充分就业实地考察 （1）易地搬迁移民高质量充分就业政策评估 （3）易地搬迁移民高质量充分就业政策设计及执行困境 （3）易地搬迁移民高质量充分就业典型剖析

质量评价
- 研究框架：评价过程 / 评价逻辑 / 评价结果；样本分析 / 结构 / 政策评估；多维指标 / 过程 / 质量评价；影响因素 / 结果 / 困境分析
- 研究方法：定量分析；质性分析；三角互证
- 研究提纲：3.易地搬迁移民高质量充分就业效果评价 （1）易地搬迁移民高质量充分就业评价 （2）易地搬迁移民高质量充分就业困境分析

路径设计
- 研究框架：制度重塑 / 市场激活；能力再造 / 社会托底
- 研究方法：系统分析；文本分析；文献分析
- 研究提纲：4.易地搬迁移民高质量充分就业的路径设计 （1）制度重塑：重构政策工具与协同治理体系 （2）能力再造：提升易地搬迁移民家庭人力资本 （3）市场激活：培育良性就业生态 （4）社会托底：构建多维保障网络

政策优化
- 研究框架：分阶段 / 目标定位 / 政策建议；短期 / 保障型就业 / 政策设计；中期 / 发展型就业 / 政策执行；长期 / 增长型就业 / 政策结果
- 研究方法：文本分析；质性研究；基层参与
- 研究提纲：5.易地搬迁移民高质量充分就业的政策优化建议 （1）优化政策目标 （2）政策优化具体建议

图1-1 研究思路与内容框架图

（二）研究内容

本书的研究内容共分为8个章节，具体内容简介如下：

第一章为绪论，主要介绍本书的研究背景、研究意义、研究综述与研究评价，研究思路、研究内容与研究特色，研究方法与调研情况。

第二章重点介绍本书的核心概念和研究需要的基础理论。核心概念涉及"易地搬迁移民就业"和"高质量充分就业"两个，从核心概念的内涵、特征、目标和意义做了详细的梳理。

第三章重点论证易地搬迁移民高质量充分就业的生成逻辑，这部分主要从制度逻辑、理论逻辑与现实逻辑三个维度建构系统性分析框架，揭示易地搬迁移民高质量充分就业体系的内在机理。

第四章围绕易地搬迁移民高质量充分就业的分析框架展开，从宏观、中观和微观三个层面系统解析影响移民就业的核心机制，并构建相应的评价指标体系。

第五章聚焦 A 省易地扶贫搬迁移民就业促进政策的系统评估，通过政策文本分析、实地访谈与量化研究相结合的方法，从政策体系、政策执行与政策效果三个维度进行分析。

第六章基于实证调研数据，根据第四章构建的中观和微观层面的多维评价指标体系对 A 省易地搬迁移民就业质量进行系统性评价分析。

第七章主要以"制度重塑-能力再造-市场激活-社会托底"四维协同框架为核心，系统探讨提升易地搬迁移民高质量充分就业的实践路径。

第八章基于前序章节的理论分析与实证研究，系统构建了分阶段、多维度的政策优化框架，提出推动易地搬迁移民实现高质量充分就业的系统性政策优化方案。研究创新性地将政策目标体系划分为"保障型—发展型—增长型"三阶段递进结构，即短期通过就业保障筑牢民生底线，中期以技能提升促进可持续发展，长期依托新业态培育实现就业扩容提质增效。在政策实施路径方面，提出六大核心领域的优化建议。

（三）研究特色

1. 跨学科理论整合

第二章、第三章创造性整合可行能力理论、空间正义理论、劳动力市场分割理论、内生发展理论、复合资本理论、政策工具理论和制度变迁理论，构建跨经济学、社会学和公共管理学的"正义论-结构论-资本论-制度论"交叉分析框架，突破了单一学科视角局限，形成连接微观就业实践与宏观社会发展的研究范式。

2. 三重逻辑耦合分析

第三章通过制度、理论与现实三重维度解构易地搬迁移民高质量充分就业生成逻辑，揭示"能力-空间"耦合机制、"市场-社会"双重嵌入逻辑及资本间的相互转化路径，将搬迁移民高质量充分就业的生成逻辑置于国家战略坐标系中考察，论证搬迁移民家庭生计转型需求、经济高质量发展诉求与社会稳定三维驱动系统的合理性。

3. 多维动态评估体系

第四章构建涵盖中观机会层、微观能力层的评价指标体系（6 个一级指标、16 个二级指标），第六章进一步将劳动关系、社会保障等非经济因素纳入就业质量评价，弥补了传统研究偏重经济指标的不足。

4. 实证与政策联动研究

第五章采用"政策设计-政策执行-政策成效"三维框架评估 A 省有关易地搬迁移民就业促进政策，第七章提出"制度-能力-市场-社会"四维协同路径，形成"评估-优化"的闭环研究链条。

五、研究方法与调研情况

（一）研究方法

1. 文献研究法

通过文献资料分析，主要达到以下目标。一是厘清学术界关于"易地搬迁移民就业""高质量充分就业"的相关研究；二是分析关于促进易地搬迁移民就业的相关政策文件；三是分析易地搬迁移民就业的现状、困境及原因；四是分析易地搬迁移民就业动态监测与服务帮扶的具体内容和具体措施。

2. 文本分析法

本书中重点对 A 省易地搬迁移民就业促进政策文本进行深度解析，挖掘其隐含意义、意识形态或社会语境，识别促进搬迁移民就业的政策工具。

3. 实证调查法

通过问卷调查、访谈座谈和实地观察收集第一手资料。问卷调查主要了解易地搬迁移民高质量充分就业的情况，涉及个人和家庭就业的具体情况，利用问卷星设计好问卷后，采取一对一填写问卷的方式进行。访谈、座谈涉及的对象包括县级层面人力资源和社会保障局、农业农村局（乡村振兴局），乡镇（或街道）层面的主要领导（党委书记、乡镇长或具体分管的副镇长、副书记），安置社区党支部书记、社区居民委员会主任、社区就业信息员，安置区周边用工企业负责人、帮扶车间负责人、社区工厂负责人等。访谈、座谈主要分析易地搬迁移民个人就业能力、家庭就业负担、搬迁移民实际参与就业情况以及促进就业政策执行面临的困境等，全面了解搬迁家庭及搬迁个体劳动力高质量充分就业的影响因素。另外，对一些通过问卷和访谈得不到的关键信息，主要是通过走访、参与式观察搜集相关资料。

4. 案例分析法

案例分析贯穿研究的全过程。对典型案例和事件进行跟踪调查，并深入分析每个案例，对其特点进行归纳和总结。

5. 三角互证法

通过对 A 省的 AG、BF、QJ、QH、TD 等市（州）的人力资源和社会保障局、农业农村局等部门的领导或工作人员、乡镇政府主要领导干部、村"两委"成员、易地搬迁移民、当地其他居民等主体进行结构或者半结构访谈，走访安置社区就业帮扶车间、"一县一企"就业帮扶基地、就业产业园、当地龙头企业，再结合政府提供的关于促进就业的政策文件、典型案例材料、就业数据台账，同访谈资料和走访情况等进行三角互证，增强该研究的可靠性、可行性和科学性。

6. 比较研究方法

通过比较搬迁移民群体之间的个体差异、家庭差异、就业工资收入、家庭负担等，全面了解影响搬迁移民高质量充分就业的真实原因。比较搬迁移民在不同就业区域收入的差别，寻找引起差异的原因，挖掘制约易地搬迁移民高质量充分就业的深层次制约因素。

（二）调研情况

"十三五"期间，A省易地搬迁人口190多万，累计建成安置点900多个，其中城镇集中安置区共有800多个。A省各市（州）搬迁安置情况见表1-1。为深入了解易地扶贫搬迁移民的就业情况，作者长期到搬迁安置区开展走访调研。

表1-1　A省各市（州）易地搬迁安置基本情况

序号	地区	搬迁总人口数（人）	安置区总数（个）
1	GA	7 905	4
2	LB	116 156	78
3	ZC	198 034	225
4	AG	82 103	84
5	BF	324 800	142
6	TD	293 600	144
7	QE	338 500	90
8	QH	308 100	73
9	QJ	247 300	109

数据来源：作者收集整理。

1. 访谈情况

2021年至2024年，调研共形成63份访谈资料。2021年7月25日至2021年10月15日，分别到QE所辖QL县AMQT小镇（整乡搬迁安置区）、BF所辖DF县SX古镇安置区、QJ所辖LL县FJ社区、GA所辖KY县DF社区等进行访谈与问卷调查，形成6份访谈记录；2022年4月14日至2022年4月20日在AG开展调研，通过走访、座谈了解易地搬迁移民就业情况，形成 7 份访谈资料；2022 年 7 月 29 日至 8 月 3 日在 AG 开展补充搬迁移民就业帮扶调研，形成 13 份访谈资料；2022 年 10 月 22 日到 AG 所辖 GL 县补充搬迁移民劳务就业调研，形成 3 份访谈资料；2023 年 2 月 11 日至 13 日到 QJ 开展易地搬迁移民劳动力就业调研，形成 8 份访谈资料；2023 年 2 月 15 日至 19 日到 BF 调研，形成 5 份访谈资料；2024 年 10 月 26 日至 28 日到 QJ 调研，形成 9 份访谈资料；2024 年 4 月 22 日、2024 年 10 月 29 日至 31 日到 TD 调研，形成 6 份访谈；2025 年 1 月 15 日至 2025 年 1 月 19 日到 QH 开展调研，形成 6 份访谈资料。走访易地搬迁安置社区共涉及 18 个，见表 1-2。

2. 问卷调查情况

问卷调查时间是 2021 年 7 月 25 日至 2021 年 10 月 15 日，主要选择 A 省部分易地扶贫搬迁规模达 2 000 人以上的安置区进行调查，涉及 GA、BF、AG、TD、QJ、QE、QH、LB、ZC 等市（州），采取直接进入安置区随机抽样的方式进行。本次调查共发放 1 427 份问卷，回收 1 427 份，回收率达 100%，有效问卷为 1 409 份，有效率达 98.74%。

表 1-2　调研易地搬迁安置社区的基本情况表

序号	市（州）	县（区）	安置社区	搬迁户数（户）	搬迁人口（人）
1	GA	KY 县	DF 社区	1 200	5 023
2	ZC	XS 县	DFF 社区	876	4 084
3	AG	GL 县	TX 社区	977	4 587
4	AG	ZN 县	XM 社区	1 144	4 928
5	AG	PB 县	YX 社区	1 350	5 878
6	BF	DF 县	SX 古镇	2 880	12 560
7	LB	PZ 市	JQ 社区	1 792	6 645
8	LB	SC 区	YT 社区	2 221	9 735
9	QH	KL 市	SMS 社区	998	4 399
10	QH	SS 县	CH 社区	4 117	17 427
11	QH	JP 县	DGT 社区	1 303	5 791
12	QJ	LL 县	FJ 社区	1 147	4 627

（续）

序号	市（州）	县（区）	安置社区	搬迁户数（户）	搬迁人口（人）
13	QJ	WA 县	YSH 社区	1 292	5 336
14	QE	QL 县	AMQT 小镇	1 767	8 220
15	QE	WM 县	PTY 社区	976	4 596
16	TD	DJ 县	LMY 社区	1 879	8 372
17	TD	JK 县	FR 社区	2 363	10 185
18	TD	WS 区	WJ 社区	4 029	17 963

六、研究创新与学术贡献

本书通过理论构建、实证检验与对策设计的有机衔接，致力于破解易地搬迁移民就业"不稳定"、就业质量不高的难题，为实现共同富裕的理论与实践注入新内涵，具有理论创新、方法论创新和实践价值凸显三个特点。

（一）理论创新

本书的理论创新主要体现在三个方面。一是创新性提出"本体论-结构论-资本论-制度论"的四维理论逻辑分析框架（第二章、第三章），首次在高质量充分就业领域将发展正义理论与可行能力理论结合起来进行研究。学术界关于发展正义的相关研究多数集中在讨论宏观层面的资源分配公平性问题上，而本书基于中国语境下易地搬迁移民的就业实践情境，提出"能力-空间"耦合，重新定义了发展正义在移民就业领域的核心内涵。在理论衔接逻辑上，将阿马蒂亚·森的可行能力理论与大卫·哈维的空间正义理论相结合，揭示了易地搬迁移民要实现高质量充分就业不仅取决于搬迁移民个体能力提升，更受制于安置区的空间资源分配。二是从宏观、中观和微观三个层次创新性建构"制度-机会-能力"的易地搬迁移民高质量充分就业分析框架，即宏观制度通过政策工具塑造中观机会结构，中观机会结构通过信息网络与资源分配影响微观能力积累，而微观能力提升通过反馈要求制度优化，形成"结构赋能—机会激活—能力反馈"的正向循环，系统回应了易地搬迁移民高质量充分就业的复杂性与动态性（第四章）。三是在范式创新方面，构建"保障型—发展型—增长型"三阶段政策目标体系（第八章），突破静态政策分析模式，体现政策演进的时序动态性。同时强调政策设计需从"救济式帮扶"转向"赋能式发展"，即通过制度优化打破"低技能—低质量就业—贫困再生产"的恶性循环。这一理论视角为该领域的研究提供了新的理论参考范式。

（二）方法论创新

本书采用"定量分析＋质性研究"的混合研究方法，实现理论演绎与实证检验的闭环验证。在多维评价指标体系的建构与验证方面，本书针对现有就业质量评价指标偏重经济维度（如收入、就业率）的不足，本研究基于"制度-机会-能力"框架，开发了涵盖 6 个一级指标、15 个二级指标的中观、微观层面的易地搬迁移民高质量充分就业评价体系，结合搬迁移民及搬迁家庭的就业实际，操作性强，易于测量。

（三）实践价值凸显

本书以 A 省经验为样本，提出兼顾政策效能与可持续性的解决方案，为推动实现乡村振兴与共同富裕提供参考。一是提出分阶段的"保障型—发展型—增长型"就业政策优化目标，助力破解后搬迁时代防返贫与促发展的矛盾（第八章）。例如，针对短期就业困难群体，建议扩大"以工代赈"项目规模、调高公益性岗位工资等；针对中长期发展需求，推行"技能银行"制度，实现政策从"输血"到"造血"的转型。二是助力破解"稳就业"与"防返贫"协同难题。构建"家庭-社区-政府"三级动态监测预警机制。三是设计"外生帮扶＋内生发展"双轮驱动就业促进机制（第七章），创新性整合政府保障与搬迁家庭能力建设。

第二章 易地搬迁移民高质量充分就业的基础理论

本章重点介绍本书的核心概念和研究的基础理论。核心概念涉及"易地搬迁移民就业"和"高质量充分就业",对核心概念的内涵、特征、目标和意义做了详细的梳理。在阐释"易地搬迁移民就业"的时空特性与社会嵌入特征的基础上,重点解构"高质量充分就业"的多维内涵,包括宏观层面的国家战略、经济循环、全体人民共同富裕、社会稳定、既注重数量又注重质量,微观层面的薪酬、工作环境、职业发展、社会保障及工作满意度等多个方面。基础理论部分涉及可行能力理论、空间正义理论、劳动力市场分割理论、内生发展理论、复合资本理论、政策工具理论和制度变迁理论,对每一个理论的提出、核心概念、经典模型、应用领域和中国语境下使用到就业研究领域的边界条件进行了介绍,为后续的理论建构和路径设计、政策优化部分奠定理论基础。

一、相关概念界定

易地搬迁是针对生活在"一方水土养不起一方人"地区的贫困人口实施的一项专项扶贫工程,目的是通过"挪穷窝""换穷业",实现"拔穷根",从根本上解决搬迁群众的脱贫发展问题。"运动式搬迁"[①] 已经解决"搬得出"的问题,"有就业""能致富"的问题是后续扶持重点。

---

① 谢治菊. 社会性融入:易地扶贫搬迁移民多维度透视 [M]. 中国社会科学出版社,2023:47.

（一）易地搬迁移民就业

易地搬迁移民就业是指将政府主导的生活在"一方水土养不起一方人"地区的贫困人口迁移至新安置点后，通过使其参与农业或非农就业，实现收入增长、生计改善和可持续发展的过程。其核心是通过就业安置提升搬迁群体的内生发展能力，降低贫困脆弱性，并促进社会融入。

为了更好地理解这一定义，从就业目标、就业形势、就业能力、就业影响因素几方面进一步解释其内涵。搬迁移民就业是易地扶贫搬迁政策的核心内容，旨在通过改善搬迁群体的就业基础条件，提升其就业技能和内生发展动力[1]，短期内防止返贫，长期内实现可持续发展。就业形势包括农业劳动（针对就地安置或有土安置）、非农就业（如公益性岗位就业、市场性就业、外出务工）等多种形式[2]。就业能力受搬迁移民的信息素养、人力资本、适应能力、就业认同和社会资本等因素的影响[3]。搬迁移民就业既受到内部缓冲能力、外部组织能力和技能学习能力的影响[4]，也受到家庭负担、性别分工的影响[5]。搬迁移民就业不仅需要解决就业机会问题，还需要提升劳动力素质，改善就业环境，以实现高质量就业[6]。

易地搬迁移民的就业模式呈现出多样化特点，集中体现在制度嵌入性、空间重构性和非农就业能力提升三个方面。一是制度嵌入性方面，主要体现在易地搬迁工程本身是一项国家重大制度安排，搬迁后，各级政府

---

① 张涛，张琦.新中国70年易地扶贫搬迁的就业减贫历程回顾及展望［J］.农村经济，2020（1）：39-45.

② 张焕柄，张莉琴.易地扶贫搬迁对脱贫农户就业的影响：基于西部9省11县的调研［J］.资源科学，2023，45（12）：2449-2462.

③ 汪磊，汪霞.易地扶贫搬迁农户就业能力评价研究：以贵州省为例［J］.北方民族大学学报（哲学社会科学版），2020（3）：132-138.

④ 邹瑜，王华丽，刘子豪.生计恢复力框架下易地扶贫搬迁农户非农就业影响因素研究［J］.干旱区资源与环境，2020，34（11）：29-35.

⑤ 张翠娥，陈子璇.家庭负担、性别分工与贫困劳动力就业：基于湖北J县易地扶贫搬迁户的调查［J］.华中农业大学学报（社会科学版），2021（2）：32-39.

⑥ 陈红平.易地搬迁脱贫人口稳岗就业服务链构建探究［J］.云南大学学报（社会科学版），2024，23（2）：79-86.

出台相应政策文件，其目标主要是稳定搬迁移民就业，具有制度赋能的特征。随着易地搬迁的深入实施，大量移民在城镇地区实现了就业，生活水平显著提升[①]。二是空间重构性方面，主要体现在易地搬迁移民的"三生空间"（生产、生活、生态）已经发生变化，因而社会网络关系也发生变化。因此，重塑易地搬迁移民"三生空间"和社会网络关系，不仅应注重社会融入，更应该注重搬迁移民的就业稳定和就业收入提高，实现高质量充分就业。三是非农就业能力提升方面，搬迁后，移民生产方式发生改变，由以农业为主的生产方式转变为非农就业，但由于移民自身技能水平有限、就业市场供需不匹配等问题，部分移民在就业过程中仍面临较大困难[②]。尽管各级政府通过一系列政策措施（技能培训、创业扶持、有组织劳务输出、开发公益性岗位等）有效促进了易地搬迁移民的就业，但易地搬迁移民在就业市场上仍面临供需矛盾突出的问题。一方面，随着城镇化进程的加快和产业结构的调整，城镇地区对劳动力的需求不断增加，为搬迁移民提供了广阔的就业空间[③]。另一方面，由于移民自身技能水平有限、缺乏工作经验等原因，他们在就业市场上往往处于劣势地位，难以满足企业的用工需求[④]。为了提高移民的就业质量和稳定性，政府需要进一步完善就业服务体系，加强职业技能培训，提高移民的就业竞争力[⑤]。另外，易地搬迁移民在就业过程中仍面临不公平待遇，需要政府加强监管和维权服务。部分企业在招聘过程中存在对移民的歧视现象，如拒绝录用、压低工资等[⑥]。为了保障移民的平等就业权益，政府需要加强劳动法规的

① 涂圣伟.易地扶贫搬迁后续扶持的政策导向与战略重点 [J].改革，2020 (9)：118 - 127.

② 马流辉，曹锦清.易地扶贫搬迁的城镇集中模式：政策逻辑与实践限度——基于黔中 G 县的调查 [J].毛泽东邓小平理论研究，2017 (10)：80 - 86，108.

③ 邬黎明，罗桢.扶贫易地搬迁移民后续就业扶持措施：基于湖北秦巴山区的调查分析 [J].中南民族大学学报（人文社会科学版），2023，43 (4)：131 - 137，186.

④ 成随强，刘养卉.易地扶贫搬迁中的就业问题研究：以通渭县为例 [J].社科纵横，2013，28 (3)：30 - 33.

⑤ 张涛，张琦.易地扶贫搬迁后续就业减贫机制构建与路径优化 [J].西北师大学报（社会科学版），2020，57 (4)：129 - 136.

⑥ 成美君.贵州省少数民族贫困地区易地扶贫搬迁中移民就业问题研究 [J].农村经济与科技，2018，29 (15)：228 - 229.

执行和监督力度，严厉打击就业歧视行为。

（二）高质量充分就业

高质量充分就业的基本定义是将"充分就业"和"高质量就业"有机结合，不仅强调就业数量的稳定，而且强调就业质量的提升。高质量充分就业是新时代就业工作的新定位、新任务，其内涵丰富且深远，既涵盖了宏观层面的经济发展与社会稳定，也涉及了微观层面的劳动者个人在工作中的薪酬、工作环境、职业发展、社会保障及工作满意度等多个方面，旨在实现劳动者个人的全面发展与生活质量的全面提升。

1. 高质量充分就业的内涵

（1）从宏观层面来看，高质量充分就业不仅关乎国家的经济发展和社会稳定，更涉及每一个劳动者的福祉和个人发展，它要求我们在宏观层面上统筹兼顾、协调推进，以实现更高质量、更充分的就业目标[①]。高质量充分就业是全面建设社会主义现代化国家的重要支撑，是推动全体人民共同富裕的关键途径[②]。同时，高质量充分就业有助于打通经济循环的关键堵点，促进经济高质量发展[③]。

第一，满足国家发展战略需求。高质量充分就业不仅是劳动者个人的生存问题，在宏观层面上表现为国家观、全局观、系统观、平衡观、稳定观等[④]。推进实现高质量充分就业是构建新发展格局的关键节点[⑤]。高质量就业能最大程度地满足国家发展战略的需求，推动经济高质量发展，为全面建设社会主义现代化国家奠定坚实基础。

第二，促进经济循环畅通。高质量充分就业有助于打通制约经济循环的关键堵点，促进生产、分配、流通、消费四个环节的有序畅通。通过提

---

① 莫荣，李付俊．实施就业优先战略，助力中国式现代化［J］．人口与经济，2023（2）：7 - 13，26．

②⑤ 赖德胜．以高质量充分就业推进中国式现代化［J］．中国人口科学，2022（6）：20 - 25．

③ 丁述磊，戚聿东，刘翠花．高质量充分就业的理论内涵、市场效应与推进方略［J］．社会科学辑刊，2024（6）：67 - 77．

④ 岳昌君．高质量充分就业的内涵与实现路径［J］．人民论坛，2023（14）：63 - 66．

高劳动供给质量和数量、扩大生产规模，优化收入分配机制、缩小群体收入差距，促进劳动力自由流动、健全统一的劳动力市场，激发消费潜力、提升消费供给质量，加速推动建立全国统一大市场，构建新发展格局①。

第三，推动全体人民共同富裕。就业是创造社会财富和分配社会财富的重要保障机制，无论是推动低收入群体跻身中等收入群体，还是提高中等收入群体的相对富裕程度，都需要更多更高质量就业机会的供给②。高质量充分就业有利于稳住现有的中等收入群体，增强中等收入群体的韧性，使更多低收入群体变成中等收入群体，扩大中等收入群体规模和比重，形成"橄榄型"分配结构，从而为实现共同富裕奠定坚实基础③。高质量充分就业更应把促进全体人民共同富裕作为为人民谋幸福的着力点④。

第四，保障社会大局稳定。高质量充分就业是保持社会大局稳定的重要保障。就业是个人和社会安定的基石，它能提高个人对社会的认同感和归属感，促进相互理解和尊重，增强社会的凝聚力。高质量充分就业将促进人民安宁、社会安定、政治安全，为实现第二个百年奋斗目标和中华民族伟大复兴的中国梦创造良好的社会环境⑤。在社会视角下，高质量就业应具有稳定性、可持续性、公平性、创新性、包容性、安全性等特点，需要通过建立健全社会保障体系、优化劳动力市场、提高就业质量等措施来实现，以促进社会和谐稳定⑥。高质量充分就业意味着劳动力有较高的劳动报酬、良好的就业环境、稳定的就业岗位、公平的就业机会、充分的权益保障等，进而实现体面劳动，提升劳动力的幸福感、获得感和安全感⑦。

---

① ④ 丁述磊，戚聿东，刘翠花. 高质量充分就业的理论内涵、市场效应与推进方略 [J]. 社会科学辑刊，2024（6）：67-77.

② 沈坤荣，周铃铃. 以量质协调发展促进高质量充分就业研究 [J]. 经济纵横，2023（10）：41-52.

③⑤ 赖德胜. 以高质量充分就业推进中国式现代化 [J]. 中国人口科学，2022（6）：20-25.

⑥ 杜剑，徐筱彧，杨杨. 高质量就业：理论探索与研究展望——基于财政政策与货币政策协同作用的研究背景 [J]. 山西财经大学学报，2023，45（8）：58-69.

⑦ 王宁西. 乡村振兴背景下农村劳动力的高质量充分就业 [J]. 北京社会科学，2024（2）：74-83.

第五，实现就业数量与质量的协同发展。有多少劳动者能够与生产资料结合并获得相应的收入反映的是就业的数量；而劳动者与生产资料结合的好坏，如工作环境如何、工作的稳定性如何等，以及取得报酬的高低，这些体现的是就业质量①。高质量充分就业强调就业数量与就业质量的协同发展，要求在创造更多就业数量的同时，大幅提升劳动者就业质量②。通过提高劳动者的人力资本水平、优化就业结构、完善就业服务体系和法律制度等措施，实现更高质量的充分就业③。

（2）从微观层面看，高质量充分就业的内涵是多维度的，涵盖了薪酬、工作环境、职业发展、社会保障及工作满意度等多个方面。这些方面相互关联、相互促进，共同构成了劳动者个人在高质量充分就业中的全面发展与幸福生活的全面提升④。

第一，稳定的收入状态。从微观层面来看，高质量就业一般从劳动者的视角进行探讨，即高质量就业主要指劳动者能够实现稳定增长的收入状态、达到相对较高的工作满意度、处于相对较好的工作环境以及劳动者自身工作效率的改进或职业发展前景相对可观等⑤。高质量充分就业首先意味着劳动者能够获得较高的薪酬和合理的收入。收入是劳动者参与就业活动的基本目的，也是衡量就业质量的重要因素。高质量充分就业要求劳动者获得合理稳定的收入，这不仅是劳动者维持生计的基本保障，也是他们实现自我价值和社会认同的重要途径。通过提高劳动报酬在初次分配中的比重，可以确保劳动者分享到经济发展的成果⑥。实现高质量充分就业不

---

① 刘素华.就业质量：概念、内容及其对就业数量的影响［J］.人口与计划生育，2005（7）：29-31.

② 丁述磊，戚聿东，刘翠花.高质量充分就业的理论内涵、市场效应与推进方略［J］.社会科学辑刊，2024（6）：67-77.

③ 莫荣，李付俊.实施就业优先战略，助力中国式现代化［J］.人口与经济，2023（2）：7-13，26.

④ 沈坤荣，周铃铃.以量质协调发展促进高质量充分就业研究［J］.经济纵横，2023（10）：41-52.

⑤ 陈志，程承坪，陈安琪.人工智能促进中国高质量就业研究［J］.经济问题，2022（9）：41-51.

⑥ 张顺.数字经济时代如何实现更充分更高质量就业［J］.北京工商大学学报（社会科学版），2022，37（6）：12-21.

仅是帮助社会成员获得稳定的收入预期、形成更强烈的消费意愿的关键，也是帮助更多低收入群体更快进入中高收入群体，进而增强需求驱动力的关键[①]。

第二，快乐工作与惬意环境。劳动者在高质量充分就业中，应享有快乐的工作体验和惬意的工作环境。这包括良好的物理条件，如适宜的温度、湿度、照明等，以及安全的工作条件，如低事故率、低职业病风险等。同时，心理环境的愉悦也是高质量就业的重要组成部分，如企业的声望、职业的认同感等[②]。从劳动力个体角度，高质量充分就业的内涵应包括较高薪酬、快乐工作、惬意环境、安全劳动、权益保障、发展前景等因素[③]。

第三，安全劳动与权益保障。促进农村劳动力高质量充分就业，重点是健全农村劳动力的社会保障[④]。高质量充分就业强调劳动过程中的安全性和劳动者权益的充分保障，这包括提供完善的社会保险体系，如养老保险、失业保险、医疗保险等，以及确保劳动者在面临职业风险时能够得到及时救助和补偿。此外，还包括依法签订和履行劳动合同，保障劳动者的民主权利和工会组织的作用[⑤]。

第四，发展前景与职业技能。高质量充分就业为劳动者提供了广阔的发展前景和职业技能提升的机会。在工作发展前景方面，职业晋升和发展渠道、职业技能培训机制及劳动关系等是影响从业质量的重要因素[⑥]。劳动者在工作中应有晋升和发展的渠道，能够不断学习和提升自己的职业技能，以适应快速变化的市场需求。这不仅有助于劳动者实现个人价值，也

① 赖德胜. 以高质量充分就业推进中国式现代化 [J]. 中国人口科学，2022 (6)：20 - 25.

② 刘素华. 就业质量：概念、内容及其对就业数量的影响 [J]. 人口与计划生育，2005 (7)：29 - 31.

③⑤ 岳昌君. 高质量充分就业的内涵与实现路径 [J]. 人民论坛，2023 (14)：63 - 66.

④ 高鸣. 促进农村劳动力高质量充分就业：目标、困境与政策构想 [J]. 华中农业大学学报（社会科学版），2023 (3)：1 - 10.

⑥ 刘凤义，计佳成，刘子嘉. 高质量就业的政治经济学分析 [J]. 经济纵横，2024 (6)：1 - 8.

是高质量就业的重要标志①。

第五，工作满意度与幸福感。首先，从微观层面看，高质量充分就业主要体现在两方面。一方面，劳动者能获得更满意的工作，既能满足其多样化、个性化的需求，又能持续提升工作满意度；另一方面，劳动者能掌握更高的就业技能，从而获得职业发展的空间，在工作中不断成长并实现个人价值。其次，劳动者有合理的收入，有稳定的收入来源，自身的获得感和生活幸福感不断增加，劳动者在满足自身基本生活需求的基础上逐步提高自身生活质量。最后，劳动者有更牢靠的社会保障，进一步消除劳动者就业过程中的后顾之忧，让每个人都能在高质量就业和高水平权益保障中充分实现自我价值②。

2. 高质量充分就业的目标

（1）就业机会充分。确保市场上有足够的职位供应，实现新增就业稳定增长，劳动力供求基本平衡，失业率得到有效控制③。高质量充分就业需要以扩大就业规模为基础，解决就业岗位问题，确保市场上有足够的职位供应。促进劳动力高质量充分就业，意味着要保障劳动者的就业率维持在相对较高的水平上，让有意愿、有能力的劳动者都有条件实现转移就业。

（2）提升就业质量，增强劳动者满意度。在扩大就业规模的基础上，高质量充分就业强调提升就业质量，增强劳动者的获得感、幸福感和安全感。高质量就业意味着劳动者能够获得满意的工作，工作稳定性强，工作环境良好，劳动报酬合理。从微观层面看，高质量充分就业要求劳动者拥有更满意的工作、精湛的技能、合理的收入、可靠的社会保障。高质量就业不仅关注劳动者的经济收益，还关注其职业发展、工作满意度和社会认同感。

（3）优化就业结构，适应经济社会发展需求。高质量充分就业要求优

---

① 莫荣，李付俊. 实施就业优先战略，助力中国式现代化［J］. 人口与经济，2023（2）：7 - 13，26.

②③ 莫荣，李付俊. 促进高质量充分就业［J］. 经济与管理研究，2025，46（1）：3 - 8.

化就业结构，使就业结构与产业转型和经济社会发展需求相适应。就业结构优化是高质量充分就业的重要组成部分，需要促进劳动力从低生产率部门向高生产率部门转移。农村劳动力高质量充分就业意味着就业结构同产业转型和农业劳动生产率提高相适应，化解"用工荒"和"招工难"的矛盾。优化就业结构还包括促进不同行业、不同区域之间的劳动力流动，实现人力资源的合理配置。

（4）劳动者权益保障。包括合理收入、社会保障、职业安全等，构建和谐劳动关系，提升劳动者获得感、幸福感和安全感[1]。高质量充分就业强调构建和谐稳定的劳动关系，切实保障劳动者的合法权益（包括平等就业权利），促进劳动报酬合理增长与社会和谐稳定。构建和谐劳动关系还包括加强劳动者权益保护，完善社会保障体系，提高劳动者的社会保障水平。通过建立健全的劳动法律法规体系，规范企业的用工行为，保障劳动者的合法权益，是高质量充分就业的重要保障。

（5）推动高质量发展，促进经济社会全面进步。高质量充分就业是推动经济社会高质量发展的内在要求，有助于实现经济社会的全面进步。高质量充分就业是经济高质量发展的重要支撑，能够提高劳动生产率，促进经济增长。同时，高质量充分就业有助于优化消费结构，扩大消费需求，推动经济内循环。高质量充分就业还有助于促进社会公平正义，缩小收入差距，推动共同富裕目标的实现。

3. 高质量充分就业的特征

赖德胜（2023）在《创造高质量就业的未来》一文中认为高质量充分就业具有高效性、稳定性、平衡性、发展性和丰富性的特征[2]。在此基础上，本文认为高质量充分就业还具有普惠性的特征。

（1）高效性。高质量充分就业具有高效性，表现为劳动生产率的显著提升。高质量就业意味着有更多高生产率的工作岗位，劳动力从生产率低

---

① 郑功成．正确认识和着力促进高质量充分就业［J］．中国党政干部论坛，2024（6）：47－
53．

② 赖德胜．创造高质量就业的未来［J］．人口与经济，2023（2）：1－6，26．

的部门和地区流向生产率高的部门和地区，不仅能推动经济增长，也能给自己带来较高的经济回报。

（2）稳定性。高质量充分就业的稳定性体现在劳动者就业状态的持续性和社会保障的完善性。就业稳定性表现为劳动者在同一工作岗位的时间长，不会轻易转换工作岗位。但随着新科技的发展和岗位变化加速，就业稳定性也体现在劳动者在不同岗位之间转换速度较快，但整体保持就业状态。健全的社会保障体系是就业稳定性的重要保障，使劳动者无论处于就业状态还是面临失业风险，都能享有全面、高水平的社会保障。

（3）平衡性。高质量充分就业追求工作与生活之间的平衡，提升劳动者的主观幸福感。工作与生活的平衡性要求工作时间不过度挤占生活时间，保证劳动者有足够的时间享受生活。随着科技进步和劳动生产率提高，未来工作时间有望进一步缩减，人们将有更多时间享受生活。数字经济时代，新产业、新模式、新业态创造了大量灵活就业岗位，工作与生活之间的组合选择更加多元。

（4）丰富性。高质量充分就业的丰富性，核心在于工作种类的多元发展以及对劳动者个性化需求的充分满足。在传统发展阶段，就业岗位往往较为单一，随着劳动者需求的日益多元化和个性化，就业结构必须相应地向多样化、个性化转型。只有实现这种契合多元需求的充分就业，才是高质量充分就业。

（5）发展性。一方面，高质量充分就业的发展性体现在对经济结构的优化升级和对整体社会经济发展的推动作用上，要求不仅要满足当前劳动者的就业需求，还要通过提升劳动者素质和就业质量，促进产业结构向高端化、智能化、绿色化转型，增强经济的创新力和竞争力，为经济高质量发展提供源源不断的人才支撑和动力源泉。同时，高质量充分就业强调就业与经济社会发展的协调统一，通过合理的就业布局和高效的人力资源配置，促进区域经济协调发展，缩小城乡、区域间的发展差距，实现经济社会的全面进步。另一方面，高质量充分就业的发展性聚焦于劳动者的个人成长与价值实现，它意味着劳动者在就业过程中能够获得持续的学习和发展机会，通过技能培训、知识更新等途径不断提升自身能力，适应经济社会发展的需求。同时，高质量充分就业鼓励劳动者在多样化的工作岗位中探索自我潜能，实现职业晋升和个人价值的最大化。这种以劳动者为中心的发展模式，不仅提升了劳动者的就业满意度和幸福感，也为个人全面发展和社会进步奠定了坚实基础。

（6）普惠性。高质量充分就业具有普惠性，惠及全体劳动者，特别是重点群体。高质量充分就业作为新时代中国就业工作的新定位和新使命，不仅关乎国家经济的持续健康发展，更是实现全体人民共同富裕和社会和谐稳定的重要基石。其核心特征在于普惠性，即这种就业形态能够惠及全体劳动者，特别是针对重点群体提供更为全面和有效的就业支持与保障。高质量充分就业不仅关注整体就业水平的提升，而且要完善重点群体就业支持政策[①]。高质量充分就业应建立更加完善的公共服务体系，对重点群体加大支持力度，对困难群体实施兜底帮扶[②]。高质量充分就业的目标是让每一个有意愿、有能力的劳动者都有条件实现就业，共享经济社会发展成果。

4. 高质量充分就业的意义

（1）推动经济高质量发展。高质量充分就业是推动经济高质量发展的关键支撑，意味着更高水平的劳动生产率，并且可通过提升劳动者素质和技能，增强创新驱动能力，为经济高质量发展提供人才保障。同时，高质量充分就业带动消费增长，形成需求驱动型经济循环，为经济发展注入新动力。

（2）促进共同富裕。高质量充分就业是实现共同富裕的重要途径，稳定了就业，增加了劳动者收入，缩小收入分配差距，扩大中等收入群

---

① 方长春.构建就业友好型发展方式：内涵、意义与路径［J］.人民论坛，2024（12）：24-27.

② 高鸣.促进农村劳动力高质量充分就业：目标、困境与政策构想［J］.华中农业大学学报（社会科学版），2023（3）：1-10.

体规模，形成"橄榄型"收入分配结构，为共同富裕奠定坚实基础。此外，高质量就业促进劳动者全面发展，提升社会整体福祉，实现共享发展成果。

（3）保障和改善民生。高质量充分就业是保障和改善民生的基本前提。就业是最基本的民生，高质量充分就业通过提供稳定的就业岗位和合理的劳动报酬，提升劳动者的获得感、幸福感和安全感，满足劳动者多样化的生活需求。同时，高质量就业促进社会保障体系的完善，增强劳动者的抗风险能力。

（4）促进社会和谐稳定。高质量充分就业是促进社会和谐稳定的重要保障。就业稳定有助于减少社会冲突，增强社会凝聚力，并通过提升劳动者的社会认同感和归属感，促进社会融入。此外，通过提供公平的就业机会，消除就业歧视，促进社会公平正义。

（5）优化人力资源配置。高质量充分就业有助于优化人力资源配置，提升经济效率。通过市场机制调节，实现劳动力资源的高效配置，减少资源浪费，并促进产业结构升级，推动经济高质量发展。同时，加强职业培训和教育，提升劳动者素质，适应经济发展需求。

（6）应对外部经济环境变化。高质量充分就业是应对外部经济环境变化的有效手段。在全球经济不确定性增加的背景下，高质量就业增强经济韧性，并通过提升劳动者技能和素质，增强经济竞争力，抵御外部冲击。同时，高质量充分就业促进创新创业，激发市场活力，推动经济转型升级。

二、易地搬迁移民高质量充分就业的基础理论

基础理论部分涉及可行能力理论、空间正义理论、劳动力市场分割理论、内生发展理论、复合资本理论、政策工具理论和制度变迁理论，本书对每一个理论的提出、核心概念、经典模型、应用领域和在中国语境下使用到就业研究领域的边界条件进行了介绍。

（一）可行能力理论

可行能力理论（Capability Approach）由诺贝尔经济学奖得主阿玛蒂亚·森（Amartya Sen）在《以自由看待发展》一书中提出，其核心在于将发展目标从传统经济指标转向个体实质自由的扩展，即"可行能力集"[①]。

可行能力理论有两个核心概念，一是功能性活动，二是可行能力。功能性活动是指个体实际能够实现的"存在"与"作为"，如健康、教育、政治参与等，强调从"资源占有"到"实际成就"的转换[②]。可行能力是指个体在多种功能性活动组合中自由选择的可能空间，需区分"能力"与"实际成就"[③]。该理论聚焦机会平等和自由扩展，其核心逻辑为"资源→转换因素→可行能力集→功能性活动选择"，这一链条旨在揭示个体如何将客观资源转化为实际生活机会和自由，进而实现其真实的生活状态。"资源"是指个体或群体所拥有的物质和非物质资源，包括收入、教育、健康、社会关系、公共设施、权利等，这里对"资源"的界定已经突破传统经济学的资源（如 GDP、收入）内涵，资源是可行能力的物质基础，但资源本身无法直接决定个体的生活质量。资源仅是起点，需关注其如何被转化为实际能力。"转换因素"是指将资源转化为可行能力的中间变量，包括个人特质、社会结构和环境条件。转换因素解释了为何相同资源在不同情境下产生不同结果，这就要求出台政策关注并消除负面转换因素。"可行能力集"是指个体在特定情境下可实现的所有潜在功能性活动组合，代表其拥有的真实机会和自由。社会发展的目标应是扩大个体的可行能力集，而非仅增加资源或强制特定结果。"功能性活动选择"是指个体最终实际实现的"存在状态"和"行为状态"，如健康状态、受教育程度、参与社会活

---

① Sen A. Development as Freedom [M]．Oxford：Oxford University Press. 1999.

② Sen A. Commodities and Capabilities [M]．Amsterdam：North Holland Press，1985.

③ Robeyns I. The Capability Approach：A Theoretical Survey [J]．Journal of Human Development，2005，6（1）：93－117.

动等。功能性活动是可行能力集的子集，反映个体在机会范围内的具体选择。需尊重个体选择多样性，同时确保选择背后的自由。该理论解释了不平等的因素在于即使资源相同，转换因素差异会导致可行能力不平等[①]。

可行能力理论的经典模型。一是阿玛蒂亚·森的自由与发展的二元互动。在《正义的理念》中，阿玛蒂亚·森提出"比较主义"框架，拒绝完美正义的乌托邦构想，主张通过扩大可行能力减少明显不公[②]。该模型具有非聚合性和过程导向性特征。非聚合性体现在反对单纯加总效用，强调不同能力间的不可通约性；过程导向则体现为自由，不仅是结果自由，也包含选择过程的自主性。二是可行能力理论的操作化拓展。阿玛蒂亚·森的可行能力理论没有提出具体测量的标准。《2010年人类发展报告》首次公布了基于 AF 方法测算的全球 104 个国家和地区的多维贫困指数，该指数包括健康、教育和生活水平 3 个维度 10 个指标[③]，成为评价政策的工具。

可行能力理论的应用领域。该理论应用于发展经济学中的"贫困与不平等的重构"，用于重新定义贫困，从"收入匮乏"转向"能力剥夺"；应用于公共政策评估中的"从福利供给到能力赋能"、社会学中的"社会排斥与能力剥夺的交互机制"等领域。其局限性在于可行能力理论过度强调个体能动性，忽视结构性权力失衡，能力集的主观性与文化依赖性导致跨区域政策移植风险。

可行能力理论适应中国语境下易地搬迁移民就业的边界条件。为适应中国制度环境，需对可行能力理论进行以下本土化改造。一是转换因素的扩展与重构。一方面，需增加"制度性转换因素"类别，包括户籍制度、土地政策与基层治理。另一方面，需调整"社会因素"权重。中国社会关系（如"人情网络"）对资源转化的影响可能强于西方语境。二是可行能

① 杨爱婷，宋德勇. 中国社会福利水平的测度及对低福利增长的分析：基于功能与能力的视角[J]. 数量经济技术经济研究，2012，29（11）：3-17，148.
② Sen A. The Idea of Justice [M]. Cambridge：Harvard University Press. 2009.
③ 王小林，冯贺霞. 2020年后中国多维相对贫困标准：国际经验与政策取向 [J]. 中国农村经济，2020（3）：2-21.

力集的目标适配。一方面，区分"国家定义的能力"与"个体自主能力"，政府定义的"高质量就业"可能与移民自身偏好存在冲突。另一方面，需分析政策如何平衡标准化就业目标与个体多样性选择。三是动态性与政策周期的结合。中国易地搬迁采取"搬迁—安置—后续扶持"三阶段推进，需研究不同阶段可行能力集的变化。搬迁初期，资源主要投入住房和基础设施建设。在此阶段，搬迁群众的发展能力往往因面临较高的适应成本而受到制约。后续的扶持政策则将重点转向创造就业机会和促进社会融入，以此作为提升搬迁群众发展能力的核心路径。

（二）空间正义理论

空间正义理论的雏形可追溯至 20 世纪 60 年代西方城市危机引发的学术反思。第二次世界大战后资本主义高速发展导致城市空间资源分配失衡，表现为空间剥夺、隔离与阶级矛盾激化，促使学者从空间维度批判社会不公。20 世纪 70 年代，亨利·列斐伏尔（Henri Lefebvre）在《空间的生产》中提出"（社会）空间是（社会的）产物"，强调空间是权力关系的载体，其生产过程中隐含资本主义对日常生活的殖民化，奠定了空间正义的理论基石[①]。同时期，大卫·哈维（David Harvey）在《社会正义与城市》中将马克思主义政治经济学引入空间分析，指出资本积累导致的地理不均衡发展是空间非正义的核心[②]。1983 年，戈登·H·皮里（Gordon H. Pirie）首次明确定义"空间正义"，认为"空间正义"是"空间中的社会正义的简单缩写"，其本质在于将空间视为社会生产的产物而非静态的背景或容器[③]。

空间生产、差异权利、边缘化与中心化是空间正义理论的三个核心概

---

① 刘怀玉. 现代性的抽象空间、矛盾空间和差异空间的生产：以黑格尔、马克思、尼采为研究视角 [J]. 国外理论动态，2023（1）：58-68.

② 董慧. 大卫·哈维的不平衡地理发展理论述评 [J]. 哲学动态，2008（5）：65-69.

③ 夏志强，陈佩娇. 城市治理中的空间正义：理论探索与议题更新 [J]. 四川大学学报（哲学社会科学版），2021（6）：189-198.

念。一是空间生产。列斐伏尔（1974）在《空间的生产》中提出，空间不仅是物理容器，更是社会关系再生产的产物，即空间生产。二是差异正义。爱德华·苏贾（Edward Soja）（2010）在《寻求空间正义》中提出"空间正义"需要考虑到"公平进入权"和"差异发展权"，强调空间资源配置的非均质性正当化[①]。苏贾的"差异化的空间正义"主张通过承认文化、性别、宗教信仰等领域的差异来反对空间的同一性。这一论点与哈维提出的"差异权"密切相关。哈维的观点被苏贾融入其空间正义理论中，作为对列斐伏尔"城市权"的补充。三是边缘化与中心化。列斐伏尔批判了资本主义城市化过程中空间的同质化和异化，认为资本主义通过空间生产加剧了中心与边缘的对立。在空间正义理论中，"中心化"概念逐渐被引入，用以描述资本主义空间生产中的权力集中现象。这种中心化不仅体现在物理空间上，还反映在社会权力结构中，边缘群体被剥夺了参与空间生产的权利。空间正义理论强调空间生产过程中的不平等现象，尤其是边缘化是如何通过空间隔离、资源剥夺等方式体现的。苏贾指出，资本主义都市空间生产通过等级化隔离和控制，加剧了社会两极分化，边缘群体被排除在社会生活和资源分配之外[②]。此外，哈维也批判了资本主义空间生产导致的边缘化现象，认为这种生产方式通过身份标签和社会等级划分，使越来越多的人被排除在空间生产之外[③]。

经典空间正义理论模型以列斐伏尔、哈维、苏贾为核心，分别从社会生产、资本逻辑、时空统一性切入，构建了批判资本主义空间非正义的多维框架。一是列斐伏尔的空间生产理论。列斐伏尔提出"空间是社会的产物"，强调空间不仅是物理存在，更是社会关系的再生产。他通过"空间的表征-表征的空间-空间的实践"三元分析框架，揭示了空间的社会性、物质性和精神性。列斐伏尔认为，空间生产过程中的不平等是空间正义的

---

①② 任政.爱德华·苏贾正义理论空间化重构的三重维度及其逻辑展开：以《寻求空间正义》为中心的考察 [J].中南大学学报（社会科学版），2023，29（4）：12-22.

③ 任政.资本、空间与正义批判：大卫·哈维的空间正义思想研究 [J].马克思主义研究，2014（6）：120-129.

核心问题，并主张通过争取城市权利来实现空间正义[①]。二是哈维的空间正义理论。哈维基于马克思的资本批判理论，提出资本主义空间化导致的空间不平等和剥削问题。他强调空间正义应超越个人对城市资源的访问权，关注空间的社会生产及其分配的公平性。哈维还提出了"希望的空间"概念，主张通过集体行动和全球正义运动来实现空间正义[②]。三是苏贾的第三空间理论。苏贾继承并发展了列斐伏尔的思想，提出"第三空间"概念，强调空间的社会性、时间和文化的辩证统一。他认为资本主义导致的空间贫困和居住分异是空间正义缺失的主要表现，并主张通过跨区域联盟和集体行动来实现空间正义[③]。

列斐伏尔的空间生产理论强调空间的社会性和历史性，揭示资本主义对空间的控制；哈维在此基础上进一步提出空间正义的概念，批判资本主义的空间不平等；苏贾则通过第三空间理论，试图打破传统空间二元对立，探索更加开放和包容的社会空间。这些理论共同推动了空间研究的深化，并为解决现代社会中的空间问题提供了理论支持和实践指导。

空间正义理论作为批判资本主义空间生产非正义性的重要理论工具，其应用领域已从传统的城市规划拓展至社会治理、环境治理、全球化矛盾、数字空间等多元领域，并呈现出显著的跨学科和全球化特征。具体说，空间正义理论的应用领域，尺度上从城市向全球扩展，对象上从物质空间向虚拟空间深化，方法上从批判理论向可操作工具转化。

空间正义理论应用于中国语境下易地搬迁移民高质量充分就业的研究中应该注意：一是注重"理论与实践的适配限度"边界，需在国家主导与多维空间互动框架下明确适用范围，包括制度性边界的双重约束（土地所有制特殊性、政策目标的优先性）、理论解释维度的局限（生计空间多维性、主体能动性差异）和动态实践过程的阶段分化（搬迁周期差异、区域

① 袁孟芹. 空间正义思想探析：缘起、发展及演变趋势 [J]. 社会科学前沿，2024，13（2），1202-1209.
②③ 任政. 爱德华·苏贾正义理论空间化重构的三重维度及其逻辑展开：以《寻求空间正义》为中心的考察 [J]. 中南大学学报（社会科学版），2023，29（4）：12-22.

发展梯度）；二是中国语境的制度适配路径，需在社会主义制度优势与传统文化惯性间寻求平衡，包括政策工具创新、制度衔接机制和文化调适策略。三是需要注意空间泛化的风险、治理冲突逻辑和文化脱嵌危机。总之，应在坚守土地公有制底线和脱贫攻坚成果基础上，通过空间正义理论的本土化再造，形成兼顾效率与公平、统一性与多样性的易地搬迁移民就业体系，最终实现"空间资源赋能—主体能力提升—制度包容创新"的良性循环。

（三）劳动力市场分割理论

劳动力市场分割理论的早期萌芽思想来自约翰·穆勒和凯恩斯，二人最早质疑亚当·斯密的劳动力市场具有竞争性质的观点，从而提出劳动力市场存在非竞争性特征。约翰·穆勒和凯恩斯分别从制度性分割和工资刚性角度，批判了亚当·斯密的竞争性市场假设。穆勒揭示了社会结构对劳动力流动的长期制约，而凯恩斯则聚焦于短期工资刚性与需求不足的相互作用[①]。20世纪初，制度经济学家康芒斯关注工会、企业规则对市场的干预，认为劳动力市场并非统一体，但此时尚未形成系统化的分割理论框架[②]。20世纪60年代至70年代，美国社会矛盾激化，多林格（Peter B. Doeringer）和皮奥雷（Michael J. Piore）在研究波士顿低工资群体时，发现人力资本理论无法解释群体间差异，如贫困代际传递问题。1971年，多林格和皮奥雷发表 *Internal Labor Markets and Manpower Analysis*，正式提出双元劳动力市场理论，即一级市场和二级市场理论。一级市场意味着高工资、稳定性强、晋升机制完善，由内部管理制度主导（如大型企业、政府部门）[③]。二级市场代表低工资、流动性高、缺乏保障，受外部市场波动影响显著

---

① 高鸿业. 西方经济学 ［M］. 北京：中国人民大学出版社，2011.
② 姚先国，黎煦. 劳动力市场分割：一个文献综述 ［J］. 渤海大学学报（哲学社会科学版），2005（1）：78-83.
③ 张海东，袁博. 中国城市劳动力市场的双重二元分割：理论模型与实证检验 ［J］. 社会学研究，2024，39（3）：158-181，229.

（如临时工、服务业）①。一级市场与二级市场之间的分割机制在于需求侧因素（如企业产品稳定性）和制度性壁垒（如内部晋升规则）导致市场封闭②。二元劳动力市场分割理论的贡献在于首次将劳动力市场的制度性分割纳入分析框架，突破了新古典经济学的完全竞争假设。

在经典二元分析框架下，激进学派关于劳动力市场分割理论的核心观点认为劳动力市场的分割是资本家为分化工人阶级、维持控制权而人为构建的，并采取了分化策略、内部市场分层和教育的社会再生产功能等措施。分化策略主要是通过种族、性别、教育水平等非生产性特征制造工人群体间的对立，如引入少数族裔作为罢工替代者，或将女性限制在低薪岗位③。内部市场分层是在垄断企业内建立"初级部门"与"次级部门"，前者提供稳定高薪职位以笼络技术工人，后者则通过低薪、不稳定工作削弱工人谈判能力④。教育的社会再生产功能主要是利用教育系统将不同阶级背景的劳动者分配到对应的市场层级，如低收入家庭学生接受的教育更注重服从性，为其进入次级市场做准备⑤。另外，从竞争资本主义向垄断资本主义过渡中，劳动力同质化威胁资本控制。垄断企业通过技术升级和内部官僚化，将市场分割为"核心-边缘"结构，核心产业提供稳定就业，边缘产业则依赖临时工和低技能劳动力⑥。激进学派的代表学者包括米歇尔·雷克（Michael Reich）、大卫·戈登（David M. Gordon）、萨缪尔·鲍尔斯（Samuel Bowles）、赫伯特·金蒂斯（Herbert Gintis）、理查德·爱德华兹（Richard Edwards）和威廉·塔布（William Tabb）。他们的研究基于马克思主义阶级分析框架，批判新古典经济学对劳动力市场的同质性假设，强调资本主义制度下阶级对立对市场结构的塑造作用。

---

① 孟凡强，李茜，安锦．劳动力市场分割理论述评［J］．南京财经大学学报，2015（5）：19-24.

② Eurofound. Labour Market Segmentation：Piloting New Empirical and Policy Analyses［M］. Luxembourg：Publications Office of the European Union，2019.

③④⑥ Reich M，Gordon D M & Edwards R C. A theory of labor market segmentation［J］. The American Economic Review，1973，63（2），359-365.

⑤ 郭丛斌，丁小浩．职业代际效应的劳动力市场分割与教育的作用［J］．经济科学，2004（3）：74-82.

劳动力市场分割理论应用范围较广，包括移民就业研究、公共政策设计、发展中国家的非正规经济、技术进步与零工经济、社会不平等与交叉性分析等领域。劳动力市场分割理论在中国易地扶贫搬迁移民就业研究中的应用，需突破"西方中心主义"的理论预设，深度融合中国特色的制度逻辑与社会治理经验。通过理论调适与实证创新，既揭示移民就业困境的结构性根源，也为"共同富裕"目标下的包容性政策设计提供学理支撑。

劳动力市场分割理论在中国语境下的应用需注意以下边界条件：一是制度优势。易地扶贫搬迁的原则是"政府主导、群众自愿"，实施过程中主要是政府主导，搬迁后的后续扶持高度依赖政府政策，市场自发分割的作用可能被政策部分抵消。二是市场分割的多元维度。一方面，中国的易地搬迁移民从偏远农村进入城镇或集中安置区，面临农业就业转向非农就业的不适应性。另一方面，移民普遍受教育程度低、技能单一，易被稳定在低端服务业或非正规就业领域（如临时工、零工经济）。另外，原有乡村社会网络断裂，新网络关系还未完全建立，限制移民获取高质量就业机会的信息。三是动态性与政策干预的阶段性。一方面，初期政策可能通过行政手段（如公益性岗位）快速解决就业，但长期需依赖市场吸纳能力，可能形成"政策依赖分割"。另一方面，若安置地产业结构与移民技能不匹配，可能加剧"结构性失业"分割。

因此，需要进行迁移理论的本土化调适。一是纳入"国家-市场-社会"三重互动机制。一方面，需要将就业培训、产业扶持等政策工具作为分割的调节变量，分析政府干预如何重塑市场分割结构（如公益性岗位是否缓解了移民的边缘化）。另一方面，基层党组织、社区组织在移民社会网络重建中的作用，可能弱化市场分割的负面效应。二是需要重新定义分割维度。提出"制度-空间"复合分割模型，解释移民因户籍身份和安置地位置双重因素导致的就业排斥。三是引入"可行能力"视角。结合阿玛蒂亚·森的"可行能力"理论，关注移民在就业选择中的技能提升机会和就业服务可及性，而不仅是收入水平。

劳动力分割市场理论视角下的就业机理包括：

第一，劳动力市场分割与移民就业选择。劳动力市场分割与移民就业选择之间存在着复杂而微妙的联系。当易地搬迁移民踏入一个全新的劳动力市场时，他们往往会遭遇市场分割所带来的种种限制。劳动力市场通常被划分为一级市场和二级市场，两者之间存在着显著的差异。一级市场往往对劳动力的技能要求更为严苛，同时竞争也更为激烈，通常提供的是薪资较高、福利较好的工作机会。而二级市场则相对门槛较低，但工作条件和待遇往往不尽如人意。对于刚搬迁到新环境的移民而言，由于语言、文化、技能等多方面的障碍，他们可能更容易被二级市场所接纳。这在一定程度上限制了他们的职业发展，使他们难以迅速融入主流社会并实现经济自立。然而，值得注意的是，市场分割并非不可逾越的鸿沟。随着国家对移民群体政策扶持力度的不断加大，以及移民自身对更好生活的不懈追求，一部分有志于改变现状的移民开始通过积极的方式寻求突破，他们或参加职业技能培训，不断提升自己的专业素养，或积极拓展社会关系网络，融入当地社会，这些努力为他们逐渐打破二级市场与一级市场之间的壁垒提供了可能。

第二，政策干预与劳动力市场整合。政府在易地搬迁移民的就业安置工作中扮演着不可或缺的角色。为了确保这些移民能够顺利融入新的社会环境并实现稳定就业，政府采取了一系列积极的政策干预措施。首先，政府通过提供多样化的职业培训项目，帮助移民提升职业技能，增强他们的就业竞争力。这些培训项目不仅涵盖了各种实用技能，还注重培养移民的综合素质和适应能力，使他们能够更好地适应市场需求。其次，政府还设立了就业指导中心，为移民提供个性化的职业规划服务，帮助他们找到适合自己的工作岗位。再次，政府还大力扶持移民创业，提供资金、场地、税收减免等多方面的优惠政策，降低创业门槛和风险，鼓励移民通过自主创业实现就业。最后，政府致力于优化市场结构，减少市场分割现象。通过促进一级市场和二级市场的有效融合，为移民提供了更多高质量的就业机会。

第三，社会关系网络与就业信息传递。易地搬迁移民在新的居住地面临着艰巨的任务，那就是重新建立稳固而多元的社会关系网络。这一关系网络不仅能够为他们提供一个温暖的社交圈，更是他们在新环境中获取宝贵就业信息、及时了解市场动态的关键渠道。通过这一网络，移民们能够接触到各式各样的工作机会，掌握行业发展的最新动态，为自己的职业生涯铺平道路。为了加速这一过程的实现，加强社区建设显得尤为重要。可以通过组织丰富多彩的社区活动，如文化交流会、职业技能培训班等，增进移民之间的互动与了解，从而自然而然地织就一张张紧密相连的社会关系网。同时，积极促进邻里之间的互助合作，无论是生活上的互帮互助还是职业发展上的建议分享，都能极大地增强社区的凝聚力，让移民们在新安置区找到归属感。

第四，技能提升与就业升级。劳动力市场分割理论深刻揭示了技能在就业领域中的核心地位与不可替代性。该理论主张劳动力市场并非铁板一块，而是由存在不同特征和机会的一级市场和二级市场构成，而技能正是决定个体能否跨越市场界限、获取更优就业资源的关键因素。对于易地搬迁的移民群体而言，面对新环境的挑战与机遇，提升个人技能水平成了他们实现高质量就业、融入新社会的必由之路。

通过积极参与各类职业培训项目，移民们可以系统地学习并掌握适应市场需求的专业技能，这不仅拓宽了他们的职业选择范围，更为他们打开了一级市场的大门，使他们有机会获得更加稳定、体面的就业岗位。此外，自学作为一种灵活且成本相对较低的技能提升途径，同样受到了广大移民的青睐。利用网络资源、书籍资料等，他们可以在闲暇时间不断充实自己，提升竞争力。

随着技能的不断精进，移民在二级劳动力市场中也能享受到更多的优势。他们凭借出色的专业技能，往往能够争取到更高的薪资待遇，享受到更优越的工作环境和福利待遇。技能的提升如同一把钥匙，不仅解锁了通往更广阔就业市场的道路，更为移民在新环境中立足、发展奠定了坚实的基础。因此，强化技能培训、促进个人能力提升，对于易地搬迁移民而言，是通往高质量就业和美好生活的重要途径。

（四）内生发展理论

内生发展理论（Endogenous Development Theory）起源于 20 世纪 70 年代，起源于批判"外源驱动型发展"模式的弊端，即依赖外资和外部技术输入会导致本地资源流失、文化同质化及环境破坏[①]。1975 年，瑞典 Dag Hammarskjöld 财团在联合国报告中首次定义内生式发展，强调"发展只能从社会内部推动"[②]，日本学者鹤见和子进一步提出"基于本地生态与文化，自主创建发展路径"的理念[③]。理论形成初期聚焦于经济维度的本地资源利用和社区参与；20 世纪 90 年代，融入可持续发展理念，强调社会、环境与经济的平衡；2000 年以后，该理论关注社会资本、创新系统及制度的作用。其核心概念包括：自决与参与，社区在决策中的主导权；本地资源驱动，利用本土人力、文化和自然资源，而非依赖外部资本；社会创新，通过教育、技术本地化激发内生动力；多维可持续性，经济、社会、环境协同发展；网络与协作，区域创新系统依赖企业、高校和政府的协作网络，通过区域间知识共享与资源互补增强内生动力。

内生发展理论的经典模型主要聚焦于地方资源利用、社区参与和多维可持续发展，强调从内部动力出发推动发展。以下是该领域具有代表性的理论模型及其核心框架。一是内发性发展模型。日本学者鹤见和子吸收了日本思想家柳田国男和中国社会学家费孝通关于农村多元化发展的思想，系统地提出了内生发展论的理论模型[④]。鹤见和子将发展模式分为"外发的发展"与"内发的发展"两种，其中"外发的发展"主要依赖政府投资

---

① 张环宙，黄超超，周永广 . 内生式发展模式研究综述 [J]. 浙江大学学报（人文社会科学版），2007（2）：61 - 68.

② 刘文喆，韩鹜 . 内生式发展视野下东北乡村振兴的道路探索：基于松原市车木铺村的个案研究 [J]. 人文与社会科学学刊，2025（2）：174 - 182.

③ 余应鸿 . 乡村教育发展的内生机制研究 [J]. 西南大学学报（社会科学版），2020，46（2）：107 - 114，193.

④ 张秋菊，张超锋 . 农村内生式发展的理论和政策实践：以日本中山间地区等直接补助制度为例 [J]. 世界农业，2020（11）：20 - 28，143.

和外来资本，追求经济增长速度，但易导致资源主导权丧失、文化断裂等问题；"内发的发展"是以本地居民为主体，立足区域生态与文化传统，整合外来知识和技术，实现经济、文化、社会的多元协调发展①。鹤见和子的内发性发展理论模型强调本土文化认同和自主性，反对盲目模仿西方模式，其核心在于两方面：一方面是发展应基于本土文化、历史和社会结构，而非照搬西方模式；另一方面是主张通过"自文化化"和"自技术化"实现自主创新。该理论的核心框架包括文化认同、社区参与、多维可持续性等要素，深刻影响了后续的内生发展研究。二是区域发展自下而上模型。该模型由奥地利学者 Walter Stöhr（1981）提出，核心观点包括"自上而下"和"自下而上"两个方面。"自上而下"依赖中央集权规划、外部资本和技术，导致区域不平等和依赖性。"自下而上"则主张地方社区主导，通过整合本地人力、自然、文化等资源和网络协作形成内生动力，满足基本需求并促进多维发展。"自上而下"和"自下而上"两种发展模式并非完全对立，而是相互补充。在某些情况下，国家层面的整合和资源分配是必要的，而在其他情况下，地方层面的自力更生和资源动员更为重要。三是社会嵌入性模型。"社会嵌入性模型"是基于马克·格兰诺维特（Mark Granovetter）在 1985 年提出的嵌入性理论。格兰诺维特提出，经济行为并非孤立存在，而是嵌入于持续的社会关系网络中。他批判了传统经济学中原子化个体"去社会化"的观点与社会学中过度强调制度约束的"过度社会化"观点，他主张的是一种中间立场，并称之为"嵌入性"，即市场中的行动者会理性地行动，或者至少会尝试理性地行动，但他们同时也嵌入在社会结构中，这些社会结构约束了他们的市场互动。嵌入性强调的是社会网络和具体的人际关系，具有双重维度，即关系性嵌入和结构性嵌入。关系性嵌入是指个体或企业通过具体的信任、互惠等社会关系建立经济合作；结构性嵌入是指经济行为受更大范围的行业网络、社

---

① 郭占锋. 对鹤见和子"内发型发展论"的再反思：基于《农村振兴和小城镇问题》[J]. 中国农业大学学报（社会科学版），2024，41（2）：114-129.

区规范等社会结构的影响①。

内生发展理论在中国语境下的研究及其应用情景：

（1）内生发展动力的内涵。内生发展动力就是指系统本身谋求发展的驱动力。脱贫人口内生发展动力可以理解为在谋求脱贫和发展的过程中，脱贫人口由个体内部需求激发的自主性、积极性以及创造性，并影响行动的产生②。内生发展动力是微观行动个体在核心价值信念的引领下，自发参与旨在实现可持续脱贫和发展目标的一切活动的心理倾向和行为能力。心理倾向是指个体自发参与脱贫活动的主体动机和意愿，行为能力则是指个体实现特定导向需求的理性决策能力和内生发展能力③。内生发展动力包括物质层面的基础发展条件和精神层面的人的素质两个维度，是脱贫地区和脱贫群众实现自我发展、自我提升的根本动力④。增强搬迁农户的内生发展动力是确保其稳定脱贫、防止返贫的根本途径。

（2）内生发展动力的维度。汪三贵等人（2022）从心理倾向和行为能力两个维度讨论脱贫群体的内生发展动力内涵。心理倾向主要指个体自发参与脱贫活动的主体动机和意愿。左停等人（2019）从物质空间、抽象空间和社会空间三个维度讨论影响贫困人口内生动力的因素。物质空间指的是贫困地区的物质环境、自然资源、基础设施等；抽象空间指的是政策环境、制度供给等抽象因素；社会空间包括贫困群体的社会关系网络、社会资本等社会空间因素⑤。曲海燕（2019）从精神动力和非精神动力两个维度讨论贫困人口内生动力的特征。精神动力来源于情感、理智及意志，是推动人的行为的精神力量；非精神动力源于本能，如生本能追求个体生存

---

① 符平．"嵌入性"：两种取向及其分歧［J］．社会学研究，2009，24（5）：141-164，245．

② 曲海燕．激发贫困人口内生动力的现实困境与实现路径［J］．农林经济管理学报，2019，18（2）：216-223．

③ 汪三贵，黄奕杰，马兰．西部地区脱贫人口内生动力的特征变化、治理实践与巩固拓展路径［J］．华南师范大学学报（社会科学版），2022（3）：5-15，205．

④ 周宇晗，文书洋．乡村振兴背景下增强原深度贫困地区内生发展动力：理论内涵与实现路径［J］．学术探索，2024（2）：141-147．

⑤ 左停，田甜．脱贫动力与发展空间：空间理论视角下的贫困人口内生动力研究——以中国西南一个深度贫困村为例［J］．贵州社会科学，2019（3）：140-148．

和种族繁衍，死本能追求松弛的死亡状态①。董丽（2022）从个人特征、人生态度和行为意识三个维度讨论脱贫人口内生动力的影响因素。个人特征主要包括身体素质、文化程度、学习能力、技术技能、精神品质五方面，是影响个体发展的重要因素。良好的身体素质是贫困户脱贫的基本前提；文化程度、学习能力与农户发展能力息息相关；技术技能是农户自主脱贫的有效手段；精神品质是影响个体脱贫的深层次因素。人生态度是一个人的内在精神状态，作为一种持久的、稳定的心理倾向，可以影响人的主动性和创造性。行为意识是脱贫群体在不同人生态度下呈现出不同的行为或倾向②。王明哲（2022）认为脱贫群体的内生动力可以从主观脱贫意愿和客观脱贫能力两个维度进行分解。主观脱贫意愿包括目标设定、积极态度和对未来的信心等；客观脱贫能力则涉及教育、技能、健康以及参与劳动力市场的能力等③。王晓毅（2023）则认为内生动力涉及精神与能力、主观与客观、政府与群众，以及发展的主体性和客体性等多个维度④。

（3）内生发展动力的特点。曲海燕（2019）在《激发贫困人口内生动力的现实困境与实现路径》这篇文章里总结了内生动力的三个特点，即内生性、复杂性及驱动性。首先是内生性。内生动力主要来源于个体的内在需求，如吃饱穿暖的生理需求，获得友情、亲情、爱情的情感需求，以及实现理想和价值的自我需求等。其次是复杂性。内生动力的复杂性体现在内生动力存在层次之分，这里的需求层次就是参照根据马斯洛的需求层次理论，认为最基层的内生动力就是一个人的本能，最高层次的内生动力就是一个人的超越本能，即精神需求层面的内生动力。最后是驱动性。内生

① 曲海燕.激发贫困人口内生动力的现实困境与实现路径 [J].农林经济管理学报，2019，18（2）：216-223.

② 董丽，东梅.易地搬迁脱贫内生动力机制研究：基于扎根理论的多案例分析 [J].农林经济管理学报，2022，21（2）：228-238.

③ 王明哲，周迪，黄炜.扶贫先扶志：脱贫家庭内生动力对返贫风险的影响 [J].世界经济文汇，2022（5）：1-18.

④ 王晓毅，梁昕，杨蓉蓉.从脱贫攻坚到乡村振兴：内生动力的视角 [J].学习与探索，2023（1）：29-36，2.

动力的驱动性主要体现在对行动产生的影响，内生动力是行动发生的根本原因[①]。

（4）内生发展动力理论在易地搬迁移民就业中的应用。第一，激发搬迁移民的内生动力。激发搬迁移民的内生动力是促进就业的关键。一是通过教育和培训提升搬迁农户的就业能力。杨希双和罗建文（2023）指出，必须让农民实现从"要我脱贫"到"我要致富"的观念转变，通过教育和培训赋能农民在乡村振兴全过程的主体性激活和创造力激发[②]。二是通过政策激励和引导增强搬迁移民的就业意愿。周宇晗（2024）提出，应优化区域发展评价体系，加强乡村经济社会统计核算，落实区域性内生发展的动态评估和监测，以政策激励和引导搬迁移民积极参与就业。三是通过文化建设和心理引导激发搬迁移民的就业热情。张鹏龙等（2024）的研究表明，非就业帮扶中的健康帮扶和基础设施建设帮扶间接提高了易返贫群体的劳动收入[③]

第二，构建易地搬迁移民就业的服务帮扶机制。构建科学合理的服务帮扶机制是保障搬迁移民就地就近就业的重要条件。一是建立全面的就业信息服务平台。周宇晗（2024）建议，应优化就业帮扶政策，通过劳务协作、扶贫车间建设等方式，帮助搬迁移民转移就业。二是提供个性化的就业指导和培训服务。杨希双和罗建文（2023）强调，要发展和提升易地搬迁移民的价值创造能力和自我发展能力。三是强化政策支持和保障措施。张鹏龙等（2024）的研究发现，政府的就业帮扶政策显著提高了易返贫群体的劳动收入。

第三，建立易地搬迁移民就地就近就业的跟踪监测机制。建立有效的跟踪监测机制是评估和优化搬迁移民就地就近就业服务帮扶效果的重

---

① 曲海燕．激发贫困人口内生动力的现实困境与实现路径［J］．农林经济管理学报，2019，18（2）：216 - 223.

② 杨希双，罗建文．基于乡村振兴内生发展动力的农民主体性问题研究［J］．重庆大学学报（社会科学版），2023（3）：261 - 274.

③ 张鹏龙，钟建乐，胡羽珊．防止返贫帮扶政策效果评估：基于劳动收入的视角［J］．管理世界，2024（3）：127 - 152.

要手段。一是建立就业数据监测体系。周宇晗（2024）提出，应优化区域发展评价体系，加强乡村经济社会统计核算。二是定期开展就业效果评估。杨希双和罗建文（2023）强调，要保障和落实农民对乡村振兴政策的知情权和受益权。三是及时反馈和调整帮扶措施。张鹏龙等（2024）的研究发现，防止返贫帮扶政策对不同类型的易返贫户所起的作用存在差异。

（5）内生发展动力理论对易地搬迁移民就业跟踪监测与服务帮扶机制的启示。一是注重激发搬迁移民的内生动力。内生发展动力是推动搬迁移民自主就业发展的根本动力。因此，在构建搬迁移民就业跟踪监测与服务帮扶机制时，应注重激发搬迁移民的内生动力，通过教育和培训、政策激励和引导、文化建设和心理引导等方式，提升其就业能力和就业意愿。二是构建全面的服务帮扶机制。服务帮扶机制是保障搬迁移民就业的重要条件。应建立全面的就业信息服务平台，为搬迁移民提供及时、准确的就业信息；提供个性化的就业指导和培训服务，帮助其提升就业能力和竞争力；强化政策支持和保障措施，为搬迁移民提供稳定的就业环境和政策保障。三是建立有效的跟踪监测机制。跟踪监测机制是评估和优化搬迁移民就业服务帮扶效果的重要手段，应建立就业数据监测体系，对搬迁移民的就业情况进行动态跟踪和监测；定期开展就业效果评估，确保搬迁移民真正受益于就业帮扶政策；及时反馈和调整帮扶措施，确保帮扶措施的针对性和有效性。

（五）复合资本

"资本"（Capital）源于拉丁语"caput"，最早在12—13世纪的意大利出现，指代"生息本金"或"资金"。重商主义学派（斯塔福德、斯卡芦菲）将其等同于货币，认为财富积累依赖贸易顺差，忽视生产领域。此时的资本概念局限于流通领域，尚未形成系统性理论。亚当·斯密和大卫·李嘉图将资本与生产资料（如工具、厂房）联系，提出资本是积累的劳动成果，用于生产性投资。但未揭示资本的社会关系本质。马克思在

《资本论》中提出资本是带来剩余价值的价值，其本质是"死劳动对活劳动的支配关系"。资本通过"货币—商品—增值货币"的循环实现自我增殖，揭示了资本主义剥削机制。资本理论的贡献在于对资本的"二重性分析"和对"资本积累规律"的认识。二重性分析主要指资本既是生产要素，又是社会权力载体。资本积累规律在于资本集中导致两极分化，为资本主义灭亡埋下伏笔。马克思首次将资本从经济学概念提升为批判资本主义的核心分析工具。

古典资本理论（以马克思为代表）聚焦于经济资本的生产关系分析，强调剩余价值的剥削本质。然而，这一范式无法解释二战后教育普及、知识经济兴起、社会网络对资源分配的影响等现象。由此，学者们开始探索资本的非经济形态。资本理论从单一经济维度向多维度扩展演变，包括以舒尔茨为代表的人力资本理论、以布迪厄为代表的文化资本理论和以布迪厄、科尔曼、普特南为代表的社会资本理论。人力资本回应知识经济对劳动力技能的需求，突破传统"劳动力"概念，强调人的知识积累对经济增长的贡献[①]。文化资本揭示文化资源如何成为阶级再生产的工具，打破"教育平等"的迷思[②]。社会资本揭示社会网络对个体机会获取的差异化影响，补充市场机制之外的资源配置逻辑[③]。

1. 人力资本理论

（1）人力资本的内涵与经典模型。人力资本思想可追溯至古典经济学派，威廉·佩第"土地是财富之母，劳动是财富之父"的论断，以及布阿吉尔·贝尔关于劳动时间决定价值的论述最早揭示了人力资源在社会生产中的价值创造作用，但并未把人力资源看作是一种资本。

"人力资本"的萌芽起源于亚当·斯密（Adam Smith）的《国富

---

① 杨建芳，龚六堂，张庆华．人力资本形成及其对经济增长的影响：一个包含教育和健康投入的内生增长模型及其检验［J］．管理世界，2006（5）：10-18，34，171.

② 朱伟珏．"资本"的一种非经济学解读：布迪厄"文化资本"概念［J］．社会科学，2005（6）：117-123.

③ 张文宏．社会资本：理论争辩与经验研究［J］．社会学研究，2003（4）：23-35.

论》。他在《国富论》中将资本划分为固定资本和流动资本，并进一步指出固定资本不仅包括机器、建筑物、改良的土地，而且还包括"社会上一切人民学到的有用才能"。这标志着亚当·斯密首次将人力视为一种资本。

萨伊（Jean-Baptiste Say）继承亚当·斯密的思想，将"劳工"的劳动力本身视作一项资本，这项资本的累积一般由劳工的父母或由同一职业的人来进行。萨伊认为，如果劳工获得特殊才能或技巧，则其报酬的构成中除"工资"外，还有种相当于"资本的利息"的"剩余"，因为任何职业（不管是高级职业还是低级职业）所需要的技巧，只有通过长时间和代价很高的训练才能得到，这种训练必须支付一定费用，而这些费用的总和构成累积资本[①]。

西奥多·W·舒尔茨（Theodore W. Schultz）被誉为"人力资本概念之父"。他发表的《人力资本投资》宣告人力资本理论的诞生。舒尔茨在长期从事的农业经济研究中，特别是从对落后的农业国家农民收入低下而发达的工业国家农民收入较高的实证研究中发现，劳动者的收入高低与劳动者的智力、技能很有关系。舒尔茨认为，所谓人力资本，是相对于物力资本而存在的一种资本形态，表现为人所拥有的知识、技能、经验和健康等。人力资本的显著标志是它属于人的一部分。它是人类的，因为它表现在人的身上；它又是资本，因为它是未来满足或未来收入的源泉。舒尔茨认为人力资本包括量与质两个方面。量的方面指一个社会中从事有用工作的人数及百分比、劳动时间，一定程度上代表着该社会人力资本的多少；质的方面指人的技艺、知识、熟练程度与其他类似可以影响人从事生产性工作能力的东西。在这些方面，每个劳动者也是不一样的，就是同一个劳动者在受到一定教育和训练前后，他的劳动的质量或工作能力、技艺水平和熟练程度也是有差别的[②]。人力资本是一种能增加劳动者价值的资本，

---

① 惠宁，霍丽.试论人力资本理论的形成及其发展［J］.江西社会科学，2008（3）：74-80.

② 江涛.舒尔茨人力资本理论的核心思想及其启示［J］.扬州大学学报（人文社会科学版），2008，12（6）：84-87.

是体现在劳动者身上的、以劳动者的数量和质量表示的资本，是劳动者掌握的知识、技能和其他一些对经济社会发展有用的才能[①]。舒尔茨认为，通过教育和培训提升人的知识和技能，可以显著提高劳动生产率和创新能力，从而推动经济增长；在影响经济发展诸因素中，人的因素是最关键的，经济发展主要取决于人的质量的提高，而不是自然资源的丰瘠或资本的多寡。

加里·斯坦利·贝克尔（Gary Stanley Becker）首次从微观层面对人力资本进行了拓展和创新，提出了人力资本不仅包含知识、技能及才干，还应该包括健康和时间。贝克尔的代表作《人力资本》被认为是"人力资本革命"的起点，他在书中详细阐述了自己的观点，并通过实证研究验证了人力资本投资对个人就业和经济收入的重要影响。他的研究方法和理论观点在经济学领域具有开创性和引领性，为人力资本理论体系的建立和完善做出了巨大的贡献。

爱德华·富尔顿·丹尼森（Edward Fulton Denison）通过对经济增长因素的分析研究，度量了人力资本在经济增长中所发挥的积极作用。他的主要理论体现在《美国经济增长因素和我们面临的选择》一书中，该书对美国经济增长因素进行了详尽的分析和计量，并能明显看出正规教育年限增加对经济增长的贡献。丹尼森论证出美国1929—1957年经济增长中有23%的增长归功于教育的发展，即对人力资本投资的积累。这一发现使世界各国都意识到了教育投资的重要性。

肯尼斯·约瑟夫·阿罗（Kenneth J. Arrow）提出"干中学"模型，从事生产的人获得"知识"的过程内生于模型之中。他认为，知识的获取或"学习"是经验的产物，而经验的积累在生产率的提高中起着重要的作用。阿罗的"干中学"模型突破了新古典增长理论的研究框架，提出了第一个内生增长模型，从而促进了新增长理论的产生。这一模型强调了通过实践和经验积累人力资本的重要性，为人力资本理论的发展提供了新的视

[①]　惠宁，霍丽. 试论人力资本理论的形成及其发展 [J]. 江西社会科学，2008（3）：74-80.

角和思路。阿罗的模型具有实践指导作用，对于企业而言，它强调了通过持续投资和实践积累人力资本的重要性；对于个人而言，它鼓励个人通过不断学习和实践来提升自己的能力和价值。

人力资本是指人们为了追求不同的生计策略和实现生计目标而拥有的技能、知识、劳动能力和健康等。在家庭层面，人力资本的状况通常可以用家庭总人口、家庭中劳动力的个数、健康人数的比例等指标反映[①]。人力资本代表能力、知识、技能和健康状况[②]，在时间上具有滞后性[③]。人力资本不是先天就有的，而是劳动者依靠后天的学习和训练所获得的，其中正规学校教育与职业培训是最重要的两种形式。受教育时间越长，文化程度越高，劳动者所拥有的科学知识就越多，劳动技能就越强，其劳动的边际生产率自然越高[④]。人力资本只能属于个人，这是其产权特性。周其仁教授在《市场里的企业：一个人力资本与非人力资本的特别合约》一文中明确指出，人的健康、体力、经验、生产知识、技能和其他精神存量的所有权只能不可分地属于其载体。他强调，这个载体不但必须是人，而且必须是活生生的个人。他论证了人力资本的产权相当特别，即只能属于个人，非"激励"难以调度[⑤]。人力资本自身只是一种无形资本，有形的是它的作用，因此，人力资本可以划分为各种不同的形态存在于个体中，发挥相应的功能与价值[⑥]。

（2）人力资本理论的核心观点。人力资本理论主要强调的是知识、技

---

① 王君涵，李文，冷淦潇，等．易地扶贫搬迁对贫困户生计资本和生计策略的影响：基于 8 省 16 县的 3 期微观数据分析 [J]．中国人口·资源与环境，2020，30（10）：143－153.

② 李聪，王磊，王金天，等．跨越贫困陷阱：易地搬迁农户的收入流动及其影响因素 [J]．统计与信息论坛，2022，37（5）：102－114.

③ 陈文娟，王兆林，曾薇，等．生计资本对易地扶贫搬迁脱贫农户创业行为的影响研究 [J]．农业现代化研究，2024，45（6）：1082－1090.

④ 彭国胜．人力资本与青年农民工的就业质量：基于长沙市的实证调查 [J]．湖北社会科学，2009（10）：102－105.

⑤ 周其仁．市场里的企业：一个人力资本与非人力资本的特别合约 [J]．经济研究，1996（6）：71－80.

⑥ 赵明，周雪晴，徐凯迪．互联网使用对低龄老年人劳动参与的影响：老年人力资本提升视角 [J]．人口与发展，2024，30（5）：48－60，157.

能和健康等能够增加个人收益的非物力资本的重要性。这些资本主要是通过培训和教育来实现的，它们相比于物质资本来说具有更大的创造性。该理论认为，教育可以提高个人的劳动生产率，从而使其获得较高的薪酬。教育的个人收益率和居民收入水平的显著上升，与一个国家或地区社会主义市场经济体制的建立和完善密不可分。

人力资本理论强调个人通过教育、培训等方式积累的知识、技能和经验等是其获取高收入和高质量就业的关键。对于易地搬迁移民而言，其人力资本水平直接影响其在新环境中的就业能力和就业质量。

（3）人力资本理论视角下的高质量充分就业的目标。结合人力资本理论和易地搬迁移民的实际情况，高质量充分就业的目标可以概括为以下几点。一是提高劳动报酬。通过提供高质量的就业机会，使易地搬迁移民能够获得足够的收入，以支撑他们的基本生活和发展需求。高质量就业意味着较高的劳动报酬，这是他们迁移后生活改善的基础。二是增强工作满意度。高质量就业不仅仅是收入的高低，还包括对工作的心理感知和态度。易地搬迁移民需要在新的工作环境中找到乐趣和满足感，这有助于他们更好地融入新社区，提高生活质量。三是实现个人价值。高质量就业还需要能发挥易地搬迁移民的个人优势和才能，使他们能够在工作中获得成就感和自我价值的实现。这有助于提升他们的自信心和幸福感。

（4）易地搬迁移民人力资本。易地搬迁移民的生产、生活和生态空间发生转变，生计资本得到重新组合。搬迁移民同时具备"市民"和"农民"特征，搬迁后，人力资本出现短期受损。易地搬迁移民的人力资本主要包括劳动能力、受教育年限、健康状况等。从表面来看，易地搬迁移民的人力资本从农村迁入城镇后不会有变化，实际上，如果从劳动参与角度来看，易地搬迁移民的人力资本在短期内会出现受损。搬迁前他们以土地为基础构建生产生活体系，由于土地耕作对劳动力质量的门槛较低，即便自身存在一些身体健康和受教育程度等方面的问题，他们仍然可以从事一些简单的土地耕作。搬迁之后，原有土地距离变远，不适合继续耕作，城镇的非农就业大多对劳动力的健康状况、受教育程度等要求较高，而易地搬迁移民短期内无法达到新的要求，其人力资本会因为与城镇非农就业结构不适应而出现短期的受损①，甚至人力资本失灵。可能导致移民原有以务农为主的技能不再有用、原有生活组织结构解体、食物成本上升，进而降低其人力资本，使移民家庭收入有向下流动的可能性②。

从资本的视角来看，易地搬迁移民原有的生存与发展环境呈现出资本的稀缺匮乏性和不可塑造性的双重特点。稀缺匮乏性是指贫困群体原居住地的生产效率低下，稀缺的物质资本无法实现减贫发展的需要。不可塑造性是指原有稀缺的资本很难通过外力助推获得更多的收益，只能通过一种场域转化和资本重新配置的方式，改善贫困群体的生活③。搬迁后，生计资本得到重组，其中人力资本是最基础的生计资本，移民需要外出就业获得新的生活方式，这对移民的技能水平、外出就业途径及文化水平提出新的要求④。但搬迁家庭生育率高，成年劳动力数量少，受教育程度主要集中在初中和高中阶段；部分搬迁群体的家庭消费结构受到人力资本和地域文化的双重影响，面临因娱乐消遣和人情往来开支过大造成的负债问题⑤。

已有研究已经证实，易地搬迁是农户人力资本与区域经济资源的配置优化过程，是乡村产业培育及布局重塑过程，也是农户生计转型与生活方式现代化的过程⑥。"以人为本"是易地扶贫搬迁后续扶持的根本原则，

① 刘升. 城镇集中安置型易地扶贫搬迁社区的社会稳定风险分析 [J]. 华中农业大学学报（社会科学版），2020（6）：94-100, 165.

② 李聪，王磊，王金天，等. 跨越贫困陷阱：易地搬迁农户的收入流动及其影响因素 [J]. 统计与信息论坛，2022，37（5）：102-114.

③ 叶青，苏海. 政策实践与资本重置：贵州易地扶贫搬迁的经验表达 [J]. 中国农业大学学报（社会科学版），2016，33（5）：64-70.

④ 谢大伟. 易地扶贫搬迁移民的可持续生计研究：来自新疆南疆深度贫困地区的证据 [J]. 干旱区资源与环境，2020，34（9）：66-71.

⑤ 郭言歌. 易地搬迁脱贫人口生计发展与乡村振兴多元化衔接：基于宁夏四类安置区的调查 [J]. 北方民族大学学报，2024（4）：148-157.

⑥ 贺立龙，杨祥辉，胡闻涛. 易地搬迁农户的乡村产业可惠及性：湖南湘西的微观实证 [J]. 西北农林科技大学学报（社会科学版），2020，20（3）：9-24.

注重搬迁人口的人才培养和人力资本积累、加强搬迁人口的技术教育和医疗健康是保障易地搬迁移民长期稳固脱贫、社会长治久安的根本之策①。有研究从家庭劳动力数量、人均受教育程度、是否受过非农培训和具有手艺、人均健康状况等四个方面对搬迁移民家庭人力资本进行测度发现，人力资本水平越高，意味着搬迁农户家庭可能有更多的劳动力、劳动力受教育程度越高，接触和处理外界市场信息的能力更强，有更好的从事一般农户所不熟悉的非农经营活动、外出打工活动的基础和条件②。应加强搬迁农户家庭的人力资本建设，注重家庭成员接受正规的学校教育，对成年劳动力进行有针对性的技能培训，提升人力资本水平。积极面向搬迁农户开展有针对性的技能培训，包括农业生产技能培训、外出务工技能培训、个体经营技能培训等，充分重视培训在搬迁农户家庭经济恢复和发展中的作用③。接受技能培训的移民数量快速增长，有效提升了搬迁移民整体人力资本水平。这主要得益于"扶贫同扶智"发展思路的贯彻实施，其核心举措体现在两方面。一是大力加强短期技能培训与农民实用技术培训力度，直接提升搬迁移民的就业能力；二是实施教育帮扶政策，特别是对搬迁家庭子女给予学费减免及生活补助，保障其受教育机会，为未来人力资本积累奠定基础。这些针对性措施显著促进了搬迁家庭人力资本的发展。

人力资本是家庭持续向上流动的根本动力，因此扶贫关键在于扶智。一方面，要保证移民子女义务教育参与率和教育质量，提高他们的市场竞争力，阻断贫困的代际传递；另一方面，要保障移民的健康状况，降低其因病致贫的风险。应落实健康中国战略，完善分级诊疗制度、家庭医生制度，完善社区医院、清洁水和能源等配套基础设施，普及健康知识，帮助

---

① 王君涵，李文，冷淦潇，等．易地扶贫搬迁对贫困户生计资本和生计策略的影响：基于 8 省 16 县的 3 期微观数据分析 [J]．中国人口·资源与环境，2020，30（10）：143－153.

②③ 冯伟林，李聪．易地扶贫搬迁农户生计恢复策略选择的影响因素研究：基于陕西安康的农户调查 [J]．云南民族大学学报（哲学社会科学版），2020，37（2）：73－81.

人们养成良好的生活习惯，防大患于未然①。创造条件提高移民人力资本水平，促使移民能够选择收入更高的务工主导型或非农经营型生计活动，这一方面需要加大农村教育投入，提高年轻一代受教育水平，另一方面应推进农村职业教育，有针对性地开展农民非农职业培训，提升移民择业竞争力和就业适应力②。

（5）人力资本对易地搬迁移民高质量充分就业的作用机制。人力资本通常指的是个体通过教育、培训、经验积累等方式获得的知识和技能，人力资本的提升显著增强了搬迁群众的就业竞争力，使其更有可能获得高收入、高稳定性的工作机会，从而实现高质量充分就业。

第一，教育与技能培训。搬迁后，易地搬迁移民通过接受新的教育或技能培训，提升自身的人力资本水平。一是教育水平的提升显著增强了脱贫群体的就业能力。教育是脱贫地区农户生计韧性的重要因素，当人力资本低于门槛值时，人力资本正向影响农户生计韧性，从而间接影响就业稳定性③。教育可以提高劳动者素质、技能等可行能力，推动个体减贫与区域经济高质量增长，为脱贫群体创造更多的就业机会④。二是技能培训是提升脱贫群体就业技能、促进就业的重要途径。技能培训显著影响农户脱贫稳定性，通过提供实用的职业技能培训，脱贫群体能够掌握更多的就业技能，增加外出务工的机会和收入水平⑤。技能培训与外出务工人口占比密切相关，通过培训提高的就业技能有助于脱贫群体更好地适应市场需求，拓宽就业渠道。

① 李聪，王磊，王金天，等．跨越贫困陷阱：易地搬迁农户的收入流动及其影响因素［J］．统计与信息论坛，2022，37（5）：102-114.

② 周丽，黎红梅，李培．易地扶贫搬迁农户生计资本对生计策略选择的影响：基于湖南搬迁农户的调查［J］．经济地理，2020，40（11）：167-175.

③ 郑黎阳，黄荟婕，张鑫．人力资本与脱贫地区农户生计韧性：基于门槛回归模型的检验［J］．干旱区资源与环境，2023，37（5）：69-75.

④ 郭景福，夏米斯亚·艾尼瓦尔．教育助力"三区三州"稳定脱贫的机制与路径［J］．西北民族研究，2021（1）：192-199.

⑤ 潘卓，李玉恒，刘愿理，等．深度贫困地区农户脱贫稳定性测度及影响机理研究［J］．地理科学进展，2022，41（8）：1378-1388.

第二，工作经验积累。增加受教育年限和工作经验等人力资本在一定程度上对青年就业起正向作用[①]，工作经验欠缺的农民更容易通过职业技能培训提升其就业质量[②]。丰富的工作经验有助于搬迁群体获得更好的就业机会和更高的收入。提升工作经验有两条途径，一是外出务工和跨区域就业，二是参与产业发展、技能培训等活动。获得丰富的工作经验有助于搬迁群体在就业市场上提升竞争力，提高搬迁移民就业质量和就业稳定性[③]。

第三，健康资本维护。良好的健康状况是人力资本的重要组成部分，良好的健康状况对搬迁群体的就业具有积极影响。健康资本对就业质量的相对贡献较大[④]，易地搬迁移民需要关注自身及家人的健康，通过合理的饮食、锻炼和医疗保健等方式维护健康资本。有研究发现，劳动者更倾向于使用增加休闲时间进行保健的方法对健康资本进行生产，而不是通过积极就业增加收入以购买更好的医疗保险的方式[⑤]增加健康资本。基本公共服务通过降低家庭健康风险，减少了因病致贫、因病返贫的现象，从而保障了搬迁群体的就业稳定性[⑥]。炊事燃料清洁转型通过改善人力资本健康状况，降低了健康风险对就业的影响，特别是对非经济贫困家庭的贫困脆弱性产生显著负向影响，间接促进了就业[⑦]。通过提高搬迁群体的健康水

① 杨旭宇，宋健. 数字素养对青年就业的影响及其作用机制 [J]. 青年探索，2025 (1)：76 - 88.

② 尹义坤，宋长兴，齐秀琳. 职业技能培训与农民就业质量：来自 CRRS 的经验证据 [J]. 吉林大学社会科学学报，2023，63 (4)：79 - 91，239 - 240.

③ 王建洪，李伶俐，夏诗涵，等. 制度性合作机制下脱贫户生计可持续性评价与脱贫政策效应研究 [J]. 西南大学学报 (社会科学版)，2020，46 (5)：68 - 76，192.

④ 许长新，凌珑. 中国微观就业质量：绩效评价、影响因素及优化路径 [J]. 江海学刊，2020 (6)：110 - 115，254.

⑤ 朱晨，刘晓鸥，连大祥. 公共医疗保险对中国劳动者就业及收入的影响 [J]. 经济理论与经济管理，2017 (5)：78 - 89.

⑥ 张迪. 基本公共服务能巩固拓展脱贫攻坚成果吗?：来自 CSS 2019 数据的证据 [J]. 经济与管理，2023，37 (3)：55 - 62.

⑦ 李昭楠，刘梦，刘七军. 炊事燃料清洁转型能否巩固脱贫攻坚成果?：基于 CFPS2018 的微观证据 [J]. 农林经济管理学报，2022，21 (2)：239 - 248.

平，可以减少因病失业的风险，保障其就业能力[①]。

（6）人力资本视角下易地搬迁移民高质量充分就业的实现路径。为了实现易地搬迁移民高质量充分就业的目标，需要采取一系列措施。一是加强技能培训。根据易地搬迁移民的实际情况和市场需求，提供有针对性的技能培训，提高他们的就业能力和竞争力。二是拓宽就业渠道。积极与用工企业对接，搭建劳务协作平台，为易地搬迁移民提供更多的就业机会和渠道。三是优化就业服务。完善就业服务体系，提供职业介绍、政策咨询、劳动权益保障等全方位的服务，确保易地搬迁移民能够顺利就业。

2. 文化资本

社会学家皮埃尔·布迪厄于1986年在《资本的形式》一文中将资本划分为经济资本、文化资本和社会资本三种形式。他认为，文化资本是"积累的文化劳动"。"文化资本"是布迪厄从象征支配角度对马克思的资本理论进行非经济学解读之后提出的一个重要的社会学概念。布迪厄指出"文化资本"和经济资本一样，也可以投资于各种市场并获取相应的回报。由于"文化资本"的再生产主要是以一种"继承"方式进行的，所以它同样凝结着社会成员之间的不平等关系并体现着社会资源的不平等分配[②]。文化资本的核心思想是文化资本通过教育、家庭传承等方式被内化，成为社会阶层再生产的工具。

布迪厄认为文化资本有三种形式，即具体化的文化资本、客观化的文化资本、体制化的文化资本[③]。具体化资本是指内化于个体的文化能力，如语言表达、审美品位、思维方式等文化特质，需长期积累且不可直接传递；客观化资本是指以物质载体形式存在的文化资源，如书籍、艺术品、技术设备等物质载体，其价值需通过具体化资本才能得以发挥；制度化资

---

① 陈晓东. 人力资本视域下宁夏南部山区脱贫乡村精准防贫研究 [J]. 北方民族大学学报，2020 (5)：28-34.

② 朱伟珏. "资本"的一种非经济学解读：布迪厄"文化资本"概念 [J]. 社会科学，2005 (6)：117-123.

③ 薛晓源，曹荣湘. 文化资本、文化产品与文化制度：布迪厄之后的文化资本理论 [J]. 马克思主义与现实，2004 (1)：43-49.

本是指通过教育体系认证的文凭、证书等，将文化能力合法化。这一分类揭示了文化资本如何通过家庭、学校等机构实现代际传递，进而巩固社会分层。

文化资本中的"场域"和"惯习"。布迪厄认为，场域与惯习之间的关系，是一种双向的模糊关系。所谓场域，是由特定规则和权力关系构成的社会空间，是客观关系的系统，但体现在具有类似于物理对象那样的现实性的机制中，文化资本的价值在此空间中通过斗争被定义；而惯习，是指个体因长期社会化形成的持久性格倾向，就是知觉、评价和行动的分类图式构成的系统，它具有一定的稳定性，又可以置换，它来自社会制度，又寄居在身体之中，决定其文化资本积累与运用方式[①]。

文化资本的动态转化与再生产功能。文化资本的动态转化功能是指文化资本可与其他资本（经济、社会资本）相互转化。例如，经济资本通过购买教育服务转化为文化资本，而文化资本通过职业晋升转化为经济资本。文化资本的社会再生产功能是指文化资本通过代际传递（家庭文化熏陶）与制度化筛选（教育文凭）维持阶层不平等。例如，"学区房"现象反映家庭通过经济资本购买教育资源以积累文化资本。

文化资本理论应用到中国语境下的易地搬迁移民高质量充分就业的研究中需要思考"文化资本的本土化适配性"。布迪厄的文化资本理论源于欧洲中产阶级文化分层背景，直接迁移到中国少数民族搬迁移民研究中会存在"文化价值体系差异"和"制度性资本断层"，需同时整合经济、社会、文化三类资本，单一文化资本视角存在解释力局限，要尊重"经济资本的基础性作用"和"社会资本的网络依赖性"，同时要关注到文化资本动态转化过程中代际传递衰减效应和数字化资本转化的门槛。总体上，文化资本理论在中国易地扶贫搬迁移民就业研究中的应用，需突破理论移植的机械性、资本转化的单向性、群体需求的均质化三重边界，重点关注文

---

① 毛小平.场域与惯习：当代大学生劳动素养的分化机制［J］.现代教育管理，2022（6）：27－37.

化价值保护与市场开发的平衡、代际与民族差异的政策适配、数字化赋能的伦理风险等核心问题。

3. 社会资本理论

（1）社会资本的概念与类型。社会资本是由 20 世纪 80 年代的法国社会学家布尔迪厄提出的，他认为社会资本是与经济资本、文化资本、人力资本并存的一种资本形式，是一种"实际或潜在资源的集合，这些集合在一起的资源与关系网络有着密切关系，而且这些关系或多或少是制度化的。"[①] 继布迪厄之后，科尔曼从结构功能和资源交换的角度，将社会资本视为行动者为实现各自利益，通过资源转让和交换形成的一种持续存在的社会关系，也是一种包括权威关系、信任关系、规范网络等多种形式的个人资源。与布尔迪厄和科尔曼不同的是，帕特南对社会资本的研究更关注其在社区社群及社会组织层面的价值和作用。他认为社会资本是社会群体和组织层面的信任、规范或人际网络，这种规范能够通过推动人际互动和协调社会行动，以提高组织效率和社会效率，促进社会发展[②]。帕特南实际上将社会资本看成主观的社会规范（信任）、客观的社会特征（社会网络）和结果（有效性和性能）的交融物和混合物[③]。福山从规范和社会互动的角度，将社会资本视为一种可以促进人际合作的实体化的非正式规范，这种规范可以是朋友间的简单互惠关系，也可以是相当精致而复杂的信条和伦理。人际信任、社会网络等与社会资本有关的要素，都是此种规范的产物。

从上述学者对社会资本的界定来看，帕特南的社会资本理论贡献最大，在于将社会资本视为一种减少社会冲突、维系社会和谐、促进社会进步的积极因素和文化资源，并将其区分为聚合型（Bonding）社会资本和

---

① Bourdieu P. The forms of capital ［C］// J. E. Richardson. Handbook of Theory of Research of the Sociology of Education. New York：Greenword Press，1986.

② Robert D Putnam. The Prosperous Community：Social Capital and Public Life ［J］. The American Prospect，1997，13（13）：35－42.

③ 乐章，梁航. 社会资本对农村老人健康的影响 ［J］. 华南农业大学学报（社会科学版），2020，19（6）：34－45.

桥接型（Bridging）社会资本两种①。前者"向内看"，强化排他性、同质性的群体身份；后者则"向外看"，跨越不同的社会阶层和群体边界。这两类社会资本都以平等的横向联系为基础，也都具有促进社会和谐发展的潜质。除此之外，也有学者将社会资本分为结构型社会资本与认知型社会资本两种类型②。认知型社会资本主要是个人的道德准则、行为规范、价值观念和信仰等，而结构型社会资本主要是个人的社会网络密度和大小、社会参与方式和频率等社会结构因素③。结构型社会资本更多体现在自愿组成的协会的关系之中，这与科尔曼的定义类似；而认知型社会资本主要体现在社会规范和价值之中，特别体现为社会信用，与普特南的定义有共通之处④。

（2）社会资本的核心观点。社会资本是嵌入于社会网络中的无形资源，其核心在于通过信任、规范和关系网络促进个体或集体的合作与利益实现。社会资本的核心包括结构、关系和认知三个维度。结构维度主要关注社会网络的结构特性，包括网络规模、密度、中心性等。关系维度则涉及人与人之间的互动关系，包括信任、互惠规范、义务与期望等。认知维度体现为共同的价值观、语言符号和文化习惯等。

（3）社会资本视角下的高质量充分就业的目标。社会资本视角下的易地搬迁移民高质量充分就业目标，强调通过社会网络、信任、规范等社会资本要素的积累与转化，提升移民的就业能力、机会和稳定性。具体包括以下核心内容。一方面，社会网络整合与就业机会拓展。主要包括正式网络嵌入、非正式网络重构和跨界网络连接三个方面。正式网络嵌入可以帮助移民接入政府、企业、行业协会等正式就业支持网络，获取岗位信息、技能培训资源。非正式网络重建主要通过社区活动、互助小组等重建移民

---

① Putnam R D. Bowling Alone：The Collapse and Revival of American Community［M］. Simon&Schuster，2001.

②④ 乐章，梁航. 社会资本对农村老人健康的影响［J］. 华南农业大学学报（社会科学版），2020，19（6）：34－45.

③ Moore S，Kawachi I. Twenty years of social capital and health research：a glossary［J］. Journal of Epidemiolog&Community Health，2017（5）：513－517.

原有的亲缘、地缘关系网络，挖掘潜在就业机会。跨界网络联结主要是促进移民与本地居民、雇主、非政府组织（NGO）等多元主体的互动，打破信息壁垒，拓宽就业渠道。另一方面，制度性社会资本保障就业质量。主要体现为政策执行与权益保护、社区规范内化两个方面。政策执行与权益保护强化劳动法规、就业扶持政策的落地，建立移民对制度的信任，确保劳动合同、社保缴纳等权益。社区规范内化主要是通过社区议事会等平台，倡导劳动光荣理念，形成促进就业的集体规范，减少"等靠要"依赖心理。

（4）易地搬迁移民的社会资本。社会资本是指人们在追求生计目标的过程中所利用的社会资源，如社会关系网和社会组织等[①]。易地搬迁移民的社会资本主要是指搬迁移民可以利用的社会资源[②]。因安置方式不同，其社会资本可能存在差异。本土化安置一定程度上保留了搬迁移民在迁出地经年累月构建的人际关系网络，其社会资本未因搬迁受到明显损失。搬迁移民原有的社会网络主要以血缘纽带维系，社交结构简单[③]。异地安置的搬迁移民，搬迁后社会资本可能减少，其主要因社会结构被打破及相互之间不熟悉所致，由于安置时间短，移民在新的安置点尚未建立新的人际关系群，相互交往仍然较少，搬迁户之间的帮扶也就相应减少[④⑤]。应加强搬迁移民家庭的社会资本建设，地方政府及社区需要通过多种途径支持搬迁移民重新构建被瓦解的社会网络，可举办各种经济、文化、体育及民俗交流等活动，让搬迁移民与周围人群可据此相互熟悉，增进信

---

① 李聪，王磊，王金天，等．跨越贫困陷阱：易地搬迁农户的收入流动及其影响因素 ［J］．统计与信息论坛，2022，37（5）：102‐11．

②⑤ 谢大伟．易地扶贫搬迁移民的可持续生计研究：来自新疆南疆深度贫困地区的证据 ［J］．干旱区资源与环境，2020，34（9）：66‐71．

③ 李聪，郭鑫嫚，雷昊博．从脱贫攻坚到乡村振兴：易地扶贫搬迁农户稳定脱贫模式——基于本土化集中安置的探索实践 ［J］．西安交通大学学报（社会科学版），2021，41（4）：58‐67．

④ 夏艳玲．易地扶贫搬迁移民的可持续生计研究：以广西巴马瑶族自治县为例 ［J］．西南民族大学学报（人文社科版），2019，40（9）：7‐1．

任，重新构建微观社会网络[①]。近期，有学者研究发现，多数搬迁安置区已形成较完整的社会网络，人们善用社会资本且市场意识普遍较强[②]。

（5）社会资本对易地搬迁移民就业的作用机制。社会资本作为个体通过社会网络、信任和规范获取资源的能力，对就业过程产生多层次影响。实践表明，即便是在市场经济发达的国家，社会资本对劳动者个体在求职中的作用也是很突出的，求职者能够利用自身广泛的社会关系网络来获得所需要的信息，以解决求职过程中的信息不对称问题[③]。社会资本对就业的作用机制可以从以下几个方面来分析。

第一，信息传递机制。社会资本通过扩大信息传播范围、降低信息搜寻成本，显著提升劳动者（尤其是弱势群体）的就业机会获取能力。一是信息资源整合。社会资本通过人情资源和信息资源，帮助移民获取高质量的岗位信息并实现人职匹配，间接提升就业质量[④]。二是社会资本中的强关系与弱关系的差异化作用明显。社会资本中的"强关系"（如亲友）为搬迁移民和低技能群体提供本地就业信息，而弱关系型社会资本（如媒体或中介）更可能为搬迁移民提供收入较高、就业正规化程度更强的岗位[⑤]。三是网络外部性。社会资本扩展易地搬迁移民的就业信息来源并降低信息搜寻成本，从而增加其就业机会[⑥]。

第二，信任与资源动员机制。社会资本依托信任关系和资源动员能

① 冯伟林，李聪. 易地扶贫搬迁农户生计恢复策略选择的影响因素研究：基于陕西安康的农户调查［J］. 云南民族大学学报（哲学社会科学版），2020，37（2）：73-81

② 郭言歌. 易地搬迁脱贫人口生计发展与乡村振兴多元化衔接：基于宁夏四类安置区的调查［J］. 北方民族大学学报，2024（4）：148-157.

③ 郭晓莉. 社会融入、政府支持与移民户经济脆弱性研究［D］. 杨凌：西北农林科技大学，2023.

④ 邓睿. 社会资本动员中的关系资源如何影响农民工就业质量？［J］. 经济学动态，2020（1）：52-68.

⑤ 钱芳，陈东有. 强关系型和弱关系型社会资本对农民工就业质量的影响［J］. 甘肃社会科学，2014（1）：56-59.

⑥ 吴克明，刘若霖，钟云华. 社会资本影响大学生就业的两面性研究：理性选择理论的视角［J］. 教育与经济，2021，37（4）：65-71.

力，直接或间接影响就业质量与职业流动方向。一是信任渠道作用。高信任度社区内，企业更倾向雇佣本地推荐者，降低招聘风险。宗族文化通过增强同姓移民间的信任，显著提高其进入低端服务业的概率①。基于社会网络建立的信任关系能降低雇佣双方的交易成本。二是人情资源直接效应。一方面，社会资本能够将分散的社会资源（如职业推荐、技能培训机会）整合为个体就业支持系统。另一方面，易地搬迁移民通过社会资本动员人情资源可直接获得高回报就业机会，如工资提升或福利待遇改善。三是互助性关系。易地搬迁移民基于"信任-分享"的社会资本形成互助性就业关系，促进收入增长②。

第三，职业匹配与风险控制机制。社会资本通过优化职业匹配和降低就业风险，提升劳动者的就业稳定性与质量。一是抑制过度教育。社会资本通过增强内部晋升可能性和外部市场连接性，显著降低高学历劳动者过度教育匹配的概率③。二是风险规避路径。非认知能力通过社会资本的"风险控制机制"（如关系网络支持）减少劳动者失业风险④。三是岗位稳定性。社会资本虽未直接提高农民工长期合同签订率，但市场化进程可纠正其对劳动合同规范的负面影响⑤。

第四，群体差异与异质性作用机制。社会资本对就业的影响因群体特征（如户籍、性别、教育水平）和劳动力市场分割呈现显著差异。一是群体特征差异。社会资本对女性、城市户口及高学历群体过度教育匹配的抑

---

① 陈斌开，陈思宇. 流动的社会资本：传统宗族文化是否影响移民就业？［J］. 经济研究，2018，53（3）：35-49.

② 梁海兵. 竞争或互助：社会资本对外地和本地农民工就业影响的差异识别［J］. 农业技术经济，2017（7）：52-59.

③ 赵昕，蒋文莉. 社会资本对就业中过度教育匹配的影响及其机制：来自CFPS2018的证据［J］. 湖南农业大学学报（社会科学版），2021，22（1）：77-86.

④ 张顺，杜晓静. 非认知能力对就业状况的影响机制：基于职业匹配和社会资本的中介路径分析［J］. 社会发展研究，2024，11（1）：118-142，244-245.

⑤ 邓睿. 多维就业质量视角下农民工社会资本的就业效应评估：来自中国劳动力动态调查的证据［J］. 浙江社会科学，2019（12）：47-56，156.

制作用更强①，低教育水平的移民更依赖社会资本实现初次非正规就业②。二是市场分割效应。在低端劳动力市场中，社会资本对就业质量较好的移民促进作用更明显③。三是代际分化。人力资本是影响新一代搬迁劳动力就业分化和就业质量的关键因素，而老一代就业分化和质量则受到社会资本和人力资本的双重显著影响④。

（六）政策工具理论

20 世纪 50 年代，美国政治学家罗伯特·达尔（Robert Dahl）和查尔斯·林德布洛姆（Charles Lindblom）在其合著的《政治、经济和福利》中首次提出"政策工具"概念⑤。20 世纪 80 年代，政策工具逐渐在公共管理学界兴起并被学者们关注。国内外学术界主要从功能视角、资源视角、策略视角、机制视角、技术视角和活动视角对政策工具进行界定。功能视角强调政策工具是"手段—目的"的静态工具，用于实现公共目标；资源视角认为工具是政府可调动的资源（如权威、财富、信息、组织），具有动态性和系统性；策略视角则将工具视为动态策略组合，注重制度环境和主体间互动⑥；机制视角则提出工具是"目标转化为行动的路径"；技术视角则认为工具是"手段、技术、方法和机制的综合"⑦。

关于政策工具的分类，不同学者因研究视角的差别，根据不同的标准

---

① 赵昕，蒋文莉. 社会资本对就业中过度教育匹配的影响及其机制：来自 CFPS2018 的证据 [J]. 湖南农业大学学报（社会科学版），2021，22（1）：77-86.
② 韩叙，夏显力. 社会资本、非正规就业与乡城流动人口家庭迁移 [J]. 华中农业大学学报（社会科学版），2019（3）：111-119，164.
③ 邓睿. 农民工社会资本的就业质量效应分异：基于回报差异和劳动力市场分割的双重视角 [J]. 宏观质量研究，2020，8（5）：27-41.
④ 邢敏慧，张航. 人力资本、社会资本对农村劳动力就业的影响：基于 CFPS2018 数据的实证分析 [J]. 调研世界，2020（2）：18-23.
⑤ 宋歌. 理想目标与现实问题："双减"政策的工具选择与政策偏好 [J]. 西华师范大学学报（哲学社会科学版），2024（5）：95-107.
⑥ 孙志建. 政府治理的工具基础：西方政策工具理论的知识学诠释 [J]. 公共行政评论，2011，4（3）：67-103，180-181.
⑦ 张春颜，姜伟. 重特大生产安全事故的归因与政策工具选择：基于 88 起事故调查报告的文本分析 [J]. 中国应急管理科学，2021（10）：28-36.

对政策工具进行分类。基尔琴（E. S. Kirschen）于 1964 年开展了有关政策工具分类方法的研究并提出 64 类政策工具，是政策工具分类的开端①。根据政府干预程度来分，可分为自愿型（依赖市场或社会自主运作）、混合型（结合政府引导与市场机制）、强制型（通过法律或行政命令强制执行），提出此种分类的学者代表为豪利特（Howlett）和拉米什（Ramesh）；根据影响层面来分，可分为供给型（直接提供资源）、环境型（塑造发展环境）、需求型（拉动市场需求）三种类型，以罗特韦尔（Rothwell）和泽福德（Zegveld）为代表；根据政府资源类型划分，分为信息、权威、财富和组织四种类型，代表学者为胡德；根据目标群体行为假设分类，分为权威、激励、能力、象征与劝诫共五类工具，代表学者为施耐德（A. Schneider）和英格拉姆（H. Ingram）；另外，麦克唐纳（L. M. McDonnell）和埃莫尔（R. F. Elmore）把政策工具分为命令性工具、激励性工具、能力建设工具、系统变革工具和劝告或劝诱工具五类②。

本文主要采用罗特韦尔和泽福德对政策工具的分类，将政策工具分为供给型政策、环境型政策和需求型政策三种类型。该理论受经济学中"市场失灵"理论和公共政策"工具选择"思想影响，强调政策工具应根据市场缺陷类型（供给不足、环境障碍、需求抑制）进行针对性设计。供给型政策是指政府通过直接提供资源或服务，增强市场供给能力，对产业发展产生直接推动作用。其核心特征是直接作用于供给端，通过要素投入改善生产条件，具体包括资金支持、人才培养、基础设施建设和信息支持等。环境型政策工具是指政府通过出台金融、财税、法律法规政策为创新活动营造优良环境，具体包括目标规划、税收优惠、知识产权、金融支持、法规管制等，该类工具对创新活动主要发挥潜移默化的间接影响和渗透作用。需求型政策工具主要是指通过刺激或稳定市场需求，直接拉动产业发

① 王雯，姜迎迎，韩锡斌. 全球教育数字化政策的偏好与启示：基于 101 份文件的政策主题与工具二维分析 [J]. 国家教育行政学院学报，2024（7）：55 - 64.

② 黄忠敬. 教育政策工具的分类与选择策略 [J]. 国家教育行政学院学报，2008（8）：47 - 51.

展，其核心是作用于需求端，减少市场不确定性[①]。罗特韦尔和泽福德的政策工具分类模型因其逻辑清晰、操作性强，被广泛应用于公共政策分析、产业规划、技术创新管理等领域。

罗特韦尔和泽福德的政策工具分类模型应用于中国语境下易地搬迁移民高质量充分就业研究，需结合移民安置的特殊性、政策目标的复杂性及中国制度背景进行适配性调整。一是易地搬迁移民的就业需求具有多维性和动态性，包括技能适配、岗位匹配、公共服务获取等，而传统政策工具分类可能无法完全覆盖移民的特殊需求；二是移民就业政策需同时实现经济稳定（避免返贫）和社会融入（身份认同），但两类目标对工具选择存在冲突；三是政策执行的地方性约束，政策执行受资源分布与地方执行偏好影响。因此，需要政策工具的分类细化与本土化适配、需要动态监测工具组合的有效性、需要移民主体性与工具参与度提升、需要跨部门与跨层级政策协同。罗特韦尔和泽福德的政策工具分类模型在易地搬迁移民就业研究中的应用需突破静态分类局限，通过动态适配、细化工具、强化协同及主体参与，实现从"工具主导"到"问题导向"的转型。

（七）制度变迁理论

制度变迁理论历经多阶段发展，已从单一的经济分析工具演变为理解人类文明进步的核心范式。其理论张力体现在既强调遵循历史发展，又承认创新可能；既解析结构惯性，又重视主体能动。传统制度经济学派代表凡勃伦（Thorstein Veblen）在其代表作《有闲阶级论：关于制度的经济研究》一书中认为"制度是由人们的思想和习惯形成的，而这又取决于人们的心理动机和生理本能"，制度是一种"思维习惯"或"精神状

---

① 陈光，钟方媛，明翠琴，等．地方政府创新政策工具偏好测量：基于四川省政策文本的分析 [J]．科技进步与对策，2023，40（2）：122-131．

态",这种思维习惯并非固定不变,它会随着环境的变化发生相应的变化①。凡勃伦批判主流经济学的静态均衡分析,主张从达尔文进化论视角研究制度动态演进,认为技术是制度变迁的核心驱动力。凡勃伦提出制度变迁的"累积因果论",认为制度变迁是技术(机器过程)与仪式性制度(商业资本)冲突的结果,技术进步受既有制度阻挠,导致制度呈现路径依赖特征②。但其理论过度强调心理本能和非理性因素,缺乏对制度变迁微观机制的严谨论证。

约翰·莫里斯·克拉克(John M. Clark)等学者在继承凡勃伦思想基础上,提出技术进步的"报酬递增"效应可削弱制度约束,强调管理者所有权对效率的促进作用③。加尔布雷斯(John K. Galbraith)则从权力结构角度分析"技术专家阶层"对制度变革的主导作用,推动制度分析向结构主义转向。

新制度经济学的形成在于科斯(Ronald Coase)通过"交易成本"概念将制度纳入新古典分析框架,诺思(Douglass North)在此基础上构建完整的制度变迁理论体系,即描述一个体制中激励个人和团体的产权理论、界定实施产权的国家理论和影响人们对客观存在变化的不同反应的意识形态理论。产权理论强调有效产权通过降低交易成本实现激励创新;国家理论强调"在使统治者的租金最大化的产权结构与降低交易费用促进经济增长的有效率体制之间存在着持久的冲突。这种基本矛盾是使社会不能实现持续经济增长的根源";意识形态理论则解决集体行动中的"搭便车"问题,降低制度实施成本④。这一时期制度变迁理论的关键突破在于诺思将技术路径依赖引入制度分析框架,指出制度变迁存在两种路径,即良性循环(适应性效率)与恶性锁定(非生产性寻租)。他揭示了路径依赖的

---

① 凡勃伦. 有闲阶级论:关于制度的经济研究 [M]. 李华夏,译. 北京:中央编译出版社,2012.

② 张林. 凡勃伦的制度变迁理论解读 [J]. 经济学家,2003(3):104-110.

③ 蒋雅文. 论制度变迁理论的变迁 [J]. 经济评论,2003(4):73-79.

④ 马广奇. 制度变迁理论:评述与启示 [J]. 生产力研究,2005(7):225-227,230-243.

传递途径和认知根源，他认为制度变迁的路径依赖先从认知层面开始，经过制度层最后达到经济层面。信念决定了制度结构，因为认知的路径依赖，制度也呈现出路径依赖的特性[①]。

进入 21 世纪后，制度变迁理论融合认知科学，强调有限理性下"信念更新"对制度演化的影响。青木昌彦提出制度是"共有信念的自我维系系统"，制度变迁本质是信念均衡的转移过程[②]。历史制度主义则运用演化博弈模型，分析利益集团冲突如何通过"关键节点"（Critical Juncture）打破路径依赖[③]。

中国学者在制度变迁理论领域的贡献具有鲜明的本土化特征与理论创新性，既继承和发展了西方新制度经济学、马克思主义政治经济学等理论传统，又深深植根于中国的制度实践。其理论贡献体现在：

第一，理论框架创新。具有代表性的有以下三种。一是林毅夫的"二元制度变迁范式"。他提出强制性制度变迁（国家主导）与诱致性制度变迁（市场驱动）的分类框架[④]，为中国制度变迁理论分析奠定基础。该理论指出，家庭联产承包责任制是典型的诱致性变迁，源于农民自发的"生存理性"突破计划体制约束。国有企业改革则体现强制性变迁特征，依赖中央政府的政策设计与试点推广。这一分析框架突破了诺思理论对政府角色的单一化解释，为解释"政府-市场协同改革"提供了范式。二是杨瑞龙的中间扩散型制度变迁方式，即地方政府是制度创新的"第二行动集团"，能突破中央政府设置的制度创新进入壁垒，为微观主体获得制度创新的许可提供实现的条件和可能。杨瑞龙把这样一种制度变迁方式称为中间扩散型制度变迁方式，以别于"自上而下"的供给主导型制度变迁方式

①　刘和旺. 诺思制度变迁的路径依赖理论新发展 [J]. 经济评论，2006（2）：64-68.
②　吴勇锋. 从分歧到整合：制度变迁解释性研究的演进 [J]. 东南学术，2019（5）：141-150.
③　李吉桓. 历史制度主义观察：上海城市更新制度和演变 [J]. 城市规划学刊，2024（4）：84-89.
④　林毅夫. 1999 年中国经济学研究述评 [J]. 经济研究，2000（11）：65-75.

和"自下而上"的需求诱致型制度变迁方式①。该理论揭示了改革进程中主体角色的动态转换机制，尤其强调地方政府发挥"制度企业家"功能②。三是杨光斌的"政党中心主义"。杨光斌基于中苏的实践经验提出政党能力决定制度变迁路径。中国共产党通过"意识形态调适-组织渗透-政策创新"三位一体机制实现制度平稳转型。苏联制度崩溃源于政党官僚化导致意识形态僵化与组织溃散。该理论挑战了西方"社会中心主义"和"国家中心主义"范式，确立政党作为制度变迁核心行动者的分析框架③。

第二，分析工具的本土化创新。主要代表包括以下两种。一是王汉生、刘世定、孙立平的"变通"理论。他们提出变通（Flexible Adaptation）作为中国制度变迁的核心机制，即在未获正式授权下，执行者通过"制度再解释"突破原有框架。变通包含三要素：原制度形式保留、实质内容变更、非正式合法性获取④。这一概念揭示了"非正式制度创新"如何通过"试错-追认"机制推动正式制度变迁。二是黄少安的"角色转换模型"。"制度变迁总是涉及不同的主体，包括集团和个人。不管什么主体参与制度变迁都有其目的，都有自己特定的利益形态和内容。""面对同一制度变迁或不同的制度变迁，不同主体持不同的态度、扮演不同的角色。而且，这种态度或角色还可能变化。"⑤ 这就是制度变迁的角色定位和角色转换。中央政府的"默许性授权"、地方政府的"选择性执行"和市场主体的"边缘突破"，揭示了多元主体在制度变迁中的策略互动⑥。

制度变迁理论在分析中国易地搬迁移民就业问题时，需结合中国特色

---

① 杨瑞龙. 我国制度变迁方式转换的三阶段论：兼论地方政府的制度创新行为 [J]. 经济研究，1998（1）：3-10.

② 李松龄. 制度变迁方式理论的比较研究 [J]. 经济评论，1999（4）：12-17.

③ 杨光斌. 制度变迁中的政党中心主义 [J]. 西华大学学报（哲学社会科学版），2010，29（2）：1-6，31.

④ 王汉生，刘世定，孙立平. 作为制度运作和制度变迁方式的变通 [J]. 中国社会科学季刊（香港），1997（21）.

⑤ 黄少安. 关于制度变迁的三个假说及其验证 [J]. 中国社会科学，2000（4）：37-49，205.

⑥ 黄少安. 制度变迁主体角色转换假说及其对中国制度变革的解释：兼评杨瑞龙的"中间扩散型假说"和"三阶段论"[J]. 经济研究，1999（1）：66-72，79.

的制度环境与移民就业的特殊性。一是政府主导的制度供给特征。中国易地搬迁工程属于"政府主导的运动式搬迁",其政策本质上是强制性制度变迁与诱致性制度变迁的混合。在应用该理论时,需要注意政策传导链条与路径依赖,即中央政策目标需通过省—市—县—社区多层级执行,存在制度弹性空间和制度惯习的路径依赖。二是城乡二元结构的制度壁垒。城乡二元结构的制度可能导致易地搬迁移民就业市场分割与身份转换双重困难。搬迁后,移民面临"城市就业准入困难"与"农村福利捆绑稳定"的双重制度困境和移民市民化身份转型困境。三是必须将中国共产党"总揽全局"的制度优势视为塑造制度变迁路径的核心保障机制。党的政策始终坚持目标的动态调适,从"搬得出"向"稳得住""能致富"的目标升级体现了制度变迁的动态调整。另外,党的基层组织的组织动员能力在搬迁移民就业帮扶中起到关键枢纽的作用。

第三章 易地搬迁移民高质量充分就业的生成逻辑

本章重点从制度逻辑、理论逻辑和现实逻辑三个维度论证易地搬迁移民高质量充分就业的生成逻辑，揭示易地搬迁移民高质量充分就业体系的内在机理。制度逻辑视角阐释政策系统"价值导向—执行机制—调适路径"的动态演进逻辑，指出政策设计已突破传统生存保障范式，形成以发展赋能为核心、差异化施策为特征、内生能力培育为目标的制度创新。政策执行中政治驱动与地方策略的互动规律强调构建风险响应型制度优化机制对实现城乡融合发展的重要性。理论建构层面，本章整合多学科理论资源形成四重解释链，发展正义视角揭示"能力-空间"耦合机制如何通过可行能力培育与空间重构促进就业传导；结构视角解构"市场-社会"双重嵌入逻辑对劳动力市场整合与内生发展的双向驱动；复合资本间相互转化阐释人力、社会、文化资本形态转化如何构建就业能力提升路径；政策工具嵌入制度结构理论则动态呈现政策系统调适与就业质量提升的互构关系，构建起涵盖微观个体能力、中观结构嵌入与宏观制度演进的立体化理论分析框架。现实维度上，本章将就业生成逻辑置于国家战略坐标系中考察，论证搬迁移民家庭生计转型需求、经济高质量发展诉求与社会稳定需要构成的三维驱动系统。通过剖析产业结构升级、人力资源开发与区域协调发展的战略需求，阐明高质量就业既是移民家庭可持续发展的根本保障，又是实现共同富裕与城乡融合发展的关键枢纽。三重逻辑的耦合分析不仅深化了对易地搬迁就业促进规律的理论认知，也为后续政策优化研究奠定理论基础。

一、易地搬迁移民高质量充分就业的制度逻辑

易地搬迁移民高质量就业的制度逻辑，本质上是国家治理现代化在贫困治理领域的具象化。其核心在于通过价值重构、协同治理与动态调适的三重机制，将顶层设计的政治优势转化为移民生计发展的可持续发展动能。

（一）政策设计的价值导向：从生存保障到发展赋能

易地搬迁政策的价值导向经历了从"生存型"救济向"发展型"赋能的转型，这一转向为移民高质量就业提供了制度基础。

1. 从单一物质救济到多元发展赋能的目标

多维贫困治理的目标整合，标志着易地搬迁政策从"生存保障"向"发展赋能"的转变。实现搬迁移民高质量充分就业，体现为经济层面的可持续生计、社会层面的社区融入和心理层面的关注主观福祉。

（1）经济上，注重收入增长到生计可持续性发展。易地扶贫搬迁政策的目标，从早期的空间上"搬得出"、中期的关注收入水平到后期强调可持续发展的生计转型，均体现经济维度上的变化。在顶层制度设计上，每一个阶段均使用不同的政策工具组合，但不同阶段后续扶持政策的效果不同，同一阶段的后续扶持政策效果在不同地区也存在异质性。有研究发现，公益性岗位和社区治理政策可以提升搬迁户的整体脱贫质量，产业帮扶政策可以提升搬迁户的收入质量，公益性岗位、教育资助和社区治理政策可以提升搬迁户的心理健康[①]。搬迁后，农户生计从以农业生产为主转向非农活动，但这一变化更多地体现在已经参与非农活动的家庭，该类农

---

① 李聪，李明来，李佩霖，等. 后续扶持政策赋能易地搬迁户脱贫质量：多维评估与提升策略[J]. 中国人口·资源与环境，2024，34（6）：200-208.

户通过重新配置家庭内部劳动力而强化了其非农生计活动，在一定程度上促进了农户生计结构的优化[1]。风险和社会排斥会削弱政策效果，当搬迁农户面临社会排斥和遭遇风险冲击时，就会出现就业困难、收入降低、社会融入困难等状态，从而陷入多维相对贫困[2]。

（2）社会上，从注重物理空间迁移到注重社区融入。易地搬迁政策设计逐步重视社会资本重建，以促进搬迁移民在安置区的长期稳定。空间转变与价值断裂导致搬迁农户陷入"二元模糊"的认同危机[3]，削弱社区自治能力，需加强社会秩序重构。部分地方政府通过在搬迁安置区组织村民议事会、院坝会、劳务合作社等促进搬迁移民社会网络重建，缓解"政策供给—需求偏好"张力。当搬迁户参与当地社会治理程度较低时，仍需依赖外部政策的扶持，需增强搬迁安置区治理的包容性。

（3）心理上，从生存保障到心理赋能。易地搬迁政策目标从满足生存需求转向关注移民的心理适应与主观幸福感、获得感。公益性岗位、教育资助等政策显著提升搬迁移民心理健康，但需避免"福利依赖"，强化搬迁移民内生动力。有研究发现，凉山彝族自治州易地扶贫搬迁中，产业发展和高质量就业对政策满意度形成正向拉力，而传统农业生产帮扶效果有限[4]。针对搬迁移民"摇摆人心理"和"乡土情结"长期存在的问题，需要坚持就业是头等大事的原则，增强搬迁群众的归属感和满意度[5]。

2. 从"大水漫灌"到精准施策的差异化政策瞄准机制

差异化的政策瞄准机制通过精准识别家庭禀赋、因地制宜选择安置方

---

① 李聪，刘杰，黎洁.陕西易地扶贫搬迁综合效应评估及政策创新［J］.西安交通大学学报（社会科学版），2023，43（6）：95-105.

② 黄志刚，黎洁.易地扶贫搬迁后续扶持政策对农户多维相对贫困的影响［J］.资源科学，2022，44（9）：1905-1917.

③ 黄六招，林婷婷，尚虎平.政策反噬与认同危机：对易地搬迁社区内生性治理失效的一种解释［J］.公共行政评论，2024，17（4）：112-132，198-199.

④ 常晓鸣.产业发展、就业质量对易地扶贫搬迁政策满意度的影响机理：基于对凉山彝区易地扶贫搬迁户的田野调查［J］.民族学刊，2021，12（4）：18-24，112.

⑤ 肖锐，徐润.易地扶贫搬迁政策实践及其完善［J］.中南民族大学学报（人文社会科学版），2020，40（2）：73-77.

式和动态调整政策供给，有效提升了易地搬迁政策的实施效能。政策设计从"一刀切"向精准分层演进，针对劳动力禀赋、安置区类型等异质性特征制定差异化方案[①]。

（1）基于家庭禀赋的精准识别机制。差异化政策实施的前提是对搬迁家庭特征进行精准识别和分类。已有研究发现，劳动力数量多和健康成员比例高的搬迁户脱贫质量较高[②]，而人力资本匮乏家庭则需要特殊帮扶。家庭资源禀赋中的金融资本和人力资本能够显著降低搬迁户的生计风险[③]。针对后续扶持政策执行中存在的瞄准偏误现象，可基于搬迁户劳动力禀赋精准施策进而提升脱贫质量[④]。

（2）因地制宜的安置方式选择。差异化的安置策略需要充分考虑区域发展水平和资源禀赋特征。有学者通过对西部10省的调研发现，后续扶持政策效益呈现"西北高西南低"的空间差异[⑤]，需要制定差异化的区域扶持政策。本土化集中安置模式比分散安置表现出更好的政策效果[⑥]，但也需结合当地实际选择适宜模式。仅强调经济层面集约效应的城镇搬迁，没有充分考虑搬迁地发展条件和贫困人口实际，在实践中面临着极大的局限性，因而需要从超越经济逻辑、预留生计转型空间及加快转移就业三个方面进一步完善和优化后续的易地搬迁工作[⑦]。

（3）动态调整的政策供给体系。差异化政策需要建立动态监测和调整机制，以适应搬迁群体的变化需求。设置5年政策缓冲期，逐步从"超常

① 王志章，刘芮伶，杨珂凡．易地搬迁后续扶持政策效果评价与影响因素：基于西部10省1 297户的实地调查数据［J］．西南大学学报（社会科学版），2024，50（3）：149-165.

②④ 李聪，李明来，李佩霖，等．后续扶持政策赋能易地搬迁户脱贫质量：多维评估与提升策略［J］．中国人口·资源与环境，2024，34（6）：200-208.

③ 高博发，李聪，李树苗．后续扶持政策、资源禀赋与易地搬迁农户生计风险：来自陕西省的经验证据［J］．经济地理，2022，42（4）：168-177.

⑤ 王志章，刘芮伶，杨珂凡．易地搬迁后续扶持政策效果评价与影响因素：基于西部10省1 297户的实地调查数据［J］．西南大学学报（社会科学版），2024，50（3）：149-165.

⑥ 尹俊，孙博文，刘冲，等．易地扶贫搬迁政策效果评估：基于S省三县贫困户建档立卡微观追踪数据［J］．经济科学，2023（3）：185-204.

⑦ 马流辉，曹锦清．易地扶贫搬迁的城镇集中模式：政策逻辑与实践限度——基于黔中G县的调查［J］．毛泽东邓小平理论研究，2017（10）：80-86，108.

规帮扶"过渡到"常态化治理",可避免福利依赖。建立返贫预警指标，将健康风险、环境风险纳入动态监测，及时调整政策。政策执行中存在瞄准偏误现象，需要通过持续监测及时修正。

3. 从外部输血到内生造血的可持续发展能力建设

可持续生计的能力建设通过人力资本培育、社会资本重构和金融资本赋能系统推进，实现了从"输血式"帮扶向"造血式"发展的根本转变。发展型社会政策理念逐步渗透，政策工具从"输血式补贴"转向"造血式赋能"。

（1）人力资本培育。人力资本培育提升搬迁移民劳动技能和就业能力。就业能力建设的首要任务是提升搬迁群众的人力资本和就业竞争力。技能培训和产业帮扶能够显著降低搬迁户的信息风险，但对生计风险的影响有限，说明需要更系统的能力建设方案。"就业帮扶车间""社区工厂""就业基地"等模式通过将产业帮扶与就业安置结合，有效推动了生计策略的非农化转型。劳务输出政策调整应以提升职业技能为目标[①]，避免单纯依靠体力劳动的就业模式。

（2）金融支持。金融支持是搬迁群众实现自主发展的重要保障。金融资本能够显著降低搬迁户的生计风险，应成为政策支持的重点[②]。

（二）执行过程的协同机制：政治优势与协同治理

1. 政策执行中的"政治优势"驱动

政策执行中的"政治优势"集中体现在高度组织化的协同能力、强大的基层干部动员与下沉机制、考核问责与激励并行等核心维度上。

（1）高度组织化的协同能力。具体体现为拥有强大的组织网络，从中央到地方建立了层级分明、责任明确的指挥体系。在易地搬迁及后续就业

---

① 陈成文，李春根. 论精准扶贫政策与农村贫困人口需求的契合度［J］. 山东社会科学，2017（3）：42-48.

② 高博发，李聪，李树苗. 后续扶持政策、资源禀赋与易地搬迁农户生计风险：来自陕西省的经验证据［J］. 经济地理，2022，42（4）：168-177.

工作中，中央设定目标和原则框架，省级政府负责统筹省内资源、制定具体方案并监督执行，市县政府承担最主要的政策落地责任。这种垂直体系确保了国家意志能够得到贯彻执行，确保政策高效执行，避免政策执行效果衰减。就业问题涉及多个部门，多部门间的合作主要通过成立就业工作领导小组、成立就业工作专班或者联席会议制度等形式突破部门壁垒，实现政策、资金、信息、服务的协同联动。

（2）强大的基层动员与干部下沉机制。政治优势的核心在于拥有一支听指挥、能战斗的干部队伍，并能将其力量精准投放到最需要的地方。一是驻村工作队与第一书记制度。在易地搬迁集中安置社区，普遍派驻了由各级党政机关、企事业单位干部组成的驻村工作队，并选派优秀干部担任第一书记。他们不仅是政策宣传员，更是就业信息员、组织员和协调员。他们深入移民家庭，精准摸排就业意愿、技能水平，对接技能培训学校、走访企业拓展就业岗位，组织劳务输出，甚至直接参与社区工厂、扶贫车间的运营协调，为移民提供"点对点""面对面"的就业服务，极大提高了政策落地的精准性和有效性。二是党员干部结对帮扶。安置区开展党员干部"一对一"或"一对多"结对帮扶活动，将就业帮扶责任具体化到个人。党员干部利用自身的社会网络、信息资源等优势，为帮扶对象寻找就业机会、提供就业指导、解决就业困难，体现了强大的组织动员能力和责任传导机制。三是发挥基层组织的战斗堡垒作用。安置社区党支部和社区居委会是政策执行的最末端，他们在上级党委政府领导下，具体承担组织技能培训、发布招聘信息、管理公益性岗位等繁重任务，是稳定移民就业的关键力量。

（3）考核问责与激励并行。政策执行的有效性，很大程度上依赖于强有力的考核督查和清晰的政治激励导向。易地搬迁移民就业帮扶成效纳入考核评价体系，考核结果直接影响领导干部的选拔任用。这就迫使各级干部将易地搬迁移民就业问题摆在重要的位置，投入较多精力致力于稳定搬迁移民就业。常态化的督查巡查机制能够及时发现政策执行中的痛点、难点和问题，并推动立行立改，确保政策不跑偏、不走样、见实效。同时，鼓励地方积极探索创新就业帮扶模式。

2. 构建多元主体协同治理格局

多元主体协同治理主要通过基层民主协商机制、多元主体协同治理网络和激发搬迁群众主体性三个维度，构建了易地搬迁移民就业政策执行的良好生态，既尊重了各主体的权益诉求，又确保了政策执行的效率和效果。

（1）基层民主协商机制的构建与完善。基层民主协商机制是促进搬迁政策有效执行的重要保障机制。完善贫困地区的基层民主协商制度，扩大农户参与易地扶贫搬迁政策的执行协商力度，能够更加有效地实现政策扶贫目标。

（2）多元主体协同治理网络的构建。构建政府、市场、社会多元主体协同参与的治理网络至关重要。构建多元互动的整合型政策实践网络，创新移民安置方式与调整移民生计方式，可以改变贫困群体原有的经济、社会与文化资本，使其在新的生存空间中实现重新聚合①。多元主体协同治理网络有助于分解复杂的治理问题，缓解治理资源的有限性，提升基层治理效能②。

（3）搬迁群众主体性的激发与保障。确保搬迁群众在治理过程中的主体地位是实现共治的关键。搬迁户自我身份认同、邻里互助等能够显著降低返迁意愿③。修正现有政策实践逻辑缺陷的关键，是建构激发民众参与反贫困的积极性、主动性的机制和政策环境，让自下而上的回应和表达与自上而下的决策及执行，形成长期的、常规的互动-回应运行关系④。

---

① 叶青，苏海. 政策实践与资本重置：贵州易地扶贫搬迁的经验表达 [J]. 中国农业大学学报（社会科学版），2016，33（5）：64 - 70.

② 杨露，周建国，周雅颂. 科层动员、利益聚合与基层合作治理：以贵州易地扶贫搬迁政策过程为例 [J]. 宁夏社会科学，2022（5）：63 - 71.

③ 吕建兴，曾小溪，汪三贵. 扶持政策、社会融入与易地扶贫搬迁户的返迁意愿：基于5省10县530户易地扶贫搬迁的证据 [J]. 南京农业大学学报（社会科学版），2019，19（3）：29 - 40，156.

④ 王春光. 政策执行与农村精准扶贫的实践逻辑 [J]. 江苏行政学院学报，2018（1）：108 - 117.

（三）动态调适的反馈路径：基于风险响应的制度优化

风险监测作为制度优化的前提，需通过多维指标构建动态预警机制，识别搬迁群体面临的生计脆弱性与社会融入风险。政策迭代需以风险监测结果为驱动，通过精准施策与动态调整提升制度韧性，形成"识别—响应—优化"闭环。风险监测与政策迭代的协同需以制度韧性为核心，通过内生动力培育与社会资本激活实现高质量就业目标。

1. 动态响应制度的"风险监测与政策迭代"

风险监测与政策迭代构成了易地搬迁制度优化的动态闭环。通过建立多维风险识别体系、运行动态监测评估机制、实施快速政策响应，形成了"监测—评估—优化"的良性循环。这一机制既能够及时发现和应对搬迁群众面临的各类风险，又能确保政策供给与需求变化的动态匹配。第一，动态监测评估机制的运行。持续的政策迭代需要依托科学的监测评估体系，返贫预警监测通过"国办系统"和各省的"省办系统"相结合开展监测，将健康风险、环境风险、就业风险、收入风险等纳入动态监测体系。第二，政策快速响应与迭代优化。基于监测结果的快速响应是制度优化的关键环节。面对社会排斥和风险冲击，需要加强易地扶贫搬迁后续扶持的顶层设计，提升政策靶向性[①]。

2. 政策平稳衔接的"弹性制度设计"

过渡期制度的弹性设计通过设置缓冲期、实施差异化策略和构建渐进退出机制，为易地搬迁政策提供平稳转型的制度保障。这种设计既避免了政策突然中断带来的风险，又确保了帮扶资源的使用效率。第一，政策缓冲期的必要性。设置合理的过渡期是避免政策断崖效应的制度保障。第二，差异化过渡策略的设计。过渡期制度需要针对不同群体特征实施差异化安排。第三，渐进式退出机制的构建。科学的退出机制是过渡期制度设计的核心内容。

---

① 黄志刚，黎洁. 易地扶贫搬迁后续扶持政策对农户多维相对贫困的影响［J］. 资源科学，2022，44（9）：1905 - 1917.

3. 区域协调发展的城乡融合发展

土地政策创新、公共服务均等化和产业协同发展三个维度构成的城乡融合系统性衔接，是区域协调发展的核心制度保障。这种衔接机制既打破了城乡二元结构壁垒，又培育了搬迁地区的内生发展动力。通过土地增减挂钩、公共服务均等化等政策工具，促进移民就业与新型城镇化、乡村振兴战略的深度耦合。

（1）土地政策创新促进要素流动。城乡建设用地增减挂钩政策为城乡融合发展提供了关键支撑，可以有效解决土地与资金困境，通过市场化机制促进城乡要素流动①。土地的有效利用需要充分考虑地理与产业的比较优势，因地制宜地决定土地退出和利用形式。土地增减挂钩政策创新的着力方向包括增强政策包容性、探索市场化运行机制、健全农户增收致富保障机制。

（2）公共服务均等化缩小城乡差距。推进基本公共服务均等化是促进城乡融合的基础工程。农牧区基本公共服务均等化的财政政策需要持续加大对农村基础设施建设的投入②，社会保障政策调整要以满足基本生存性需求为目标，逐步缩小城乡福利差距③。

（3）产业协同发展培育内生动力。城乡产业协同是确保搬迁群众可持续发展的关键。产业扶贫政策调整要以降低市场风险为目标，促进城乡产业优势互补④。

二、理论逻辑：多理论视角的解释链条

易地搬迁移民高质量充分就业的目标为实现稳定就业的同时实现就业

---

① 姚树荣，龙婷玉．基于精准扶贫的城乡建设用地增减挂钩政策创新［J］．西南民族大学学报（人文社科版），2016，37（11）：124－129．

② 王德娟．农牧区基本公共服务均等化的财政政策研究［J］．中国财政，2008（21）：47－48．

③④ 陈成文，李春根．论精准扶贫政策与农村贫困人口需求的契合度［J］．山东社会科学，2017（3）：42－48．

收入的有效增长，强调就业的稳定性、安全性及充分性，确保搬迁移民在新环境中获得公平、可持续的就业机会，实现个人发展与社会进步的和谐统一。但易地搬迁移民就业面临多重困境，其本质上是能力转型与空间重构问题、劳动力市场分割与内生发展问题、多重资本的耗损问题以及工具选择与制度演化问题，为了解决这些困惑，需要从宏观、中观和微观层面构建解释框架体系，力求做到纵向衔接和横向协同。

（一）发展正义视角下的"能力-空间"耦合逻辑

1. 理论衔接逻辑

从本体论视角搭建易地搬迁移民高质量充分就业的理论分析框架，需要基于可行能力理论和空间正义理论对移民的存在状态、社会关系和空间结构进行深度解构，揭示其内在逻辑和动态机制。可行能力理论可解决易地搬迁移民就业质量的自由实现度，阿玛蒂亚·森的可行能力理论将"自由实现度"定义为个体在功能性活动与能力集两个维度的实现程度。空间正义理论则解构资本的剥夺，易地搬迁后就业可达性降低、被迫接受非正规就业、职业发展不稳定等可能导致返贫的风险存在。选择可行能力理论和空间正义理论的逻辑在于突破传统经济指标局限，从"实质自由"与"空间权利"双重维度确立就业质量评估的哲学基础。

通过将可行能力理论（关注个体自由）与空间正义理论（关注结构性公平）在本体论层面整合，突破传统就业研究的"经济-制度"单一维度，揭示移民就业质量背后的"能力-空间"复杂网络。这一理论逻辑既回应了移民作为主体的能动性，也批判了空间结构的不正义性，为政策设计提供了兼具理论深度和实践可操作性的分析工具。

2. 可行能力视角下的就业传导机制

阿玛蒂亚·森的可行能力理论认为，贫困的本质是可行能力的剥夺（Sen，1992），包括教育、健康、社会参与等核心能力的缺失。易地搬迁移民就业问题中，可行能力缺失表现为：一是非农就业技能不足。一方面，城乡教育资源的差异导致搬迁移民原居住地教育资源匮乏，多数搬迁移民受教育程度为中小学，文化程度普遍不高。另一方面，搬迁之前，多数移民从事农业，具有农业生产技能，普遍缺乏非农就业所需的职业技能。二是信息获取能力障碍。生产、生活空间的转变，打破了原有的社会网络关系，在新社会网络未完全建成的情况下，就业信息的传导可能会受到影响，甚至信息传递失效。

非农就业技能不足和信息获取能力障碍影响易地搬迁移民就业机会的获取。需要通过积极的就业帮扶政策来提升移民的个人能力①，需从"机会"与"过程"双重维度介入。例如，建立"以岗定培"的技能培训体系（机会维度），同时构建移民参与就业决策的协商机制（过程维度）。这一过程将可行能力从个体禀赋扩展至社会支持系统，形成"能力-机会"分析框架。

3. 空间视角下的就业传导机制

空间正义理论强调"空间资源分配的公平性"与"空间权利的平等性"。易地搬迁移民的就业困境，本质上是空间剥夺造成，体现在：一是空间资源错配。搬迁后，搬迁移民的人力资源与迁入地的岗位资源不匹配，造成就业的结构性矛盾。二是可能存在隐形歧视，这种隐形就业歧视主要体现在新居住空间未形成有效的劳动力市场，但隐形就业歧视并非完全由就业市场造成，移民的不自信以及家庭负担可能增强这种趋势。三是搬迁安置区及其周边经济发展不足，缺乏产业配套，无法提供足够的就业空间。

将"能力-机会"的分析框架嵌入空间正义的"差异补偿原则"，即通过空间重构实现资源再分配。一方面，发展安置区及周边产业，特别是布局劳动密集型产业园区，既能够提供就业岗位，又可以缩短就业通勤距离，做到空间生产干预，实现工具性空间正义。另一方面，听取搬迁移民的意见建议，保障移民参与安置社区规划的权利，避免"被规划"的客体

---

① 杨雅厦. 农民应对农村社会风险的问题治理：基于可行能力的分析视角［J］. 四川理工学院学报（社会科学版），2013，28（6）：17-21.

化困境，实现主体性空间正义。这一过程将空间从静态的"容器"装置转化为动态的"能动性场域"，使移民从"空间边缘人"转变为"空间共建者"。

4. 本体论维度的"能力-空间"发展正义

发展正义的本体论内核在于"人的自由发展"与"空间正义"的辩证统一。可行能力与空间正义的融合需通过以下机制实现搬迁移民高质量充分就业：一是"能力-空间"匹配机制。主要通过职业技能培训（可行能力提升）与安置社区产业发展布局（空间资源供给）的协同推进，解决移民"技能-岗位"结构性矛盾问题。二是"权利-制度"保障机制。主要通过提升移民就业信心、保障移民就业合法权利（权利保障）与创新灵活社保制度（制度适配），消除空间隔阂。三是"参与-反馈"循环机制。收集移民关于就业政策的相关意见建议，允许并鼓励移民参与安置区就业政策的制定，实现空间治理的民主化。

（二）结构视角下的"市场-社会"双重嵌入逻辑

1. 理论衔接逻辑

劳动力市场分割理论的核心命题是劳动力市场并非单一、连续的统一体，而是被制度、社会结构或经济力量分割为多个非竞争性子市场，各子市场之间存在差异显著的工资决定机制、就业稳定性及晋升路径。劳动力市场存在主要劳动力市场与次要劳动力市场，移民因技能错配、社会网络断裂等结构性壁垒被推向边缘部门，造成就业质量低下。需要重点关注制度性排斥（如政策歧视）、行业分割（如正规与非正规就业）和社会网络分层对移民就业的约束。这些约束可能会导致易地搬迁移民中的高技能群体常因资格认证壁垒或社会网络缺失，被限制在次要市场，非正规经济中的移民因缺乏合同保障陷入"贫困陷阱"。

内生发展理论源于20世纪70年代发展经济学的范式革命，核心是批判外源驱动型发展模式。内生发展理论主要从资源、组织、创新和生态等维度解释搬迁移民社区经济发展，认为过度依赖搬迁补偿金导致内生投资不足[1]，传统乡村社会网络断裂[2]，安置区新型经济组织发育滞后，技术层面依赖外部输入，本土改良能力较弱，未能嵌入区域经济系统。内生发展理论的结构性视角强调发展的动力来自本地资源禀赋、社区参与和内生能力积累，而非外部输入；主张通过人力资本提升、社区组织培育、地方产业链延伸等途径激活移民内生发展能力；关注移民群体与迁入地社会结构的互动，如社会资本重建对就业机会获取的影响。

劳动力市场分割对易地搬迁移民造成了结构性约束，主要体现在三个层面。一是制度分割。社会保障差异、就业政策倾斜等制度安排，将移民限制在次级劳动力市场。二是行业与职业分割。移民多集中于低技能服务业或非正规就业领域，且这些领域普遍缺乏职业晋升通道。三是社会网络分割。移民原有社会关系断裂，新社会网络关系积累不足，进而导致其信息获取与资源动员能力弱化。而内生动力理论正好为劳动力市场分割理论造成的结构性约束提供破解的有效路径，即通过技能培训、教育适配（与迁入地产业需求匹配）提升移民市场竞争力，重构易地搬迁移民人力资本；社区组织（如合作社、行业协会）为移民提供就业信息与资源支持，重构本地化社会网络（如与本地居民、企业的互动），突破"移民飞地"隔离，倡导搬迁安置社区嵌入与社会资本积累；培育本地特色产业（如依托迁入地资源发展旅游业、手工业），推动移民参与产业链分工（如电商、农产品加工），形成就业-产业协同发展等，推动地方经济的内生联动发展。通过结构论分析视角，将劳动力市场分割理论解释的"约束条件"与内生发展理论提供的"破解路径"相结合，揭示移民就业质量提升需同步推进制度包容性改革、社区能力建设与地方经济结构优化，最终实现从"被动安置"到"主动发展"的转型。内生发展理论能够通过发展安置区及其周边产业、人力资本积累、制度创新实现市场嵌入的层级跃迁与社会

① 黄六招，林婷婷，尚虎平. 政策反噬与认同危机：对易地搬迁社区内生性治理失效的一种解释 [J]. 公共行政评论，2024，17（4）：112-132，198-199.

② 祁丹. 易地扶贫搬迁移民生计现状及对策：以昭觉县M社区为例 [J]. 西昌学院学报（社会科学版），2022，34（4）：32-36.

嵌入的网络重构。

2. 劳动力市场分割视角下的就业传导机制

易地搬迁移民就业受到双重约束，即市场分割的制度屏障与社会资本的结构断裂。市场分割的制度性屏障主要体现在两方面，一是迁入地劳动力市场发育不完善，导致劳动力就业信息不对称。加之搬迁造成了原有社会网络断裂，加剧了信息不对称与就业机会获取的困难。二是主次劳动力市场的制度性分割导致多数移民群体只能在次级市场（如低技能制造业、非正规服务业）就业，从事工资较低、劳动强度较大的工作。

3. 内生发展视角下的就业传导机制

内生发展涉及两个层面，一个是搬迁移民自身的发展，重点在于提升搬迁移民的人力资本；另一个层面是社区层面的自主发展，特别是搬迁安置区及其周边经济社会的发展，为搬迁移民提供更多的就业岗位。另外，要实现个人层面的人力资本积累和社区层面的自主发展均需要制度创新，需要政府通过税收优惠、创业扶持等政策工具，引导市场主体开发就业岗位，引导搬迁移民就地就近就业，打破区域分割、行业分割的制度屏障。制度的不确定性与竞争压力共同制约社会资本的作用空间，使社会资本所影响的就业过程存在效用边界上的区分[①]。社区参与（社会资本）、亲属网络（关系资本）构成信息传递的非正式渠道，弥补主市场准入的正式制度缺陷。

4. 结构维度的"市场-社会"双重嵌入

市场嵌入与社会嵌入并非孤立进程，其协同效应体现为三重耦合。一是信息与信任。社会网络通过弱关系传递主市场岗位信息，而用工主体对社区组织的信任，使其能借助社区组织的桥梁作用，降低信息搜寻、人员匹配与行为监督的成本。二是技能与关系网络。安置社区就业服务中心、技术技能培训中心与老乡会（同乡人或者同村人）形成知识扩散网络，传

---

① 邓睿. 农民工社会资本的就业质量效应分异：基于回报差异和劳动力市场分割的双重视角[J]. 宏观质量研究，2020，8（5）：27-41.

播就业技能培训信息，加速搬迁移民人力资本积累。三是政策与文化。就业补贴政策与社区荣誉体系共同塑造"体面劳动""勤劳致富"价值认同。

基于"市场-社会"双重嵌入路径实现就业质量提升。一是岗位流动性增强。主次市场间的制度性分割被打破后，易地搬迁移民可通过职业技能资质认证获得技能资格，实现岗位跃升，突破传统劳动力市场分割限制。内生发展理论强调的知识溢出效应，集中体现为产业集群内的技术扩散使低技能岗位需求下降，中高技能岗位供给增加。二是提升搬迁移民群体工资议价能力。一方面发挥社会网络的集体优势，不断积累搬迁移民人力资本，改变劳动力供给中的技能结构；另一方面，个体技能提升产生正外部性，促使企业提高整体薪酬水平以保留人力资源。三是就业稳定性制度化。政府通过各种稳岗补贴政策，将劳动合同覆盖率、社保参保率等指标纳入兑现条件，迫使次级市场雇主改善用工条件，保障劳动者合法权益，即通过制度干预重塑市场分层结构。四是职业发展可持续化。社区教育（就业）中心与企业共建技能培训和认证通道，使搬迁移民职业生涯呈现阶梯式发展特征。

（三）复合资本协同驱动逻辑

1. 理论衔接逻辑

人力资本理论由西奥多·W·舒尔茨（1961）在《人力资本投资》中正式确立，舒尔茨将"人力资本"定义为通过投资于教育、健康（或医疗保健）、迁移等活动所形成的技能、知识和健康水平，并将其视为一种有意识的投资[①]。但易地搬迁移民经常面临这三种途径的断裂，一般的易地搬迁劳动力不可能重返学校接受正规教育，教育投资只能对移民后代有较大作用；易地搬迁移民技能培训方面面临诸多困难，具体体现在培训内容针对性不强、培训形式和培训对象难以精准识别、培训效果不佳；易地搬

---

① Schultz T W. Investment in Human Capital [J]. American Economic Review, 1961, 51 (1): 1 - 17.

迁移民健康投资面临挑战，可能会存在移民适应新环境带来的健康风险等问题，如心理层面的健康风险。

文化资本理论由法国社会学家皮埃尔·布迪厄于 20 世纪 70 年代提出，旨在解释社会不平等再生产的隐性机制。其核心概念包括具体化文化资本、客观化文化资本和制度化文化资本。在易地搬迁移民就业研究中，具体化文化资本可解释易地搬迁移民因方言、职业惯习与安置区脱节导致的就业壁垒；制度化资本则指向技能培训中的资质证与合格证的问题，跨地区资格互认失效，对劳务输出就业带来压力。

皮埃尔·布迪厄（1980）首次将"社会资本"概念化，定义为"依赖于关系网络的持久性和制度化程度，并通过群体归属为个体提供支持和信用"[1]，这个定义包括三个维度，即社会网络、制度化规范和认知信任。在搬迁移民就业中，社会资本具有双重性，既可能促进就业信息流动，也可能形成排斥性圈子[2]。

从资本论视角整合人力资本、文化资本与社会资本理论，构建易地搬迁移民高质量就业的理论分析框架，聚焦三类资本在移民就业中的积累、转化与再生产逻辑，揭示其协同作用机制。人力资本理论的核心在于个体通过教育、技能培训、健康投资形成的知识和技术能力，直接影响就业竞争力与收入水平。易地搬迁移民搬迁后可能导致原有技能与迁入地市场需求错配，需通过技能重构（如职业培训）提升适配性。文化资本理论的核心在于语言、文化惯习、价值观念等隐性资源，影响个体融入主流社会的能力和职业身份认同。易地搬迁移民因迁入地和迁出地的文化差异导致文化资本贬值（如方言障碍），需通过文化适应（如语言学习）实现资本再生产。社会资本理论的核心在于社会网络、信任关系与资源动员能力，决定个体信息获取能力、就业机会及风险抵御水平。易地搬迁移民原有社会

---

①　Bourdieu Pierre. 1986. The Forms of Capital ［C］//J. G. Richardson. Handbook of Theory and Research for the Sociology of Education ［M］. New York：Greenwood Press.

②　Burnazoglu M. Stratification mechanisms in labour market matching of migrants ［J］. Cambridge Journal of Economics，2023，47（1）：67 - 89.

网络断裂，需在迁入地重构弱关系网络（如本地居民、企业）以突破信息壁垒。

搬迁后，易地搬迁移民原有资本被打破，需要从技能提升、文化适应和关系网络三个方面重构人力资本、文化资本和社会资本。这三项资本并非孤立存在，而是相互转化，即通过技能提升增强职业身份认同，吸引更高层次的社会关系（如技术社群），实现人力资本向社会资本转化；通过社交网络获取培训信息或学习机会（如企业内推培训），实现社会资本向人力资本转化；通过文化适应促进与本地居民互动，拓展弱关系网络（如社区活动参与），实现文化资本向社会资本转化；通过社会网络中的文化示范效应加速移民适应新环境（如就业规矩或者规则学习），实现社会资本向文化资本转化。从资本论视角，将人力资本、文化资本、社会资本视为移民高质量就业的"三位一体"驱动力。通过三项资本相互转化的逻辑，短期内，可以通过技能培训（人力资本）和文化适应（文化资本）提升个体就业能力；长期内可依托社会网络重构（社会资本）和政策赋能，推动资本持续积累与代际传递，其最终的目的是实现移民从"生存型就业"向"发展型就业"跃迁。

2. 资本形态相互转化

基于前述人力资本理论的核心命题（个体通过教育、技能培训提升劳动力市场竞争力）与文化资本理论的内在关联（文化能力决定职业选择空间），本部分将以马克思资本论中"资本形态转化"为元理论，强调人力资本、文化资本、社会资本的非对称转化关系及其对就业质量的协同作用。这里需要注意的是，资本转化并非线性叠加，而是存在非均衡性。

（1）人力资本理论的资本转化路径。人力资本通常被定义为个人在生命历程中接受的正规教育、培训经历、健康投资以及工作经验等，移民通过技能培训（如电焊、家政）积累可标准化（资质证）的人力资本，其价值取决于技能与岗位需求的匹配度。人力资本中的技能的提升需与移民的文化资本相符（如语言、规范认知），形成适应性人力资本，社区组织

（如社区就业服务中心）通过桥接型[①]社会网络将移民的适应性人力资本转化为就业机会。例如，政府与企业合作建立的技能认证体系赋予移民的技能以制度合法性，从而提升其在劳动力市场的议价能力[②]。

就业质量提升的复合效应在于人力资本、社会资本和文化资本的交互作用。一是搬迁移民技能提升，提高技能与岗位工作的匹配度，降低失业风险，保障非农就业的稳定性。二是易地搬迁移民非农就业的适应性（文化资本）促进移民向技术岗位流动，实现非农职业发展。这种适应性包括语言的适应、沟通交流的适应、风俗习惯的适应和对用工主体用工规范的适应等。三是重建安置区社会关系网络能够缓解心理隔阂，增强就业可持续性，促进搬迁移民社会融入。

（2）社会资本理论的资本转化路径。社会资本源自个人所处的社会网络。搬迁前，移民通过血缘、地缘关系形成具有较强纽带联系的社会网络关系，构成基本的社会资本，提供基础的生存保障，但社会资本同质性较强。搬迁后，政府及社区组织提供的就业服务、社区就业服务中心、技能培训平台等，共同构建了关键的桥接型社会网络。这些平台旨在突破移民原有的封闭网络，如通过"劳务经纪人"机制接入跨区域用工信息，并帮助移民将传统务农经验转化为非农技能。这些机制共同促进了移民社会资本形态的升级。政府主导的制度化社会资本通过强制约束将非正式网络纳入正式劳动力就业市场。

社会资本理论促进就业质量提升主要体现在：一是机会扩展。搬迁后，安置区通过就业服务、技能培训等桥接型社会资本，不断提供就业信息，打破信息不对称的局面，使移民能够接触高附加值岗位（如物流管理、电商运营）。二是政府主导的制度性社会资本可以有效约束劳动力市场中不公正的现象，有效降低劳动力剥削。三是桥接型社会资本和制度性

---

①　马烨，王颖. 结合型与桥接型社区社会资本的共构：一项基于易地扶贫搬迁安置社区社会工作介入的行动研究［J］. 集美大学学报（哲学社会科学版），2023，26（6）：25-36.

②　杨慧. 社会资本构建与社区公共品供给：易地搬迁安置社区治理中的社会组织行动逻辑［J］. 南京社会科学，2024（4）：59-68.

社会资本的叠加能够促进搬迁移民对子女的教育投资，形成跨代际人力资本积累。

（3）文化资本理论的资本转化路径。文化资本广义上被理解为个人所掌握的知识与文化能力，易地搬迁移民的文化资本应该包含民族语言、风俗习惯等。易地搬迁移民自身的乡土文化惯习（如时间观念松散、契约意识薄弱）与城市职场规范存在冲突。如"熟人"规则的办事思维，可能难以适应安置区车间作业的流水线管理。

文化资本的转译与重构。通过文化再社会化机制（如社区夜校、企业岗前培训、"双语培训"），移民将乡土文化惯习转化为双重文化能力——既保留民族身份认同（如通过母语传承），又掌握就业所需的沟通与实践技能（如普通话、技术规范），形成适应城乡转型的"文化缓冲带"。

社会资本理论促进就业质量的提升体现在两方面。一是依托上述文化再社会化机制，移民得以降低对非农就业的心理排斥，主动内化新就业环境的行为规范（如守时、契约意识）；二是移民对文化的双重适应（既尊重迁出地传统，又融入迁入地现代性），催生了文化资源产业化路径。例如，依托苗族刺绣传统开发的文化产业，创造新型就业岗位，拓宽就业机会。

（四）政策工具嵌入制度结构逻辑

1. 理论衔接逻辑

政策工具理论起源于 20 世纪 80 年代公共政策研究的"工具转向"，其奠基性文献可追溯至克里斯托弗·胡德（1983）的《政府的工具》。该理论突破传统政策过程研究的叙事框架，将研究焦点转向政府行为的"工具箱"及其选择逻辑。在易地搬迁语境中，特指政府为促进移民就业而设计的税收优惠、技能培训等具体措施。政策工具具有强制性、直接性和可见性三个特性。在易地搬迁移民就业中，需特别注意政策工具的"空间适配"，即工具选择需匹配迁出地与迁入地的制度环境差异。

制度变迁理论的核心在于解释制度（正式与非正式规则）如何随时间

和环境变化而演化。诺斯提出，制度变迁是"制度框架在长期中通过渐进或突变方式发生的调整"，其动力源于"相对价格变化"和"行为主体偏好的改变"①。关键动力包括外部利润、路径依赖、诱致性变迁与强制性变迁三方面。制度变迁的主体包括初级行动团体和次级行动团体。在易地搬迁中，移民群体作为"初级行动团体"，可能通过集体行动倒逼就业政策调整；政府则作为"次级行动团体"提供合法性支持，比如就业扶持政策等。林毅夫提出制度变迁的二元分类，诱致性变迁主要是由微观主体自下而上发起，通过边际调整实现（如移民自发组织技能培训）；强制性变迁则由权力机构自上而下推行，具有快速性，但可能忽视地方差异（如中央政府统一就业安置政策）。易地搬迁中，诱致性变迁体现为移民社区与企业的就业合作创新，强制性变迁则体现为"就业扶贫车间"等政策工具。过度依赖强制性变迁可能导致政策与地方实际脱节（如产业园区空置问题），需平衡两类变迁的权重。

政策工具是制度变迁的驱动手段，而制度变迁是政策工具发挥效能的环境载体。两者共同作用于移民就业质量的提升。政策工具的选择及其组合方式（如技能培训、就业信息匹配、产业配套等）直接影响移民就业支持体系的构建与运行效能，其内部协同性与潜在冲突性深刻影响着体系的有效性。以易地搬迁政策为例，该政策通过解构原有的制度结构惯性（如城乡二元分割、户籍限制等），为新就业制度的生成（如劳动力市场整合、社会保障体系衔接）创造了条件，生动体现了政策工具驱动制度变迁进而优化移民就业支持环境的内在机制。

2. 制度视角下的动态政策演进

基于政策工具理论与制度变迁理论的双重支撑，易地搬迁移民高质量充分就业的动态政策系统演进可归纳为"政策工具选择→制度结构形塑→政策系统调适→就业质量提升"的递进式演进过程。这一分析框架很好地

---

① North D C. Institutions，Institutional Change and Economic Performance［M］. Cambridge：Cambridge University Press，1990.

回应了政策工具的应用（供给型、需求型、环境型）如何推动制度变迁，进而影响就业质量。

（1）政策工具选择对制度结构的形塑机制。基于罗特韦尔与泽福德的政策工具分类体系（供给型/需求型/环境型），以及历史制度主义关于路径依赖与制度惯性的核心命题，需首先阐明政策工具如何通过"结构性嵌入"成为制度变迁的初始条件。一是供给型工具的制度效应。基础设施建设（如搬迁安置区产业园）、职业技能培训（如"订单式"技能培训）等供给型政策工具，通过物理空间重构与人力资本积累形成"空间-能力"双重效应。这种效应不仅塑造了移民对政府供给的路径依赖（如通过培训补贴强化技能获得），更通过空间集聚效应催生新的制度结构（如安置区就业服务中心的常态化运行机制）。二是需求型工具的制度触发机制。政府采购（如公益性岗位开发）、消费补贴（如创业贷款贴息）等需求型工具，通过市场信号传递引发对原有制度的重新思考。如通过对就业帮扶车间、就业帮扶基地的税收减免政策，既激活了企业用工需求（市场拉动），又倒逼地方政府调整政企关系规则（制度调适），形成需求响应与制度创新的正反馈循环。三是环境型工具的框架约束功能。法律法规（如《中华人民共和国就业促进法》）、技术标准（如《国家职业技能标准》）、就业服务信息平台等环境型工具，通过规则密度提升并强化制度结构的刚性特征。

（2）制度结构约束下的政策系统调适。历史制度主义在中观层面上对制度本身的关注，链接了理性选择制度主义中的微观的"行动者"与社会学制度主义中的宏观的"观念"等概念，建构了"宏观结构—中观制度—微观行动者"的分析结构[①]，揭示制度结构如何通过权力配置与认知框架影响政策系统演进。一是路径依赖的突破与重构。既有制度惯性与政策创新需求的张力推动政策系统进入"断裂—均衡"的调整周期。如在

---

① 臧雷振，潘晨雨．中国社会治理体制变迁的轨迹、逻辑与动阻力机制：基于历史制度主义视角［J］．学习与探索，2021（11）：34-42，191．

就业帮扶过程中，通过"省内对口帮扶"机制，在保持省级总体统筹框架延续不变的同时，创新市县间就业服务协作制度（局部制度突破），实现制度稳定与变革的辩证统一。二是权力结构的适应性重构。纵向层面，中央的"考核指挥棒"将就业考核指标纳入地方政府绩效评估体系，通过"行政发包制"实现政策执行权下放与监督权上收的制衡。横向层面，人社部门与农业农村部门的职能交叉催生"就业专班"等跨部门协调实体，实现横向协同。三是认知层面的升级。政策主体对"高质量就业"的认知从单纯就业率指标，逐步演变为包含技能匹配度、社会保障水平、职业发展空间、职业安全等的多维评价体系[①]。这种认知跃迁推动政策工具从短期就业安置转向长期人力资本投资，体现制度学习能力的提升。

3. 政策系统调适驱动就业质量提升

基于政策系统调适形成的制度能力，需解构多维就业质量指标与政策干预的映射关系，揭示制度演进对就业质量的结构性赋能路径。

（1）技能匹配度提升。这是人力资本投资的制度性转化结果。一是政策传导路径。供给型政策工具主导的职业技能培训体系通过资质认证制度与东部企业用工标准对接，将培训成果转化为市场认可的人力资本。例如，东西部劳务协作中推行的"粤菜师傅""南粤家政""广东技工"工程，具体为组织西部劳动力培训并进行资质认证，把获得资质的劳动力输送到东部用工企业，使搬迁移民持证上岗率提升，显著缩小技能供需结构性缺口。二是制度杠杆效应。国家职业资格目录的刚性约束，迫使地方政府建立"培训质量"追踪制度，倒逼政策执行者从追求培训数量转向注重技能转化实效。

（2）社会保障覆盖率扩展。这是制度嵌套下的权益保障结果。一是政策创新。通过环境型工具创设"就业-社保联动机制"（如地方政府把企业

---

① 孔德帅. 敏捷治理视角下易地搬迁移民稳岗就业实现路径研究：基于怒江州经验分析［J］. 现代管理，2024，14（7）：1507－1512.

为员工缴纳社会保障作为申请"稳岗补贴"或者"社保补贴"的条件之一），将就业质量提升嵌入既有制度框架。二是制度嵌入。利用城乡居民基本养老保险制度既有架构，增设"搬迁移民参保减免条款"（如部分省份实践中对脱贫人口参保对象给予人均200元的财政减免）。三是规则重构。突破户籍限制，建立基于迁入地的社会保障无条件衔接。

（3）职业发展空间拓展。这是制度赋权引发的行为变革结果。一是需求型工具的催化作用。创业担保贷款政策通过"风险共担"机制降低移民创业门槛，形成"创业带动就业"的乘数效应。二是认知思维升级。政策系统通过建立"职业成长档案"与终身学习积分制度，重构移民对职业发展的预期管理机制，推动就业观念从"生存型就业"向"发展型就业"转型。

三、现实逻辑："家庭-国家-社会"发展需求

（一）搬迁移民家庭的实际需求

1. 生计转型与收入增长

易地搬迁移民在搬迁后，面临着生计方式的根本性转变。传统上，他们主要依赖土地进行农业生产，这种生计方式在搬迁后被彻底打破。随着居住环境的改变，搬迁群众失去了原有的土地资源，需要积极寻求新的收入来源以维持生计。高质量充分就业成为解决这一问题的关键所在。通过就业，搬迁移民不仅能够稳定地获得收入，还能够逐步提高自己的生活水平，实现从贫困状态向小康生活的根本性转变。

易地搬迁从根本上实现了精准脱贫的目标，使大量贫困人口得以摆脱贫困的困境[①]。然而，脱贫并非终点，而是新生活的起点。对于搬迁群众而言，稳岗就业是巩固脱贫成果、防止返贫的重要保障。只有通过持续稳

---

① 陈红平. 易地搬迁脱贫人口稳岗就业服务链构建探究 [J]. 云南大学学报（社会科学版），2024，23（2）：79-86.

定的就业，搬迁移民才能够在新的生活环境中站稳脚跟，逐步积累财富，改善生活条件。同时，就业也是搬迁群众融入新社区、建立新社会关系的重要途径。通过工作，他们能够结识新的朋友，拓展自己的社交圈子，增强对新社区的归属感和认同感。因此，从生计转型与收入增长的角度来看，高质量充分就业对易地搬迁移民来说具有至关重要的意义，是推动他们实现可持续发展的重要动力。

2. 技能提升与职业发展

搬迁群众在易地搬迁后，普遍面临技能水平低、就业竞争力不足的问题。他们往往缺乏适应新环境和新岗位所需的专业技能和知识，这使他们在就业市场中处于不利地位。高质量充分就业不仅仅是为搬迁群众提供就业岗位，更重要的是通过系统的职业技能培训，帮助他们提升人力资本，增强就业竞争力。

加强移民职业技能培训，提高移民人力资本水平和就业竞争力，是解决移民就业问题的有效途径[①]。通过针对性的职业培训，搬迁群众可以学习到与市场需求相匹配的技能和知识，从而增强自身的就业能力。这些培训不仅包括基础的职业技能培训，如驾驶、电工、焊工等，还包括针对特定行业和岗位的专业技能培训，如计算机操作、电子商务、酒店管理等。通过系统的培训，搬迁群众可以逐步掌握新岗位所需的技能，提高就业稳定性，实现个人职业发展。

此外，职业技能培训还有助于提升搬迁群众的自信心和职业素养。通过学习和实践，他们能够更好地适应新环境和新工作，增强自身的社会适应能力。同时，职业培训也为搬迁群众提供了更多的就业机会和发展空间，使他们能够在新的环境中实现自我价值，追求更高的生活目标。因此，从技能提升与职业发展的角度来看，高质量充分就业对易地搬迁移民具有深远的意义，是推动他们实现可持续发展的重要保障。

---

① 成随强，刘养卉. 易地扶贫搬迁中的就业问题研究：以通渭县为例〔J〕. 社科纵横，2013，28（3）：30-33.

3. 社会融入与心理适应

易地搬迁这一政策举措的深远意义远远超越了简单的从一地到另一地的物理空间迁移。它实际上是一场深刻的社会关系的重构过程，涉及搬迁群众生活方式、社交模式乃至心理状态的全面调整。在这一复杂而细致的转变中，高质量且充分的就业扮演了一个举足轻重的角色，它如同一座桥梁，连接着搬迁群众与新社区，助力他们顺利跨越社会融入的难关。

就业不仅是个人经济独立和社会地位的体现，更是构建新社会关系网络的基石。对于易地搬迁群众而言，面对全新的环境和陌生的面孔，就业为他们提供了一个重要的社交平台。在这个平台上，他们有机会结识志同道合的朋友，建立基于共同工作经历和社会责任的紧密联系。这些新的社会关系，如同一根根纽带，逐步消除他们因搬迁而产生的孤独感和疏离感。

进一步地，高质量就业所带来的经济收益，增强了搬迁群众在新社区的归属感和认同感。他们通过辛勤工作获得报酬，能够更好地满足自己和家人的生活需求，提升生活质量，从而在新环境中找到立足之地。这种经济上的自立自强，无疑为他们融入新社区、参与社区活动、建立社会联系奠定了坚实的基础。

更重要的是，就业还有助于搬迁群众实现心理适应。搬迁往往伴随着对旧有生活方式的告别和对新环境的不确定感，这种心理变化可能导致焦虑、抑郁等负面情绪的产生。而就业为他们提供了一个释放压力、实现自我价值的渠道。在工作中，他们可以获得成就感、满足感，逐步建立起对新生活的信心和期待。这种心理上的积极变化，是他们成功融入新社区、建立和谐社会关系的重要前提。

易地搬迁移民在搬迁初期确实面临着社会融入的困难[①]。但令人欣慰的是，就业作为一股强大的推动力，可以帮助他们逐步克服这些障碍。通

---

① 郑娜娜，许佳君. 易地搬迁移民社区的空间再造与社会融入：基于陕西省西乡县的田野考察[J]. 南京农业大学学报（社会科学版），2019，19（1）：58-68，165.

过就业，搬迁群众不仅在新社区中找到了归属感和认同感，更实现了从心理到社会的全面适应。这一转变，不仅关乎个人的幸福与成长，更关系到整个社会的和谐与稳定。

（二）国家经济社会高质量发展的实际需求

1. 产业结构优化与升级

高质量充分就业作为驱动经济社会发展的关键因素，其正面效应在产业结构优化与升级的过程中显得尤为重要。具体而言，易地搬迁移民群体的就业需求是一股不可忽视的力量，他们为了在新的安置地扎根，往往需要更多的就业机会和更好的就业条件，这一需求自然而然地催生了服务业、制造业等新兴产业。这些新兴产业的崛起，不仅解决了移民的就业问题，也为当地经济发展带来了新鲜血液，使产业结构逐渐从依赖传统农业、资源开采向多元化、高附加值方向转变。

王晓毅（2017）的研究深刻揭示了易地搬迁对产业结构调整的积极作用[①]。一方面，搬迁通过改善移民群众的生产生活条件，间接提升了劳动力素质，使他们能够更好地适应并投身于新兴产业，从而形成了人口质量与产业结构升级之间的良性互动。另一方面，随着新兴产业的繁荣，原有产业结构中的低效能、高污染部分逐渐被淘汰或转型，这不仅有助于实现经济的绿色发展，还为区域经济的长期发展奠定了坚实基础。因此，易地搬迁不仅仅是地理空间上的移动，更是区域经济结构调整和优化的一次深刻变革，它为区域经济的持续健康发展提供了强大动力和坚实支撑。

2. 人力资源开发与利用

易地搬迁移民作为国家人力资源的重要组成部分，其充分就业不仅关乎个人与家庭的生计改善，更是提升国家人力资源整体素质的关键一环。这一群体往往拥有着脱贫致富、追求更好生活的强烈愿望，他们通过搬迁

---

① 王晓毅. 易地搬迁与精准扶贫：宁夏生态移民再考察［J］. 新视野，2017（2）：27-34.

获得了新的发展机遇，而将这些机遇转化为实际生产力的关键在于实现充分就业。

首先，职业技能培训是提升搬迁移民就业能力的有效途径。针对不同搬迁群众的技能需求和就业意向，开展定制化、精准化的职业技能培训能够显著提升移民的专业技能和职业素养。这些培训不仅包括传统的手工艺技能、农业生产技术等，还应涵盖现代制造业、服务业等新兴产业所需的职业技能。通过培训，搬迁群众能够掌握更多实用技能，增强自身在就业市场上的竞争力，从而更容易找到满意的工作岗位。

其次，就业指导服务对于促进搬迁移民就业同样至关重要。政府和社会各界应提供全面的就业指导服务，包括职业规划、求职技巧培训、招聘信息发布等，帮助搬迁群众了解就业市场动态，明确自身职业定位，提高求职效率和成功率。同时，通过建立完善的就业服务体系，如设立就业服务站、搭建就业信息平台等，为搬迁群众提供更加便捷、高效的就业服务，进一步拓宽他们的就业渠道。

最后，合理开发易地搬迁移民的人力资源是实现脱贫致富、乡村振兴的必然要求。搬迁移民往往具有丰富的劳动力资源和潜在的创造力，通过充分挖掘和发挥他们的潜能，可以推动当地产业发展和经济转型升级。同时，搬迁移民的就业增收还能够带动周边地区经济的发展，形成良性循环，为实现乡村振兴注入新的活力。

易地搬迁移民的充分就业对于提升国家人力资源整体素质、促进经济社会发展具有重要意义。政府和社会各界应高度重视这一群体的就业问题，通过职业技能培训、就业指导服务等措施，不断提升搬迁群众的就业能力和竞争力，为国家的繁荣富强贡献更多力量[①]。

3. 区域协调发展与城乡融合

易地搬迁移民的就业问题不仅是个人生计的关键所在，更是区域协调

---

① 邹黎明，罗桢. 扶贫易地搬迁移民后续就业扶持措施：基于湖北秦巴山区的调查分析［J］. 中南民族大学学报（人文社会科学版），2023，43（4）：131－137，186.

发展和城乡融合战略中的重要一环。在城市化进程中，通过科学规划和政策引导，促进搬迁群众在城镇稳定就业，不仅能够直接改善他们的生活水平，还能在更深层次上推动城乡之间的资源、资本、人才等要素的流动与优化配置。

首先，从区域协调发展的角度来看，易地搬迁移民的就业促进了区域经济结构的优化。搬迁群众在城镇就业，意味着他们能够从农业领域转向工业、服务业等领域，这有助于提升整个区域的产业层次和经济活力。同时，随着就业人口的增加和消费能力的提升，城镇市场得以扩大，进一步拉动了区域经济的增长。

其次，从城乡融合的角度来看，易地搬迁移民的就业是缩小城乡差距的有效途径。一方面，搬迁群众在城镇就业能够获得更高的收入和更好的社会保障，逐步缩小与城镇居民在生活水平上的差距；另一方面，他们的就业也带动了农村地区的资源开发和产业升级，促进了城乡之间的经济联系和互动。这种双向流动和互动，有助于打破城乡二元结构，推动城乡一体化发展。

为了实现易地扶贫搬迁集中安置区的转型发展，必须积极探索和创新实现路径。具体而言，应以产业稳步发展为基础，通过引进和培育适合当地的特色优势产业，为搬迁群众提供充足的就业机会；同时，加强就业服务和职业培训，提升搬迁群众的就业能力和竞争力。此外，还应注重社会融入的有序推进，通过完善公共服务设施、加强社区治理等方式，帮助搬迁群众尽快适应城镇生活，实现身份和心理的双重转变。

易地搬迁移民的就业问题对于推动区域协调发展和城乡融合具有重要意义。通过科学规划和政策引导，促进搬迁群众在城镇稳定就业，不仅能够提升他们的生活水平，还能推动城乡之间的要素流动和经济联系，为实现乡村振兴和民族复兴奠定坚实基础[①]。

---

① 赵文杰，于永达，贾泽诚. 易地扶贫搬迁集中安置区转型发展的内在逻辑与实现路径 [J]. 农村经济，2023（7）：104-112.

（三）社会稳定与和谐发展的实际需求

1. 减少贫困与防止返贫

高质量充分就业在减少贫困与防止返贫风险方面扮演着至关重要的角色。就业不仅是个人和家庭获取稳定收入来源的主要途径，更是提升其生活水平、增强社会适应能力和抵御风险能力的基石。特别是对于搬迁群众而言，通过就业，他们能够在新环境中找到归属感和自我价值，从而更加坚定地迈向小康社会。

一方面，就业为搬迁群众提供了稳定的经济支撑。在搬迁之前，许多人可能生活在贫困线以下，以从事农业或其他低收入行业为生。搬迁后，通过政府引导和市场推动，他们有机会进入更广阔的就业市场，接触到更多的就业机会。这些就业机会往往伴随着更高的薪资待遇和更好的福利待遇，为搬迁群众提供了稳定的收入来源，使他们有能力支付生活费用、子女教育费用以及应对突发情况。

另一方面，就业增强了搬迁群众抵御风险的能力。在搬迁初期，由于生活环境和经济条件的改变，搬迁群众可能会面临一些适应性的挑战。然而，一旦他们成功就业，稳定的收入将为他们提供生活保障，帮助他们更好地应对生活中的不确定性和风险。此外，就业还意味着个人能力的提升和职业发展机会的增多，这进一步增强了搬迁群众在面对挑战时的应对能力和自信心。

易地搬迁后续扶持工作的重要任务之一就是通过稳岗就业服务，确保搬迁群众实现可持续脱贫[①]。这一观点深刻揭示了就业在防止返贫方面的重要性。稳岗就业服务不仅有助于搬迁群众在新环境中快速找到合适的工作岗位，还能通过职业培训、技能提升等方式，提高他们的就业质量和竞争力。这样，即使在经济波动或行业变革的背景下，搬迁群众也能保持稳定的收入来源，避免因失业或收入不稳定而重新陷入贫困。

---

① 涂圣伟. 易地扶贫搬迁后续扶持的政策导向与战略重点 [J]. 改革，2020 (9)：118-127.

高质量充分就业是减少贫困和防止返贫的有效途径。通过就业，搬迁群众可以获得稳定的经济支撑和抵御风险的能力，从而防止规模性返贫，实现全面发展。因此，政府和社会各界应高度重视搬迁群众的就业问题，为他们提供更多的就业机会和更好的就业服务，助力他们在新环境中安居乐业、共享繁荣。

2. 促进社会公平与正义

成美君（2018）的研究指出，易地搬迁移民在就业过程中面临着一些不公平的待遇和歧视，需要通过完善就业政策和加强监管，确保他们享有平等的就业机会和权益[①]。高质量充分就业不仅意味着有足够的工作岗位供劳动者选择，更重要的是这些岗位能够提供合理的薪酬待遇、良好的工作环境及职业发展的可能性，从而满足劳动者多样化的需求。在实现这一目标的过程中，确保所有群体，特别是像易地搬迁移民这样的特殊群体，能够公平地获得就业机会和条件，是维护社会公平与正义不可或缺的一环。

易地搬迁往往是为了改善贫困地区群众的生活条件，促进区域协调发展。然而，如果搬迁后群众在就业市场上遭遇不公平待遇，如招聘歧视、工资差异、职业发展受限等，那么他们就无法充分享受到经济发展带来的红利，反而可能加剧社会的不平等。因此，制定和实施积极的就业政策，如提供针对性的职业技能培训、创建适合搬迁群众的就业岗位、加强劳动法规的执行和监督，是消除就业歧视、促进就业公平的有效途径。

此外，加强就业服务和劳动力市场体系建设也至关重要。包括建立全面的就业信息网络平台，提供及时的岗位匹配服务，以及完善失业登记和援助机制，确保搬迁群众在求职过程中能得到必要的支持和指导。同时，通过加强宣传和教育，提高全社会对就业公平的认识，营造一个公平、包容、开放的就业环境，让每个人都能够在自己的岗位上发光发热，共同推

---

① 成美君. 贵州少数民族贫困地区易地扶贫搬迁中移民就业问题研究［J］. 农村经济与科技，2018，29（15）：228－229.

动社会的进步和发展。

高质量充分就业作为实现社会公平与正义的重要体现，要求我们在政策制定、执行和监督的各个层面，都充分考虑并保障包括易地搬迁移民在内的所有群体的平等就业权益。只有这样，我们才能确保搬迁群众能够真正融入新的社会环境，共享经济社会发展的成果，从而实现社会的全面和谐与进步。

3. 增强社会凝聚力与稳定性

就业作为社会发展的重要基石，其意义远远超出了个人经济收入的范畴。它不仅直接关系到每个家庭的生计和福祉，更是社会稳定与和谐的关键因素。特别是在易地搬迁的背景下，促进搬迁群众的就业显得尤为重要。通过为搬迁群众提供就业机会，我们不仅能够解决他们的基本生活需求，还能在此基础上进一步增强社会的凝聚力，有效减少社会矛盾和冲突，从而维护社会的整体稳定。

王丽娜（2019）研究发现，当易地搬迁的移民在新环境中找到工作时，他们与周围人群的互动和交流变得更加频繁和深入[1]。这种互动不仅有助于他们快速适应新的生活环境，还能够促使他们建立全新的社会关系网络。在这个过程中，搬迁群众逐渐融入新的社区，与邻里建立起深厚的情感联系，从而增强了对新社区的认同感和归属感。

对于搬迁群众来说，认同感和归属感的增强意味着他们在新社区中找到了自己的位置，感受到了社区的温暖和力量。这种积极的心理变化进一步促使他们更加积极地参与到社区的各项活动中去，为社区的繁荣和发展贡献自己的力量。同时，由于搬迁群众与社区之间的联系变得更加紧密，社区内部的矛盾和冲突也得到了有效缓解和减少。

从更宏观的角度来看，当搬迁群众在新社区中稳定就业并融入其中时，整个社会的稳定性也得到了极大的提升。这是因为一个和谐稳定的社

---

[1] 王丽娜，陈倩玉，杨馨. 开发性金融支持广西易地扶贫搬迁后续产业就业发展研究 [J]. 广西经济，2019 (5)：49 - 53.

会需要其成员之间建立起相互信任、相互支持的关系网络，而搬迁群众在新社区中的就业和融入正是构建这种关系网络的重要一环。通过就业，搬迁群众不仅能够实现自我价值的提升，还能够为社会的和谐稳定贡献出自己的力量。

第四章

易地搬迁移民高质量充分就业的理论分析框架及评价指标体系

本章从宏观、中观和微观三个层面建构易地搬迁移民高质量充分就业的理论分析框架，系统阐释影响易地搬迁移民就业的核心机制，并建立中观、微观层面的评价指标体系。在宏观制度层，重点探讨结构性支撑与动态调适机制，包括制度设计的定位与特征、核心维度体系及优化反馈机制，强调制度在保障移民高质量充分就业中的基础性作用。中观机会层聚焦机会网络构建与传导机制，分析用工主体规模、产业结构与就业结构的匹配度，以及劳动力市场建设对就业机会的影响。微观能力层则关注移民个体的可行能力积累与转化，涵盖就业能力提升、劳动关系与权益保障、公共就业服务能力等关键因素。在此基础上，本章进一步构建了易地搬迁移民高质量充分就业的中观和微观层面评价指标体系，包括 6 个一级指标和 16 个二级指标。中观层面涵盖用工主体吸纳就业能力、产业结构与就业结构匹配、劳动力市场建设；微观层面涉及移民就业能力、劳动关系与权益保障、公共就业服务能力。该指标体系为后续实证研究提供了可操作的测量工具，也为政策优化提供了理论依据。本章通过多维度分析框架和科学评价体系的建立，为深入理解易地搬迁移民就业问题、推动高质量充分就业目标的实现奠定了理论基础。

一 易地搬迁移民高质量充分就业的理论分析框架

易地搬迁移民高质量充分就业是指在易地搬迁政策框架下，搬迁移民在新安置区实现的高质量、充分就业状态。充分就业体现在易地搬迁安置移民中有劳动能力且有劳动意愿的可实现稳定就业。高质量就业的内涵主要体现在三个层面，宏观层面体现为就业制度与政策的系统性完善；中观层面体现为安置区周边就业支撑体系的健全，具体包括用工主体的就业吸纳能力、产业结构与就业结构的匹配度以及劳动力市场的有效建设；微观层面则体现为移民个体及家庭就业能力的提升与就业环境的优化，涵盖移民自身的就业技能与竞争力、劳动关系的规范性与权益保障的充分性以及安置区公共就业服务能力的供给效能。易地搬迁移民高质量充分就业是一个系统且复杂的工程，其实现需要从宏观、中观和微观三个层面，结合其生成逻辑，形成"制度-机会-能力"三维分析框架，即制度维度强调政策工具的动态调适与部门之间的协同，通过"价值重构—执行协同—反馈优化"的制度演进逻辑，解构从"生存型"到"发展型"就业政策的设计转向；机会维度聚焦劳动力市场结构与产业升级的匹配机制，揭示"县域经济—特色产业—零工市场"多层次就业机会网络的构建路径；能力维度则以人力资本、社会资本与文化资本的相互转化为枢纽，阐释移民从"被动受助"到"主动发展"的内生动力生成逻辑。这一分析框架为后续的指标体系构建、实证分析和实现路径优化提供了理论指导和实践依据。

宏观层面坚持以就业优先政策为理论制高点，聚焦顶层制度设计，具体回应易地搬迁移民就业机会的空间分配问题。如何通过顶层设计实现搬迁移民就业机会的空间均衡分配？易地搬迁后续扶持政策如何与乡村振兴、新型城镇化战略衔接，推动就业结构优化？中观层面具体回应搬迁安置区及其周边经济社会环境是否能提供充足的就业岗位问题。具体解决安置区及周边劳动力市场的供需匹配受哪些因素制约？如何通过培育本地用工主体、完善就业服务体系，提升岗位创造能力与人岗匹配效能？微观层面具体回应搬迁移民个人及家庭就业能力问题。具体分析易地搬迁移民的可行能力不足（如技能不足、社会资本断裂）如何影响其就业质量？易地搬迁移民高质量充分就业的宏观、中观和微观三个层面相互依存、相互促进，共同构成高质量充分就业目标实现的逻辑链。

宏观层面的制度设计为中观和微观层面提供制度保障和资源分配依据；中观层面安置区的经济社会环境是微观能力发挥的关键媒介；微观层面的移民个体及家庭的就业能力是高质量就业的核心，其实现程度检验宏观和中观层面的有效性，最终形成正向循环的逻辑关系（图4-1），即宏观层面的制度通过政策工具塑造中观层面的机会结构，中观层面的机会结构通过信息网络与资源分配影响微观层面的能力提升，而微观层面的能力提升促使制度优化升级，形成"结构赋能—机会激活—能力反馈"的正向循环。

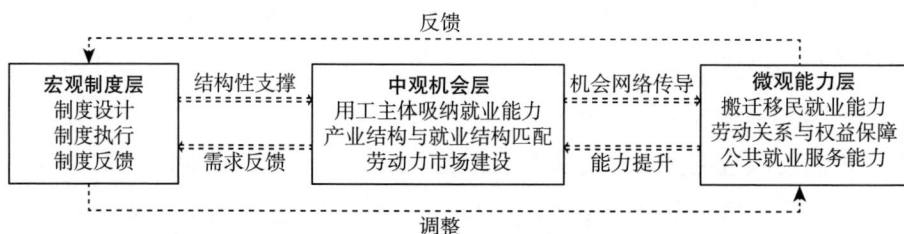

图4-1　易地搬迁移民高质量充分就业核心要素及其逻辑关系

（一）宏观制度层：结构性支撑与动态调适机制

宏观制度层聚焦政策体系的顶层设计、执行张力与动态优化，为高质量充分就业提供合法性基础与结构性保障。

1. 制度设计的定位与特征

在国家治理现代化视域下，易地搬迁移民就业制度设计本质上是在政府主导的再分配体制与市场配置机制之间构建动态均衡。区别于传统就业扶贫政策的救济性特征，高质量充分就业制度体系呈现出"三重转型"，即从生存保障转向发展赋能，从行政驱动转向多元共治，从区域分割转向空间重构。易地搬迁移民高质量充分就业的目标为实现稳定就业的同时实现就业收入的有效增长，强调就业的稳定性、安全性及充分性，确保搬迁移民在新环境中获得公平、可持续的就业机会，实现个人发展与社会进步的和谐统一。

2. 制度设计的核心维度

一是创造就业机会的有关制度设计。创造就业机会相关政策的目标主要是解决就业的结构性矛盾问题，构建阶梯性、包容性较强的就业机会提供机制。此类政策具体包括针对"企业"的各种稳岗补贴政策、以工代赈政策、创新创业扶持政策等制度。二是就业公平的有关制度设计。就业公平政策的目标是消除制度性歧视、构建全生命周期的就业促进政策支持网络。此类政策包括户籍制度、就业歧视行为负面清单制度、技能互认制度等。三是就业结构优化的有关制度设计。就业结构优化的目标主要是推动就业结构向"橄榄型"现代产业体系转型，可以通过技能培训、数字技术赋能、传统产业转型升级等路径实现。四是人岗匹配制度。具体包括智能匹配、组织化劳务输出、公益性岗位兜底等。五是劳动关系制度。重点关注灵活就业的保障问题、异地劳动纠纷协同处理、社保制度的跨区域计算等。

3. 制度执行的协同治理

就业政策执行存在中央统筹与地方创新的张力。这种张力体现在中央层面形式化监督导致政策执行偏差[①]，地方层面在就业政策执行过程"变通""走样"的执行现象[②]。因此，需要构建政策主体的协同工作机制[③④]以应对就业政策执行过程中的偏离。纵向层面，中央通过立法保障和政策工具组合维持政策权威；横向层面，地方政府建立就业工作联席会议制度以协调部门间对易地搬迁移民就业工作的推进。

4. 制度优化的反馈回路

重点体现在政策学习与适应性调整。以"风险响应—政策调整"机制

---

① 许小玲. 福利治理视阈下残疾人辅助性就业政策目标定位研究：基于 M 市辅助性就业的地方实践 [J]. 中州学刊，2020 (9)：88-94.

② 韩春光，许艳丽，王智丽. 高校毕业生到中小微企业就业政策执行分析 [J]. 中国高等教育，2017 (2)：53-55.

③ 吴江，李达龙."整体政府"理论视域下大学生就业政策的协同治理研究 [J]. 江苏高教，2017 (11)：7-10.

④ 桑伟林，蔡智. 改革开放 40 年来青年就业创业政策演进及其优化研究 [J]. 中国青年研究，2018 (10)：12-18，40.

为核心，建立制度优化的动态反馈回路。这个过程需要借助大数据信息技术，利用移民就业质量监测数据驱动政策工具创新。

（二）中观机会层：网络构建与传导机制

中观机会层聚焦市场与社会双重嵌入下的机会创造与分配机制，是连接制度环境与个体能力的枢纽。用工主体吸纳就业的能力直接关联移民的就业机会和就业稳定性，是评估区域就业潜力的重要指标。同时，产业结构与就业结构的匹配度不仅决定了经济发展的质量，也直接影响着移民能否顺利融入新的就业市场，劳动力市场建设的完善程度则直接关系就业信息的流通效率、就业服务的质量和覆盖面，总体上体现"用工主体吸纳能力的提升有助于促进产业结构与就业结构的优化匹配，而劳动力市场的有效建设则为这一匹配过程提供了坚实的支撑"的密切逻辑关系。首先，用工主体吸纳就业能力的大小直接受到产业结构与就业结构匹配程度的影响。当产业结构与就业结构高度匹配时，用工主体能够更容易地找到符合自身需求的劳动力资源，从而提高其吸纳就业的能力。其次，劳动力市场建设为用工主体和搬迁移民之间提供了有效的连接和沟通渠道。通过完善劳动力市场信息、提供专业化与个性化的就业服务以及加强市场监管和法规建设等措施，可以降低信息不对称现象、提高就业服务质量和效率、保障搬迁移民的合法权益等。最终，这些因素共同作用促进了易地搬迁移民的高质量充分就业。因此，深入剖析中观层面影响搬迁移民就业的因素，对于提升易地搬迁移民的就业质量和实现就业收入稳定具有重要意义。

1. 用工主体规模

用工主体的规模直接影响其吸纳就业的能力。在大型安置区，由于用工主体数量多，对劳动力的需求量大，因此更容易吸纳搬迁移民就业[①]。企业规模越大，其吸纳就业的能力通常越强。大规模企业能够提供更多的

---

① 郑乐伟. 易地扶贫搬迁农户后续就业帮扶长效机制优化研究：以湖南省永顺县为例 [J]. 广东蚕业，2023，57 (1): 126-128.

就业岗位，满足搬迁移民的就业需求①。合作社等集体经济组织作为用工主体，也能够有效吸纳搬迁移民就业，通过整合资源和劳动力实现规模化经营②。

用工主体多样性与就业匹配。用工主体的多样性有助于满足不同搬迁移民的就业需求。不同类型的用工主体可以提供多样化的就业岗位，增加就业匹配度③。农业、工业、服务业等不同行业的用工主体，能够为搬迁移民提供更多元化的就业选择，提高其就业满意度④。政府通过引导和支持，鼓励发展多种类型的用工主体，如小微企业、家庭农场等，可以进一步拓宽搬迁移民的就业渠道⑤。

用工主体稳定性与就业保障。用工主体的稳定性对保障搬迁移民的就业至关重要。稳定的用工主体能够提供持续的就业机会，减少搬迁移民的失业风险⑥。政府应加强对用工主体的监管和支持，确保其稳定发展，从而为搬迁移民提供稳定的就业岗位⑦。用工主体应加强与搬迁移民的沟通与合作，建立良好的劳动关系，提高搬迁移民的就业稳定性和满意度⑧。

2. 产业结构与就业结构匹配

产业结构优化与就业增长。产业结构的优化能够带动就业结构的改善

---

① 王丽娜，陈倩玉，杨馨．开发性金融支持广西易地扶贫搬迁后续产业就业发展研究［J］．广西经济，2019（5）：49－53.

② 安忠芳，何棣华．优化易地扶贫搬迁安置区就业创业环境［J］．当代广西，2023（5）：10－11.

③ 梁文芳，张自尧．宁夏易地扶贫搬迁移民就业帮扶效果研究：以利通区为例［J］．热带农业工程，2023，47（5）：126－130.

④ 张焕柄，张莉琴．易地扶贫搬迁对脱贫农户就业的影响：基于西部9省11县的调研［J］．资源科学，2023，45（12）：2449－2462.

⑤ 汪磊，汪霞．易地扶贫搬迁农户就业能力评价研究：以贵州省为例［J］．北方民族大学学报，2020（3）：132－138.

⑥ 邬黎明，罗桢．扶贫易地搬迁移民后续就业扶持措施：基于湖北秦巴山区的调查分析［J］．中南民族大学学报（人文社会科学版），2023，43（4）：131－137，186.

⑦ 陈红平．易地搬迁脱贫人口稳岗就业服务链构建探究［J］．云南大学学报（社会科学版），2024，23（2）：79－86.

⑧ 龙微．易地扶贫搬迁妇女非农就业困境与对策研究：以黔南州H县M社区为例［J］．经济研究导刊，2023（1）：33－35.

和就业增长。随着第二、三产业的发展，搬迁移民的就业机会显著增加①。新兴产业的发展为搬迁移民提供了更多高质量的就业机会，在易地扶贫搬迁后续产业中，如旅游、电子商务等新兴产业得到了快速发展②。农业产业的现代化也促进了就业结构的改善，通过提高农业生产效率，释放更多农村劳动力，促进搬迁移民的非农就业③。

就业结构与产业结构的适应性。就业结构应与产业结构相适应，以确保搬迁移民的就业需求得到满足。随着产业结构的调整，就业结构也应及时优化。政府应发挥引导作用，通过制定相关政策促进就业结构与产业结构的匹配，如加强职业技能培训，提高搬迁移民的就业能力④。用工主体也应根据市场需求和自身发展需要调整用工结构，为搬迁移民提供更多适合的就业机会⑤。

产业结构与就业结构的协同发展。产业结构与就业结构的协同发展是实现区域经济可持续发展的重要保障。通过推动产业结构的优化升级和就业结构的合理调整，可以促进区域经济的高质量发展⑥。协同发展需要政府、用工主体和搬迁移民三方的共同努力。政府应提供政策支持和服务保障，用工主体应积极参与市场竞争和用工结构调整，搬迁移民应不断提升自身技能和素质⑦。协同发展还应注重区域间的协调和合作。通过加强区域间的合作和交流，可以实现资源的共享和优势互补，提高产业结构和就

① 张焕柄，张莉琴．易地扶贫搬迁对脱贫农户就业的影响：基于西部9省11县的调研 [J]．资源科学，2023，45（12）：2449-2462.
② 王丽娜，陈倩玉，杨馨．开发性金融支持广西易地扶贫搬迁后续产业就业发展研究 [J]．广西经济，2019（5）：49-53.
③ 王志章，杨志红．农地流转、非农就业与易地扶贫搬迁脱贫效益 [J]．西部论坛，2020，30（4）：59-68.
④ 梁明月，梁剑峰．新型城镇化进程中易地扶贫搬迁移民就业扶持探究 [J]．就业与保障，2023（3）：26-29.
⑤ 马明，陈绍军，张安若．易迁移民就业机会、人力资本变动及其影响因素：基于对少数民族地区的考察 [J]．西北农林科技大学学报（社会科学版），2024，24（1）：139-151.
⑥ 龚英．贵州易地扶贫搬迁新市民就业质量提升路径研究 [J]．贵州开放大学学报，2023，31（1）：63-68.
⑦ 左涛，陈树强．社区治理中多元主体的互动机制及条件分析：以易地扶贫搬迁A社区促进青年就业为例 [J]．新生代，2023（3）：55-63，69.

业结构的匹配度。

3. 劳动力市场建设

劳动力市场信息完善与透明度。完善的劳动力市场信息是提高就业效率和质量的重要保障。通过建立完善的劳动力市场信息平台，可以为搬迁移民提供更加准确和及时的就业信息[①]。提高劳动力市场的透明度有助于减少信息不对称现象。信息不对称是导致搬迁移民就业困难的重要原因之一，提高透明度可以降低搬迁移民的就业成本。政府应发挥主导作用，推动劳动力市场信息的完善与透明。通过加强对劳动力市场监管，提高劳动力市场信息发布的效率和公平性。

劳动力市场服务专业化与个性化。专业化的劳动力市场服务可以提高就业服务的质量和效率，通过引入专业化的就业服务机构和服务人员，为搬迁移民提供更加专业化的就业服务。个性化的就业服务有助于满足搬迁移民的多样化就业需求，不同搬迁移民在就业需求上存在差异，提供个性化的就业服务可以满足移民多样化就业需求[②]。政府和社会组织应共同推动劳动力市场服务的专业化与个性化发展，通过加大对就业服务机构的支持力度和鼓励社会组织积极参与就业服务，共同提升服务质量和效率。

劳动力市场监管与法规建设。加强劳动力市场监管是维护市场秩序和保障搬迁移民权益的重要手段。通过加强监管可以打击非法用工和就业歧视行为，保障搬迁移民的合法权益[③]。法规建设是规范劳动力市场秩序的重要保障。完善相关法规和政策体系可以明确各方责任和义务，为劳动力市场的健康发展提供有力保障[④]。政府应加强对劳动力市场监管和法规建

---

① 梁启航. 社会工作介入易地扶贫搬迁社区低龄老人再就业的研究 [J]. 就业与保障，2021 (17)：62-63.

② 曹桂生，王志凌，罗蓉. 城市适应、就业纾困与易地扶贫搬迁农户返迁意愿调查：基于凯里市 354 户农户的分析 [J]. 黑龙江生态工程职业学院学报，2023，36 (1)：67-73.

③ 严维，费佐兰. 易地扶贫搬迁农民就业质量、社会融入与返迁意愿研究：基于贵州省的实地调查数据 [J]. 生产力研究，2024 (7)：42-47.

④ 黄锦英. 黔西南州易地扶贫搬迁移民就业保障研究 [J]. 兴义民族师范学院学报，2020 (4)：66-71.

设的领导和支持,通过加大投入力度和协调指导相关部门共同推动劳动力市场的健康发展[①]。

(三) 微观能力层: 可行能力积累与转化机制

微观能力层聚焦移民个体及家庭的人力资本转化、心理适应与主体性激活,是高质量充分就业的内生动力源泉。易地搬迁移民就业能力的提升,包括技能水平、文化素质、适应能力的增强,是融入新环境、获得稳定就业的基础。同时,稳定的劳动关系和健全的权益保障机制,如签订劳动合同、保障工资水平、扩大社保覆盖面等,为移民提供了安心的就业环境;政府和社会组织提供的公共就业服务,如职业培训、就业信息、创业支持等,为移民就业提供了有力支持。易地搬迁移民就业能力、劳动关系与权益保障、公共就业服务能力三者之间存在密切的逻辑关系。首先,移民就业能力是基础,它决定了移民在就业市场上的竞争力和适应能力。通过提升技能水平、文化素质和适应能力等,移民可以更好地适应市场需求和岗位要求,实现高质量就业。其次,劳动关系与权益保障是保证移民就业质量的重要支撑。通过签订正规的劳动合同、保障工资水平和扩大社保覆盖面等,为移民提供安心的就业环境。最后,公共就业服务能力是支持移民就业的重要力量。通过提供职业培训、就业信息服务和创业支持等,帮助移民更好地了解市场需求和岗位空缺情况,提高就业竞争力和创业成功率。这三者共同作用于移民个体的就业过程,决定其就业质量和稳定性。

1. 移民就业能力

技能水平对移民就业能力的影响。技能水平的提升是移民实现高质量就业的关键。研究表明,通过职业技能培训,移民可以获得与就业市场需求相匹配的技能,从而提高其就业竞争力。不同行业的技能要求不同,移

---

① 安忠芳,何棣华.优化易地扶贫搬迁安置区就业创业环境 [J].当代广西,2023 (5):10 - 11.

民需要根据自身情况和市场需求选择适合的技能进行提升。如在农业领域，掌握现代农业技术和管理知识的移民更容易获得就业机会。高级技能人才的短缺为移民提供了更多的就业机会。随着产业升级和技术进步，市场对高技能人才的需求不断增加，掌握高级技能的移民将更容易找到高薪工作。

文化素质对移民就业能力的影响。文化素质的提升有助于移民更好地理解和适应新的工作环境。文化素质高的移民更容易理解企业的规章制度和操作流程，从而提高工作效率[①]。文化素质的提升也有助于移民更好地融入当地社会。通过学习和了解当地的文化习俗和社会规范，移民可以更快地适应新的生活环境，减少文化冲突。文化素质的提升还有助于移民提升自我认知和自我管理能力。这有助于移民更好地规划自己的职业生涯，实现个人价值。

适应能力对移民就业能力的影响。适应能力的强弱直接影响移民在新环境中的就业表现。适应能力强的移民能够更快地适应新的工作环境和生活方式，减少因环境变化带来的负面影响[②]。面对就业市场的变化，适应能力强的移民能够及时调整自己的就业策略，寻找新的就业机会。例如，在疫情防控期间，一些移民通过转行或创业等方式实现了稳定就业。政府和社会组织可以通过提供心理咨询和职业规划等服务，帮助移民提升适应能力。这些服务有助于移民更好地应对就业市场的变化和挑战[③]。

2. 劳动关系与权益保障

签订劳动合同对移民权益的保障。签订劳动合同是保障移民权益的基础，通过签订正规的劳动合同，移民可以明确自己的权利和义务，避免在就业过程中受到不公正待遇。

① 汪磊，汪霞. 易地扶贫搬迁农户就业能力评价研究：以贵州省为例［J］. 北方民族大学学报，2020（3）：132－138.
② 陈菲菲，张祎彤，仇焕广. "挪穷窝"后如何实现平稳过渡？：基于疫情冲击下易地扶贫搬迁户就业治理的研究［J］. 经济社会体制比较，2022（2）：48－59.
③ 张卓，刘天平. 易地扶贫搬迁人口非农就业能力评价、影响与提升研究述评：兼论就业能力的内涵与拓展［J］. 农村经济与科技，2024，35（13）：263－267.

签订劳动合同也有助于规范企业的用工行为。企业需要按照劳动合同的约定支付工资、提供社会保险等,从而保障移民的合法权益。政府应加强对劳动合同签订情况的监管和检查力度,确保移民的劳动合同依法签订、有效执行。对于未签订劳动合同或劳动合同内容不规范的企业,应依法进行处罚。

工资水平对移民就业质量的影响。工资水平是衡量移民就业质量的重要指标之一。较高的工资水平意味着移民获得了较好的经济回报,能提高其生活水平和幸福感[①]。工资水平的差异也反映了不同行业、不同岗位之间的就业质量差异。一般来说,技术含量高、劳动强度大的岗位工资水平较高,而技术含量低、劳动强度小的岗位工资水平较低[②]。政府应加强对企业工资支付的监管力度,确保企业按照法律和合同规定支付工资。同时,鼓励企业提高工资水平,吸引更多优秀人才加入企业。

社会保险对移民权益的保障。社会保险是保障移民权益的重要组成部分,通过参加社会保险,移民可以在遇到风险时获得一定的经济补偿和生活保障。例如,失业保险可以为失业的移民提供一定的生活保障和再就业支持;养老保险可以为退休的移民提供稳定的经济来源。政府应加强对社会保险的宣传和推广力度,提高移民对社会保险的认知度和参与度。同时,扩大社保覆盖面,提高社会保障水平。

3. 公共就业服务能力

职业培训有效提升搬迁移民就业能力。职业培训是提高移民就业能力的重要途径之一。通过参加职业培训,移民可以学习新的技能和知识,提高自己的就业竞争力[③]。职业培训的内容应根据市场需求和移民的实际情

---

① 张会萍,罗媛月. 易地扶贫搬迁的促就业效果研究:基于劳动力非农转移和就业质量的双重视角 [J]. 中国人口科学,2021 (2):13-25,126.

② 郑乐伟. 易地扶贫搬迁农户后续就业帮扶长效机制优化研究:以湖南省永顺县为例 [J]. 广东蚕业,2023,57 (1):126-128.

③ 张涛,张琦. 易地扶贫搬迁后续就业减贫机制构建与路径优化 [J]. 西北师大学报(社会科学版),2020,57 (4):129-136.

况进行定制。针对农业领域的移民，可以开展现代农业技术和管理知识的培训；针对服务业领域的移民，可以开展服务技能和职业素养的培训。政府应加大对职业培训的投入力度，鼓励企业和社会组织参与职业培训。通过提供培训补贴、减免税收等优惠政策，吸引更多资源投入职业培训领域。

就业信息服务有力支持搬迁移民就业。就业信息服务是帮助移民获取就业信息的重要途径。通过提供及时、准确的就业信息，可以帮助移民了解市场需求和岗位空缺情况，从而有针对性地寻找就业机会。就业信息服务的内容应包括招聘岗位、招聘条件、薪资待遇等方面的信息，同时还可以提供职业规划、求职技巧等方面的咨询服务，帮助移民更好地应对求职过程中的挑战[1]。政府应加强对就业信息服务平台的建设和管理力度，提高信息发布的准确性和及时性。同时，鼓励企业和社会组织积极参与就业信息服务平台的建设和运营。

创业支持有效促进移民就业创业。创业支持是激发移民就业创业活力的重要手段之一。通过提供创业指导、资金扶持、税收减免等优惠政策，可以鼓励更多移民选择自主创业或合作创业[2]。创业支持的内容应根据移民的实际情况和市场需求进行定制。针对有创业意愿但缺乏资金的移民，可以提供小额贷款或创业担保贷款等资金支持；针对有创业想法但缺乏经验的移民，可以提供创业培训和咨询服务[3]。政府应加强对创业支持政策的宣传和推广力度，提高移民对创业支持政策的认知度和参与度。同时，加强对创业项目的跟踪和评估工作，确保创业支持政策的有效实施和落地。

---

① 王菊. 易地扶贫搬迁新市民就业质量指标与评价分析 [J]. 安顺学院学报，2022，24（1）：102-110.

② 安忠芳，何棣华. 优化易地扶贫搬迁安置区就业创业环境 [J]. 当代广西，2023（5）：10-11.

③ 卢露，陈梦昕. 乡村振兴背景下就业帮扶车间发展路径优化研究：以广西 L 县 Z 安置区为例 [J]. 广西经济，2024，42（1）：53-62.

二 易地搬迁移民高质量充分就业的中观和微观层面评价指标

随着现代化治理水平的推进，推动搬迁移民就业不再仅仅局限于稳定，而是要求提高就业质量。只有高质量且充分就业，才能保证搬迁移民就业稳定和工资收入稳定[①]。学界关于搬迁移民就业质量的影响研究主要集中在影响因素和提升路径两个方面。一是就业质量影响因素方面。赵元科等（2022）认为发展生态旅游产业和电子商务产业、完善供应链、推进宜居美丽家园建设等对农村搬迁移民就业质量提升具有显著正向作用，而移民返农生产、后期扶持政策保障及就业技能培训等对搬迁移民就业质量提升效果不显著[②]；崔晓娟等（2021）认为劳动力质量无法满足各行各业发展的需求，从而引发就业质量问题[③]；梁伟军等（2019）认为搬迁移民大多文化素质偏低，技能水平差，自身发展能力不足[④]，就业易受影响；张会萍等（2021）认为易地搬迁移民劳动力异质性强，即易地扶贫搬迁群体性别分工、年龄和受教育程度的不同对就业质量的影响存在差异[⑤]；邹瑜等（2020）将影响易地搬迁非农就业的因素归纳为内部缓冲能力、外部组织能力和技能学习能力[⑥]。二是就业质量提升路径方面。张涛、张琦（2020）认为通过后续产业布局发展可以推动搬迁群体的就

[①] 王菊. 易地搬迁移民就业质量提升：基于家庭调查分析 [J]. 黔南民族师范学院学报，2023，43（6）：80-89，112.

[②] 赵元科，杨涛. 产业发展、社会融合与农村搬迁移民就业质量：基于对河南省农村搬迁移民的实证调查 [J]. 中国农村水利水电，2022（6）：195-201.

[③] 崔晓娟，蔡文伯. 教育对少数民族地区流动人口就业质量的影响：基于2018年中国流动人口动态监测调查数据的分析 [J]. 西南民族大学学报（人文社会科学版），2021（6）：41-52.

[④] 梁伟军，谢若扬. 能力贫困视阈下的扶贫移民可持续脱贫能力建设研究 [J]. 华中农业大学学报（社会科学版），2019（4）：105-114，174-175.

[⑤] 张会萍，罗媛月. 易地扶贫搬迁的促就业效果研究：基于劳动力非农转移和就业质量的双重视角 [J]. 中国人口科学，2021（2）：13-25，126.

[⑥] 邹瑜，王华丽，刘子豪. 生计恢复力框架下易地扶贫搬迁农户非农就业影响因素研究：基于新疆克孜勒苏柯尔克孜自治州的调查 [J]. 干旱区资源与环境，2020（11）：29-35.

业[1]；沈宏亮，张佳（2019）认为就业帮扶政策可以提升贫困劳动力自主发展能力[2]；徐锡广等（2018）认为可以依托易地扶贫专项资金，加强移民职业技能培训，提高就业创业能力，提升移民人力资本水平，提高其就业竞争力[3]。

（一）指标建构原则

1. 全面性

指标体系应涵盖易地搬迁移民高质量充分就业的各个方面，确保没有遗漏任何重要维度。通过将二级指标分配到搬迁安置区用工主体吸纳就业能力、产业结构与就业结构匹配、劳动力市场建设、搬迁移民就业能力、劳动关系与权益保障、公共就业服务能力这6个一级指标维度中，确保指标体系涵盖了移民就业质量的所有关键内容，六个维度共同建构了一个全面评估移民高质量充分就业的框架。

2. 层次性

指标体系应具有清晰的逻辑层次结构，一级指标和二级指标之间应有明确的逻辑关系。在指标体系中，一级指标反映了移民就业质量的主要方面；而二级指标则具体衡量了每个一级指标下的不同方面。这种层次结构使指标体系更加清晰、有条理，便于理解和应用。

3. 可衡量性

每个指标都应具有可衡量性，即能够通过具体的数据或描述来评估。在指标体系中，每个二级指标都对应着具体的问卷描述或可观察的数据指标。例如，"工作技能"可以通过移民是否持有相关技能证书或具备实际操作能力来衡量；"工作时间"可以通过平均每天工作的小时数来量化。

---

① 张涛，张琦. 易地扶贫搬迁后续就业减贫机制构建与路径优化［J］. 西北师大学报（社会科学版），2020（4）：129－136.

② 沈宏亮，张佳. 精准扶贫政策对建档立卡户收入增长的影响［J］. 改革，2019（12）：87－103.

③ 徐锡广，申鹏. 易地扶贫搬迁移民的可持续性生计研究：基于贵州省的调查分析［J］. 贵州财经大学学报，2018（1）：103－110.

这种可衡量性确保了指标体系的实用性和有效性。

4. 相关性

每个指标都应与易地搬迁移民高质量充分就业的目标密切相关，能够反映其就业质量的不同方面。借鉴大量文献材料中的指标设计，并结合易地搬迁群体，确保了每个指标都与移民的就业质量直接相关。例如，"工作区域"和"创业区域"指标直接反映了安置区用工主体对移民的吸纳能力；"工作技能"和"工资收入"则直接关联移民的个人就业能力和生活质量。

5. 可操作性

指标体系应具有可操作性，即能够在实际中应用为政策制定和干预措施提供科学依据。本文的指标体系不仅具有理论上的合理性，还具有很强的可操作性。通过收集和分析相关数据，结论可以直接应用于政策制定和干预措施中。

（二）指标构建与描述

提高就业质量的前提是建立适用可行、涵盖全面的就业质量评价体系，并在此基础上对就业质量的现状进行有效评价[①]。为了确保指标的科学性、规范性和客观性，在制定时，除了遵循科学性、系统性、可操作性等原则之外，还应结合搬迁移民这个特殊的群体及其特殊的群体特征[②]。

根据易地搬迁移民高质量充分就业内涵构建高质量充分就业评价指标体系，包括中观层面的搬迁安置区用工主体吸纳就业能力、产业结构与就业结构匹配、劳动力市场建设，微观层面的搬迁移民就业能力、劳动关系与权益保障、公共就业服务能力，共6个一级评价指标和16个二级指标（表4-1）。

---

① 张抗私，李善乐. 我国就业质量评价研究：基于2000—2012年辽宁宏观数据的分析 [J]. 人口与经济，2015 (6)：62-72.

② 钱芳，陈东有，周小刚. 农民工就业质量测算指标体系的构建 [J]. 江西社会科学，2013，33 (9)：189-192.

表 4-1 易地搬迁移民高质量充分就业指标体系及编码

一级指标	二级指标	对应问卷	指标及编码
安置区周边用工主体吸纳就业能力	工作区域	您工作的区域是：	省外工作=1，省内县外工作=2，县内非安置区工作=3，安置区周边工业园区工作=4，安置区周边非工业园区工作=5
		您的家庭人口就业的区域是：（多选）	省外工作、省内县外工作、县内非安置区工作、安置区周边工业园区工作、安置区周边非工业园区工作。选中=1，未选中=0
	创业区域	您在哪里创业？	省外=1，省内县外=2，本县城=3，县内乡镇（含村级）=4，安置区周边=5
产业结构与就业结构匹配	工作行业	您工作的行业属于：	工业=1，农业=2，服务业=3，其他=4
	家人就业行业	您的家人就业行业属于：（多选）	工业、农业、服务业、其他。选中=1，未选中=0
	创业行业	您主要在哪个行业创业？	商业=1，加工业=2，旅游业=3，种植养殖业=4，其他=5
劳动力市场建设	工作时间	您平均每天工作的时间是：	8小时以内（含8小时）=1，8～12小时（含12小时）=2，12小时以上=3
	工作稳定性	您的工作情况是（半年内）：	有工作（包含临时工及各种形式的工作）=1，没有工作=2，自己创业=3
		您更换工作情况：	不定期频繁更换=1，1年更换1次=2，不更换，工作较稳定=3
	就业意愿	今后，您是否想参加工作：	是=1，否=0
		您对您今后的工作有无明确的打算：	有=1，没有=2
	创业意愿	今后，您是否想创业？	是=1，否=0
搬迁移民就业能力	工作技能	您拥有的手艺或者工作技能：	瓦匠、石匠、木匠、裁缝、蜡染、电脑、刺绣、厨师、驾驶技术、其他、无；选中=1，未选中=0
	工资收入	您平均每月工作收入：	2 000元以内=1，2 000～5 000元=2，5 000元以上=3
	工作满意度	您对您的工作是否满意？	非常满意=1，满意=2，不满意=3

（续）

一级指标	二级指标	对应问卷	指标及编码
劳动关系与权益保障	劳动关系	您是否与用人单位（或其他机构）签订劳动合同（或者劳动协议）？	是＝1，否＝0
		您的家人是否与用人单位签订劳动合同？	与用人单位签订劳动合同＝1，与用人单位没有签订劳动合同＝2，有的家人签订，有的家人没有签订＝3
	社会保障	您所工作的单位是否为您购买社会保险？	是＝1，否＝0
		您家人所工作的单位是否为他（她）购买社会保险？	购买＝1，没有购买＝2，有人家用人单位购买，有的家人用人单位没有购买＝3
公共就业服务能力	就业培训	搬迁以来，您是否接受过工作技能培训？	是＝1，否＝0
		您接受培训次数是____次	填写的是实际培训次数
		您认为所接受的培训与所从事的工作有无关联？	有＝1，没有＝0
		您认为培训是否对您有帮助？	是＝1，否＝0
		如果有帮助，主要体现在：	帮助找到工作、帮助掌握新的工作技能、帮助开阔视野、帮助改变传统思想、帮助提升自己、其他；选择＝1，未选中＝0
		如果没有帮助，主要原因是：	培训流于形式＝1，培训内容深奥，听不懂＝2，培训教师讲课听不懂＝3，培训与实际工作不相吻合＝4，培训实践操作少＝5，其他＝6
	创业扶持	您最希望得到哪些政策支持？	减免店面租金＝1，提供创业条件＝2，税收优惠＝3，政府贴息贷款＝4，其他＝5

1. 安置区周边用工就业能力

"工作区域"和"创业区域"作为二级指标，在评估"安置区周边用工主体吸纳就业能力"时具有显著的理论和实践意义。它们不仅能够全面反映用工主体在地理空间上的吸纳能力，还能通过促进就业多样性、激发创业活力和优化资源配置等方式有力支撑易地搬迁移民高质量充分就业。

　　在构建易地搬迁移民高质量充分就业的指标体系时，针对一级指标"安置区周边用工主体吸纳就业能力"，选择"工作区域"和"创业区域"作为二级指标，主要是基于以下几个方面的考虑。首先，从理论层面来看，"工作区域"和"创业区域"直接关联安置区周边用工主体对搬迁移民的吸纳范围和能力。工作区域反映了搬迁移民在安置区内就业的地理分布，它不仅能够体现用工主体在地理空间上的布局，还能间接揭示不同区域对搬迁移民就业的吸引力。而创业区域则关乎搬迁移民在安置区内的创业活动，它体现了安置区对创业活动的支持和资源分布，也是评估用工主体吸纳创业人才能力的重要指标。这两个指标共同构成了评估用工主体吸纳就业能力的核心维度。其次，从实践角度来看，考察"工作区域"和"创业区域"有助于深入了解安置区内就业和创业活动的实际情况。通过对比不同区域的搬迁移民就业和创业情况，可以识别出哪些区域用工主体吸纳能力强，哪些区域相对较弱。这有助于政策制定者有针对性地采取措施，优化安置区内的就业和创业环境，提升用工主体的吸纳能力。

　　"工作区域"和"创业区域"两个二级指标有力支撑易地搬迁移民高质量充分就业。一是促进就业多样性。"工作区域"的多样性可以反映安置区对搬迁移民就业吸纳的广泛性和包容性。不同的工作区域可能涉及不同的行业、岗位和技能需求，这有助于搬迁移民根据自身条件和兴趣选择适合自己的工作岗位，实现人岗匹配，从而提升就业质量。二是激发创业活力。"创业区域"的丰富性可以体现安置区对创业活动的支持力度。通过提供多样化的创业区域和丰富的创业资源，可以激发搬迁移民的创业热情，鼓励他们将创新想法转化为实际行动，从而创造更多的就业岗位和经济增长点。三是优化资源配置。通过对"工作区域"和"创业区域"的考察，政策制定者可以更加精准地了解安置区内的就业和创业需求，从而优化资源配置，提高资源利用效率。例如，可以在就业需求旺盛的区域增加公共服务设施，提升就业服务水平；在创业活跃的区域加强创业孵化器和创业导师队伍的建设，为易地搬迁移民提供更好的创业支持。

2. 产业结构与就业结构匹配

在构建易地搬迁移民高质量充分就业的指标体系时，针对一级指标"产业结构与就业结构匹配"，选择"工作行业"作为二级指标，主要基于以下几个方面的考虑。首先，从理论层面来看，"工作行业"直接反映了易地搬迁移民就业的行业分布情况。它是评估产业结构与就业结构匹配程度的关键指标之一。通过考察易地搬迁移民在不同行业中的就业情况，可以了解产业结构与就业结构之间的协调性和一致性，进而判断是否存在产业结构与就业结构不匹配的问题。其次，从实践角度来看，"工作行业"的多样性对易地搬迁移民的高质量充分就业具有重要意义。不同行业对易地搬迁移民的吸纳能力不同，就业前景也有所差异。通过考察"工作行业"，可以识别出哪些行业是主要就业领域，哪些行业具有发展潜力。这有助于政策制定者针对性地制定就业促进政策，优化产业结构，提高就业质量。

"工作行业"有力支撑易地搬迁移民高质量充分就业。一是促进产业结构优化。通过分析"工作行业"的分布情况，可以了解安置区内的产业结构现状。如果发现某些行业存在过度集中或发展滞后的问题，可以有针对性地采取措施进行优化调整，促进产业结构的合理化和高级化。这有助于提高产业竞争力，为易地搬迁移民提供更多高质量的就业机会。二是提升就业质量。不同行业对就业者的技能要求和提供的薪资水平存在差异。通过考察"工作行业"，可以了解各行业的就业质量情况。政策制定者可以据此制定差异化的就业促进政策，鼓励易地搬迁移民向高质量就业行业转移。同时，也可以加强职业教育和培训，提升易地搬迁移民的技能水平和就业竞争力。三是增强就业稳定性。就业稳定性是高质量充分就业的重要体现之一。通过分析"工作行业"的稳定性情况，可以了解哪些行业具有较为稳定的就业前景和较低的失业风险。政策制定者可以鼓励易地搬迁移民向这些行业集中，从而降低失业风险。

3. 劳动力市场建设

在构建易地搬迁移民高质量充分就业的指标体系时，针对一级指标

"劳动力市场建设"，选择"工作时间""工作稳定性""就业意愿""创业意愿"作为二级指标，主要基于以下几个方面的考虑。

首先，理论上，这 4 个二级指标能够全面反映劳动力市场的建设情况。"工作时间"反映了易地搬迁移民在安置区内就业的工作时间情况，是评估劳动力市场工作条件的重要维度。工作时间反映了劳动力市场的劳动强度和工作条件，较短的工作时间可能表明劳动力市场较为规范，劳动者权益得到较好保障；较长的工作时间可能表明劳动力市场存在过度劳动的问题。合理的工作时间不仅有助于保障易地搬迁移民的休息权益，还能提高工作效率和就业满意度。"工作稳定性"体现了易地搬迁移民在安置区内就业的稳定性情况，是评估劳动力市场就业质量的关键指标。工作稳定性反映了劳动力市场的就业质量和稳定性，较高的工作稳定性表明劳动力市场较为成熟，劳动者能够获得长期稳定的工作；频繁更换工作可能表明劳动力市场存在不稳定因素，如就业机会不足或劳动关系不稳固。稳定的工作有助于提升易地搬迁移民的生活质量和心理安全感，降低失业风险。"就业意愿"反映了易地搬迁移民在安置区内就业的意愿和积极性，是评估劳动力市场供需匹配程度的重要方面。强烈的就业意愿有助于促进劳动力市场的供需平衡，提高就业效率和满意度。"创业意愿"体现了易地搬迁移民在安置区内创业的意愿和动力，是评估劳动力市场创业环境的重要指标。激发创业意愿有助于为安置区创造更多的就业机会和经济增长点，推动经济多元化发展。

其次，实践上，通过考察"工作时间"和"工作稳定性"，可以了解安置区内劳动力市场的实际工作情况，识别出存在的问题和短板，为政策制定提供有力支持。例如，如果发现工作时间过长或工作稳定性不足，可以有针对性地采取措施加以改善，如加强劳动法规的宣传和执行力度，提高劳动合同的签订率等。通过调查"就业意愿"和"创业意愿"，可以了解易地搬迁移民的就业需求和创业动力，为劳动力市场提供精准的服务和支持。例如，可以根据就业意愿开展有针对性的就业培训和职业指导服务，根据创业意愿提供创业指导和资金扶持等。

4. 搬迁移民就业能力

在构建易地搬迁高质量充分就业的指标体系时，针对一级指标"搬迁移民就业能力"，选择"工作技能""工资收入""工作满意度"作为二级指标，主要基于以下几个方面的考虑。

首先，从理论层面来看，这3个二级指标能够全面反映搬迁移民的就业能力。"工作技能"直接关联搬迁移民的职业能力和市场竞争力，不仅是搬迁移民能否顺利就业的基础，也是实现高质量就业的关键因素。"工资收入"是衡量搬迁移民就业质量的重要指标之一，不仅反映了搬迁移民的经济状况，还体现了他们在就业市场上的价值。"工作满意度"则反映了搬迁移民对工作的主观感受和评价，关系搬迁移民的就业稳定性和生活质量，也是评估就业质量的重要维度。

其次，从实践角度来看，这3个二级指标对于支撑易地搬迁移民高质量充分就业具有重要意义。一是通过提升"工作技能"，搬迁移民可以更好地适应市场需求，提高就业竞争力，从而实现高质量就业。这有助于增强他们的自信心和归属感，促进社会稳定和经济发展。二是提高"工资收入"不仅能够改善搬迁移民的经济状况，还能激励他们更加积极地就业，提高就业稳定性。三是提升"工作满意度"有助于增强搬迁移民对工作的认同感和归属感，从而提高他们的就业稳定性和生活质量。一个满意的工作环境能够激发搬迁移民的工作热情和创造力，为区域经济发展注入新的活力。

5. 劳动关系与权益保障

在构建易地搬迁高质量充分就业的指标体系时，针对一级指标"劳动关系与权益保障"，选择"劳动关系"和"社会保障"作为二级指标，主要基于以下几点考虑。

首先，从理论层面来看，"劳动关系"和"社会保障"是评估劳动力市场和谐稳定与搬迁移民权益保障水平的核心内容。"劳动关系"直接反映了搬迁移民与用人单位之间的权利义务关系，包括劳动合同的签订、履行、变更、解除或终止等各个环节。一个和谐稳定的劳动关系有助于提升搬迁移民的工作满意度和就业稳定性，降低劳动争议的发生率，为高质量充分就业提供坚实的基础。"社会保障"则体现了搬迁移民社会保险、社会福利等方面的情况。完善的社会保障体系能够增强搬迁移民的就业安全感和归属感，提高他们参与就业市场的积极性和稳定性，从而支撑高质量充分就业。

其次，从实践角度来看，这两个二级指标对支撑易地搬迁移民高质量充分就业具有重要意义。通过考察"劳动关系"，可以了解搬迁移民在就业过程中遇到的劳动关系问题，如劳动合同签订不规范、劳动条件不达标等，进而采取措施加以解决，保障搬迁移民的合法权益。通过完善"社会保障"，可以为搬迁移民提供更加全面、可靠的社会保障服务，减轻他们的后顾之忧，提高他们参与就业市场的积极性和稳定性。例如，提供失业保险、工伤保险等，可以有效降低搬迁移民因失业或工伤而面临的经济风险，增强他们的就业安全感。

6. 公共就业服务能力

在构建易地搬迁高质量充分就业的指标体系时，针对一级指标"公共就业服务能力"，选择"就业培训"和"创业扶持"作为二级指标，主要基于以下几点考虑。

首先，从理论层面来看，"就业培训"和"创业扶持"是评估公共就业服务能力的重要维度。"就业培训"直接反映了公共就业服务机构在提供就业技能培训方面的能力和效果。通过就业培训，可以帮助搬迁移民提升职业技能和就业竞争力，使他们更好地适应市场需求，实现高质量就业。"创业扶持"则体现了公共就业服务机构在支持搬迁移民创业方面的力度和成效。创业扶持不仅有助于激发搬迁移民的创业热情和动力，还能为他们提供更多的创业机会和资源支持，从而创造更多的就业岗位和经济增长点。

其次，从实践角度来看，这两个二级指标对于支撑易地搬迁移民高质量充分就业具有重要意义。通过提供"就业培训"，公共就业服务机构可以根据市场需求和搬迁移民的实际情况，制定针对性的培训计划，帮助他们掌握必要的职业技能和知识，提高就业成功率。通过实施"创业扶持"，公共就业服务机构可以为有创业意愿的搬迁移民提供政策咨询、资金扶持、创业指导等全方位的服务，降低创业门槛和风险，激发创业活力。这两个二级指标通过提升搬迁移民的职业技能和创业能力，为他们提供更多的就业机会和创业机会，从而有力支撑易地搬迁移民高质量充分就业。同时，它们也体现了公共就业服务机构在促进就业和创业方面的积极作用和贡献。

第五章 易地扶贫搬迁移民就业服务政策评估

本章聚焦 A 省易地扶贫搬迁移民就业服务政策的系统评估，通过政策文本分析、实地访谈与量化研究相结合的方法，从政策体系、政策执行与政策效果三个维度进行分析。本章首先从政策体系演进脉络切入，梳理 2016 年以来 A 省易地扶贫搬迁移民就业相关政策并分析政策发展的四个阶段特征，即基础保障期（2016—2018 年）侧重就业兜底，技能适配期（2019—2021 年）强化产训衔接，数字治理期（2022—2023 年）推进数据赋能，当前高质量就业阶段（2024 年至今）则着力构建可持续发展机制。研究揭示稳岗补贴精准化、技能培训订单化等政策创新对就业质量提升的支撑作用。在政策执行层面，基于 49 份政策文件质性分析，重点解构促进易地搬迁移民就业政策的十大核心举措的实施逻辑，即通过"四补贴"（交通、培训、创业、社保补贴）的经济激励增强就业稳定性，依托公益性岗位托底与东西部劳务协作拓展就业渠道，创新"乡村工匠培育＋以工代赈"模式促进就地就近就业。研究特别关注数字技术的嵌入对政策执行的赋能作用，发现劳动力信息数据库与就业需求有效预测可以促进岗位匹配效率有效提升。对 A 省易地搬迁移民就业促进政策的成效评估显示，A 省易地搬迁移民就业促进政策中，供给型政策为主，环境型政策次之，而需求型政策不足。另外，A 省易地搬迁移民就业促进政策在稳定就业规模、就业返贫监测、深化东西部劳务协作和职业技能培训方面均取得较大的成效。

一、易地搬迁移民就业服务政策体系

为了促进易地搬迁群众增收，A 省构建并深化易地搬迁移民后续扶持"五个体系"建设，其中在"培训和就业服务体系"方面共形成了 23 份直接相关的政策文本。A 省就业服务政策体系涉及稳岗拓岗、劳务输出、职业培训、就业兜底保障等内容，确保搬迁户每户就业一人以上。

（一）政策特点分析

A 省易地搬迁移民就业政策通过稳岗补贴、技能提升、兜底保障、产业协同和动态监测，构建了覆盖就业全链条的支撑体系，既注重解决短期就业问题，又通过产业培育和创业支持推动可持续发展。其特点可概括为稳岗补贴精准化、技能培训订单化、兜底保障制度化、产业发展协同化。

1. 稳岗补贴精准化

A 省按就业距离（县内/跨县/跨省）、技能等级（初/中/高级）、人员类别（脱贫户/搬迁户/低收入群体）、就业主体吸纳就业规模等设定阶梯式补贴标准，体现了政策设计从"广覆盖"向"精准发力"的转变，其核心在于通过差异化、动态化的补贴机制，精准锁定稳岗需求主体，强化就业稳定性。具体而言，政策以三类群体（脱贫人口、易地搬迁劳动力、农村低收入人口）和两类主体（吸纳就业企业、就业帮扶载体）为靶心，构建了多层次的稳岗补贴体系。其一，补贴对象精准分层。例如，对跨县稳定就业 3 个月及以上的脱贫劳动力发放交通补助，而对签订 1 年以上劳动合同且缴纳社保的企业，则按每人 500 元的标准发放吸纳补贴，既区分了个人流动成本与企业用工责任，又通过"就业时长＋合同约束"双重门槛，筛选出真实稳岗需求。其二，补贴标准动态适配。政策根据经济环境与产业特点灵活调整，如对易地搬迁社区小微企业提供最高 400 万元创业担保贷款，并依据企业规模设定差异化贴息比例，既缓解企业短期资金压力，又通过长期低息贷款激励其持续吸纳就业。其三，补贴发放与成效挂钩。例

如，省级就业帮扶车间、基地需通过认定并实现稳定带贫效果方可获得 1
万元至 10 万元奖补，公益性岗位补贴根据履职监管结果动态调整，形成
"补贴—考核—续补"闭环，避免资金空转。其四，数据赋能精准触达。依
托就业增收率、政策落实率等监测指标，实时追踪补贴资金使用效率，并借
助大数据分析识别零就业家庭、就业波动区域，实现补贴资源的按需调配。
这种精准化设计，既避免了"大水漫灌"式补贴的低效问题，又通过"政策
工具—主体需求—社会效益"的精准匹配，将稳岗补贴从"输血"手段升
级为"造血"机制，为搬迁群众长期稳定就业提供了制度化保障。

2. 技能培训订单化

A 省易地搬迁移民就业服务政策中的"技能培训订单化"特点，体现
了以需求为导向、以就业为目标的精准培训机制，其核心是通过"市场定
需求—政府搭平台—培训链产业"的闭环设计，破解搬迁劳动力技能与岗
位需求脱节的痛点。具体而言：

其一，培训内容精准匹配产业需求。政策明确要求围绕安置区主导产
业和用工缺口开展"订单式培训"，直接将培训内容锚定本地特色产业和
新兴岗位。其二，培训主体深度联动市场主体。鼓励企业、合作社等用工
单位参与培训设计，鼓励用工主体"以工代训"，允许企业通过岗位实践
替代传统授课，劳动者"边干边学"，企业按实际用工成本申领补贴。其
三，培训效果与就业结果强挂钩。政策通过考核机制确保培训实效，要求
培训后劳动力"一户一人以上稳定就业"。其四，培训形式动态适配就业
趋势。政策从早期全员培训转向细分行业培训，依托岗位数据分析动态调
整培训课程，并针对零就业家庭开展"一对一"技能培训服务。将技能培
训从"普惠性投入"升级为"生产性投资"，既降低了企业用工成本，又
提升了搬迁劳动力的市场竞争力和就业稳定性，成为 A 省推动易地搬迁
移民"稳得住、能致富"的关键支撑。

3. 兜底保障制度化

A 省易地搬迁移民就业服务政策中的"兜底保障制度化"特点，体现
了通过规范化、长效化的机制设计，为就业困难群体构建"最后一道安全

网"的政策导向。其核心是将公益性岗位开发、动态监测与精准帮扶纳入制度化轨道，确保兜底保障的稳定性与可持续性。其一，公益性岗位开发标准化。政策明确将脱贫劳动力、易地搬迁人口、农村低收入群体等六类人员纳入乡村公益性岗位覆盖范围，并根据岗位性质设定普通岗 400 元/月、技术岗 600 元/月的统一补贴标准，避免政策执行中的随意性。同时，文件严格限定"总量控制、适度开发"原则，防止岗位泛滥导致的财政负担与效率损耗。其二，监管机制刚性化。政策通过"一人一岗""人岗相适"等硬性约束，杜绝"一人多岗""优亲厚友"等乱象，并建立"补贴—考核—退出"的动态管理机制，确保公益性岗位精准投放。其三，动态监测与清零制度化。政策将"零就业家庭动态清零""一户一人以上稳定就业"列为强制性目标，并依托"就业增收率"指标实时追踪保障效果，形成"识别—干预—反馈"的闭环管理。其四，资金来源与分配规范化。政策明确规定公益性岗位补贴从就业补助资金、乡村振兴衔接资金等专项渠道列支，避免资金挪用风险；同时通过"政策落实率"监测，确保资金支付达到所规定比例，保障政策能够落地。这种将兜底保障从临时性救济升级为系统性制度的安排，既通过刚性规则防止政策异化为"福利陷阱"，又以稳定预期增强弱势群体的就业安全感，为易地搬迁移民"稳得住、不返贫"提供了坚实的制度支撑。

4. 产业发展协同化

产业发展协同化体现了以产业升级带动就业扩容、以就业服务反哺产业发展的双向赋能逻辑，其核心是通过政策工具整合产业链、就业链与培训链，形成"产业培育—岗位创造—技能适配"的良性循环。第一，产业布局与就业载体深度绑定。政策将扶贫车间、小微企业等就业载体作为产业发展的支点，如在易搬社区发展苗绣编织等特色帮扶车间，既依托非遗资源形成特色产业，又为搬迁群众创造了家门口就业岗位，实现"一产带一岗"。第二，产业政策与就业激励双向联动。政策通过"采购订单倾斜""创业担保贷款"等工具打通产业供需堵点，如 2024 年《关于支持易搬社区就业帮扶车间可持续发展的通知》规定政府采购优先向易搬社区车间采购，并对其产品预留份额、给予价格优惠，既保障产业市场空间，又通过订单驱动扩大用工需求；同时，对吸纳搬迁劳动力的企业给予最高 400 万元贷款和 50% 贴息，以金融支持降低企业用工成本，激发产业扩张与就业吸纳的协同效应。第三，技能培训与产业需求精准适配。政策将培训内容嵌入产业链条，"技能"行动计划、"以工代训"等，允许企业结合生产实际开展岗位实训，确保培训成果直接转化为产业生产力。第四，跨部门协同推动产业就业融合。政策构建人社、财政、农业农村、生态移民等多部门联动机制，要求发展改革部门统筹以工代赈项目、农业农村部门推动乡村产业振兴、生态移民部门对接安置区资源，共同破解"产业孤立化、就业碎片化"问题。通过产业与就业的协同化路径，既避免产业"空心化"导致的就业不可持续，又防止就业政策脱离产业基础的资源错配，为易地搬迁移民实现"稳就业"与"兴产业"双重目标提供了系统性解决方案。

（二）政策演进趋势

A 省促进易地扶贫搬迁移民就业的政策演变遵循"生存保障—技能提升—系统优化—高质量发展"的路径，政策工具从单一补贴转向"产业＋金融＋数据"复合支持，治理模式从部门分立转向跨部门协同形成治理合力。具体呈现以下四个阶段。

1. 基础保障与全员覆盖（2016—2018 年）

（1）核心目标。解决搬迁群众"有业可就"的生存性问题。

（2）政策重点。一是全员培训兜底。2017 年发布的《省人民政府关于做好当前和今后一段时期就业创业工作的实施意见》提出"贫困劳动力全员培训"，要求每个贫困户（含易地搬迁户）至少一人掌握技能，确保基本就业能力。二是公益性岗位开发。2017 年发布的《省人民政府办公厅关于印发 A 省精准推进贫困劳动力全员培训促进就业脱贫工作方案的通知》规定按照"总量控制、适度开发"原则，优先安置深度贫困群体，设定普通岗 400 元/月、技术岗 600 元/月的补贴标准，缓解短期就业压力。三是劳务输出主导。2016 年发布的《A 省易地扶贫搬迁就业和产业扶持实施意见》强调劳务输出与就近就业结合，但政策工具以交通补贴

（如跨县务工补贴 500 元/人）为主，覆盖面广但精准性不足。

2. 技能适配与产业联动（2019—2021 年）

（1）核心目标。提升就业稳定性，推动技能与产业需求匹配。

（2）政策重点。一是订单式培训深化。2020 年发布的《关于高质量推进易地扶贫搬迁后续扶持工作的意见》提出"培训与就业服务一体化"，结合非遗传承、文旅服务等特色岗位定制课程，培训后直接对接企业用工。二是产业载体建设。2020 年《省人民政府办公厅关于进一步加强易地扶贫搬迁群众就业增收工作的指导意见》要求"在安置区周边兴建扶贫车间"，对带贫效果显著的企业给予最高 20 万元奖励，推动形成"产业培育-岗位创造"的链条。三是动态监测机制。2021 年《A 省人力资源社会保障厅关于进一步做好脱贫人口就业帮扶工作的通知》提出建立"零就业家庭动态清零"目标，强化就业动态监测，注重以就业稳定性为考核目标。

3. 数据赋能与协同治理（2022—2023 年）

（1）核心目标。提升政策精准度与执行效率。

（2）政策重点。一是大数据驱动服务。2022 年 A 省印发《A 省易地扶贫搬迁工作领导小组关于印发〈A 省促进易地扶贫搬迁群众增收三年工作方案（2022—2024 年）〉的通知》，提出建立跨区域劳务协作机制、实施"技能"行动计划、开发非遗传承和文旅服务等特色岗位。其中，"技能"行动计划旨在通过职业教育与技工教育的融合发展，壮大高技能人才队伍，完善职业技能培训基础设施，引入岗位需求数据分析，动态调整培训课程，实现"需求捕捉—课程迭代—精准推送"闭环。二是多部门协同机制。2022 年《A 省人力资源社会保障厅等六部门关于转发〈人力资源社会保障部　发展改革委　财政部　农业农村部　国家乡村振兴局关于做好 2022 年脱贫人口稳岗就业工作的通知〉的通知》明确了人社、财政、农业农村等多部门的分工，发展改革部门主导以工代赈项目，生态移民部门对接安置区资源，形成跨部门合力，共同推进易地搬迁人口稳岗就业工作。三是金融工具支持。2023 年《A 省创业担保贷款实施办法（试行）》扩大创业担保贷款规模至 400 万元（最高不超过 400 万元），对符合条件的创业担保贷款，财政部门给予贷款实际利率50％的财政贴息，降低企业用工成本，通过创业担保贷款支持就业和产业发展。

4. 高质量就业与可持续发展（2024年至今）

（1）核心目标。推动就业质量跃升，实现"稳得住、能致富"。

（2）政策重点。一是产业链深度嵌入。2024年《关于支持易搬社区就业帮扶车间可持续发展的通知》要求"适宜由易搬社区就业帮扶车间提供的，鼓励采购人通过内部控制程序优先向易搬社区就业帮扶车间采购"，以订单驱动产业升级与用工需求扩容。二是技能提升与产业发展共同推进。"以工代训"由"传统学徒制"向"市场化、制度化、数字化"的职业技能提升与产业发展共同推进。企业结合生产实际开展岗位实训，政府按用工成本补贴，形成"培训即生产、生产促就业"的良性循环。三是长效监测体系。2023年《易地扶贫搬迁后续扶持成效指标监测实施方案》将"就业增收率""资金使用率"纳入基层政府年度目标考核，要求搬迁家庭年人均纯收入增速不低于脱贫人口平均水平，政策重心从"保就业"转向"促增收"。

二、易地搬迁移民就业服务政策评价

本文将罗特韦尔和泽福德的三类政策工具与易地搬迁移民就业的中观、微观维度进行具体结合，细化政策工具的操作性定义并关联到实际政策落地场景中，适配新的解释框架，实现政策工具与就业促进目标的精准匹配，推动易地搬迁移民高质量充分就业的系统性。供给型政策是指政府通过直接资源投入（资金、技术、人力）弥补市场供给不足，提升目标群体能力或基础设施水平，在就业领域主要通过技能培训和基建投入直接提升移民就业能力与企业吸纳力。环境型政策是指政府通过法规、税收、标准等塑造外部环境，激励或约束行为体选择，在就业领域具体体现为利用税收优惠和法规约束优化就业环境。需求型政策是指政府通过市场干预或公共采购直接创造需求，拉动目标行为体的参与，在就业领域主要以政府采购和岗位配额创造市场需求。

（一）样本说明与编码规则

本书共收集了 49 份有关促进易地搬迁移民就业的政策文本。首先，对政策文本进行清洗，清除每一份政策文本中与就业不相关的内容；其次，对每一份政策文本资料进行编码；再次，识别政策工具的共现主题；最后，形成政策工具及文本矩阵（表 5-1）。其中编码规则为：如果只有政策文本的"题名"能够对应政策工具类型中的某一个主题应用解释，就只标记政策文本的编号即可；如果政策文本中对应的段落只有一级标题，编码就是"政策文本编号-一级标题"；如果政策工具类型对应的政策文本中有二级标题段落（无三级标题情况下），那么编码就是"政策文本编号-一级标题-二级标题"，注意这里的一级标题不需要对应政策工具中的应用解释，只需要二级标题或者核心关键词对应政策工具中的应用解释即可；如果政策文本的内容能够对应政策工具类型任何一个应用解释，政策文本中有三级标题的，那么编码为"政策文本编号-一级标题-二级标题-三级标题"。

表 5-1 政策工具及文本矩阵

政策工具类型	次级政策工具	应用解释	政策文本编码
供给型（S）	政府通过直接资源投入（资金、技术、人力）弥补市场供给不足，提升目标群体能力或基础设施水平。	通过技能培训和基建投入直接提升移民能力与企业吸纳力。企业补贴与技术支持、用工主体能力建设、特色产业孵化基地、就业信息平台开发、职业技能培训、创业孵化支持、社区就业服务站建设、搭建就业帮扶车间、共建就业基地、交通补贴、创业补贴、技能培训补贴等。	5-3-2、5-3-5、1-1-2、4-1-1、1-1-1、4-2-3、10-3-1、10-3-2、7-3-3、7-3-4、8-3-1、8-3-2、8-3-3、10-3、9-3、9-3、8-3、7-3、6-3、15-3-2、14-3-2、13-3-1、12-3-2、16-3-1、17-3、18-2、18-3-1、21-3-10、22-2-1、23-3-8、26-2-2、27-2-5、31-2-1、32-3-2、33-1、36-4-12、37-1、45-2-4、43-2-6、46-2-7、49-3-5

（续）

政策工具类型	次级政策工具	应用解释	政策文本编码
环境型（E）	政府通过法规、税收、标准等塑造外部环境，激励或约束行为体选择。	利用税收优惠和法规约束优化就业环境。税收减免政策、劳动法规强化、产业准入标准、反就业歧视法规、劳动仲裁机制、社会保障全覆盖、服务质量标准、企业吸纳补贴、保险补贴（通过降低成本激励企业雇佣移民）、税收减免、房租减免等。	4-3-7、10-4、9-7、9-2-1、9-2-2、9-2-3、6-2-2、6-2-3、6-3-4、6-3-5、8-4、7-4、15-4-3、14-7-3、13-4-3、12-4-2、16-2-2、17-4-1、18-3-1、21-2-2、23-2-4、29-1、29-7、34-2、38-1、44-1-2、42-2、48-1-2、47-4-1.
需求型（D）	政府通过市场干预或公共采购直接创造需求，拉动目标行为体的参与。	以政府采购和岗位配额创造市场需求。政府购买服务岗位、基建项目用工配额、本地产品优先采购、就业创业竞赛、定向岗位创造、就业服务外包。开发公益性岗位、以工代赈（政府主导的岗位创造）等。	4-2-4、1-1-2、9-2、6-2、15-2-1、14-2-1、13-2-1、12-2-1、16-1-1、17-1-1、18-1-1、21-3-3、28-6-2、30-3-3、31-2-7、32-3-3、36-2-6、45-2-6、41-2-2、46-2-6

（二）结果分析

表5-1显示，A省易地搬迁移民就业促进政策以供给型政策为主，环境型政策次之，而需求型政策不足。供给型政策通过直接资源投入提升移民就业能力与企业吸纳力，主要涉及直接资源投入，如技能培训、基建项目、企业补贴等，能够快速提升移民技能水平和安置区基础设施，占比为46%。环境型政策通过法规和激励措施优化就业环境，包括税收减免、劳动法规、社保补贴等激励或约束措施，能够通过制度约束降低企业用工成本，增强长期稳定性，占比约32%。需求型政策的核心在于通过政府干预直接创造就业需求，以政府购买岗位、基建用工配额等直接创造需求的政策为主，直接拉动就业需求，缓解短期就业压力，占比为20%。

三 易地搬迁移民就业服务政策执行

（一）稳岗补贴

A省从省级层面制定《省人力资源社会保障厅等六部门关于切实加强就业 帮扶巩固拓展脱贫攻坚成果助力乡村振兴的实施意见》，该政策涉及的稳岗补贴包括省外就业一次性交通补贴、一次性求职创业补贴、一次性跟踪服务补贴（补企业）；吸纳就业一次性补贴（补企业）、保险补贴（实际缴费的 2/3）、就业帮扶车间补贴（补企业）、一次性创业补贴、场租补贴、灵活就业社会保险补贴（实际缴费的 2/3）、城镇公益性岗位补贴、职业技能提升补贴、以工代训补贴等。市（州）根据该文件制定市级文件，并且明确各项稳岗补贴的资金来源，各县（区）依据市级文件制定指导性政策文件，执行标准与省级文件标准相同。

1. 一次性交通补贴

调研的不同县在执行一次性交通补贴时有区别。区别主要体现在：一是部分县区东西部协作中的一次性交通补贴，稳定东部就业的交通补贴较高；二是一次性交通补贴的年度执行标准不一。调研的具体情况如下：

JP县（西部）稳定在佛山（东部）就业的一次性交通补贴为 2 000 元/（人·年）。2023 年，JP县劳动力到省外（非结对帮扶关系）务工的，按照年纯收入分类进行交通补贴，即年人均纯收入在万元以上的脱贫劳动力补助标准为 500 元/（人·年）；年人均纯收入在万元以下的低收入脱贫劳动力补助标准为 1 000 元/（人·年）。2024 年，JP县外出到非结对帮扶关系地区务工的，统一执行 500 元/（人·年）的一次性交通补贴标准。

PB区在过渡期（2021—2024 年）内执行的外出务工就业一次性交通补贴标准每一年都不一致。2021 年补贴标准为：在省外连续稳定就业 3 个月以上（含 3 个月）并且在广东省境内的，按 800 元/人申报一次性交通补贴；在广东省以外的，按 400 元/人申报一次性交通补贴。2022 年补贴标准为：第一，通过政府有组织输出的实行差额补贴，输出广东省稳定就业 3 个月以上（含 3 个月）的人员补贴 200 元/（人·年），输出省外其他地区稳定就业 3 个月以上（含 3 个月）人员按 200 元/（人·年）的标准进行补贴。第二，自行前往广东省稳定就业 3 个月以上（含 3 个月）的人员按 500 元/（人·年）的标准进行补贴，自行前往省外其他地区稳定就业 3 个月以上（含 3 个月）的人员按 400 元/（人·年）的标准进行补贴。2023 年的补贴标准为：年人均纯收入在万元以上的补贴标准为 500 元/（人·年）；年人均纯收入在万元以下的补贴标准为 1 000 元/（人·年）。2024 年补贴标准统一为 500 元/（人·年）。

　　LL 县过渡期（2021—2024 年）内的一次性交通补贴标准也不一致。2021 年和 2022 年，对新跨省务工且稳定就业 3 个月及以上的脱贫人口（含监测帮扶对象），适当安排一次性交通补贴，最高不超过 500 元。2023 年补贴标准为，年人均纯收入在万元以上（以申报时上一年度收入统计信息为准）的脱贫劳动力补贴标准为 500 元/（人·年）；年人均纯收入在万元以下的低收入脱贫劳动力（以申报时上一年度收入统计信息为准）补贴标准为 1 000 元/（人·年）。符合条件的脱贫劳动力每年可申报一次。2024 年补贴标准统一执行 500 元/（人·年）的补贴标准。

2. 培训补贴

　　根据就业补助资金管理办法相关文件，结合工作实践，涉及易地搬迁移民的培训补贴包括以下 4 种。

　　（1）职业培训补贴。就业技能培训补贴主要对"五类人员"[①] 提供。根据 A 省《精准推进贫困劳动力全员培训促进就业脱贫工作方案的通知》，一般技能培训补贴按每人每天 100 元执行，急需、紧缺工种培训补贴标准可适当提高。《A 省农民全员培训三年行动计划（2019—2021 年）》规定，护工、家政培训补贴按每人每天 110 元执行。同时，该文件中对农村脱贫劳动力参加培训的每人每天的生活补助费 40 元。

---

　　① 五类人员包括贫困家庭子女、毕业年度的高校毕业生（含技工院校高级工班、预备技师班和特殊教育院校职业教育类毕业生）、城乡未继续升学的应届初高中毕业生、农村转移就业劳动者、城乡登记失业人员。易地搬迁家庭多数属于贫困家庭，属于"五类人员"中的第一类。

（2）职业技能鉴定补贴。对通过初次职业技能鉴定并取得职业资格证书或职业技能等级证书的"五类人员"，给予职业技能鉴定补贴，补贴标准按照 A 省职业技能鉴定收费标准据实补贴，每人只享受一次。《A 省精准推进贫困劳动力全员培训促进就业脱贫工作方案的通知》中规定，初级职业资格证书技能鉴定补贴每人 200 元，专项能力证书技能鉴定补贴每人 100 元。

（3）创业培训补贴。创业培训补贴指对"五类人员"开展创业培训，根据培训合格证书类型（GYB、SYB、网络创业培训等），给予每人每天 100～200 元不等的培训补贴。

（4）企业职工岗位技能培训。对企业新录用的"五类人员"，取得职业资格证书后，给予企业或职工个人一次性职业培训补贴，补贴标准为每人 500～2 000 元不等。

（5）企业新型学徒制培训。主要是对企业开展新型学徒制培训，培训后取得中级以上职业资格证书的，给予企业每人每年不低于 4 000 元的培训补贴，补贴期限不超过 2 年。

（6）经营主体对建档立卡贫困劳动力和易地扶贫搬迁劳动力开展以工代训职业培训补贴。对吸纳建档立卡贫困劳动力和易地扶贫搬迁劳动力就业并开展以工代训的生产经营主体，根据吸纳人数，给予每人每月 500 元的职业培训补贴，最长不超过 6 个月。

3. 创业补贴

创业补贴涉及自主创业补贴（一次性创业补贴）、创业场所租赁补贴和优秀创业项目补贴。对首次创办小微企业或从事个体经营且正常经营 1 年以上的就业困难人员，给予一次性 5 000 元创业补贴。对租用符合规划、安全和环保要求的经营场地创业且未享受场地租赁费用减免的就业困难人员，给予每月 500 元的场租补贴，实际月租金低于 500 元的据实补贴，补贴期限最长不超过 3 年。对获奖的新技术、新成果、新工艺等优秀创业项目，给予最高不超过 3 万元的支持。在创新创业政策方面，各市州、县区按照省级标准无差别执行。

4. 社会保险补贴

在就业困难人员社会保险补贴相关政策中，对招用就业困难人员并缴纳社会保险的单位，以及通过公益性岗位安置就业困难人员并缴纳社会保险的单位，按其为就业困难人员实际缴纳的基本养老保险、基本医疗保险、失业保险和工伤保险给予补贴。对就业困难人员灵活就业后缴纳的社会保险，给予一定数额的社会保险补贴，补贴标准原则上不超过其实际缴费的 2/3，补贴期限最长不超过 3 年。除此之外，部分地市（州）实行"就业险"，如 AG 市出台了《市生态移民局 市人力资源和社会保障局 市财政局 市乡村振兴局关于做好全市易地扶贫搬迁劳动力"就业险"和搬迁群众"安居险"试点工作的通知》，PB 区根据该政策执行易地搬迁移民"就业险"和"安居险"：2023 年度安居险为 15 元/人，就业险为 20 元/人；2024 年度安居险调整为 14 元/人，就业险调整为 18 元/人。资金来源方面，市级财政承担 20%，县级财政承担 80%。

（二）就业援助

就业援助补贴聚焦易地搬迁和建档立卡贫困劳动力中的就业困难人员，旨在促进就业脱贫，鼓励其通过就业、劳动获得收入，既可以帮助就业困难人员实现持续增收、稳定脱贫，又能激发其内生动力，避免"养懒汉"和"不劳而获"等不良现象的发生，同时还促进乡村环境改善、助推乡村振兴。A 省人社厅牵头会同省扶贫办、省生态移民局和省财政厅，经省政府同意后，联合出台《关于做好就业扶贫援助补贴发放工作促进贫困劳动力就业脱贫的通知》，为易地扶贫搬迁和建档立卡贫困劳动力中，女年满 45 周岁以上、男年满 50 周岁以上人员、残疾人、易地扶贫搬迁零就业家庭劳动力和因照顾老人、儿童、病人等原因无法外出务工人员，通过治安巡防、公共产业巡护、农村"组组通"公路养护等巡防巡护类，养老服务、五保户服务、留守儿童看护等邻里互助类，村寨保洁、河道管护、农村"组组通"工程等一线公共服务类，就业扶贫信息统计收集、就业扶贫服务等协助管理类岗位实现就业的，及通过、依托各类农民专业合作社

（种养大户、家庭农场）、就业扶贫车间、就业扶贫示范基地及各类园区企业开发就业扶贫援助专岗实现就业的，或从事刺绣、银饰加工、特色编织、来料加工等居家就业的，且收入较低的人员提供 5 万个就业扶贫援助补贴指标，按照每人每月 400 元的标准给予补贴，资金来源于就业补助资金。

（三）开发公益性岗位

乡村公益性岗位是指在乡村范围内（含易地搬迁安置区），由各类单位开发使用，行政主管部门或当地人民政府认定，以实现公共利益、促进乡村振兴和安置乡村就业困难人员为目的的非营利性公共服务类、公共管理类岗位。A 省出台《城镇公益性岗位开发管理办法》《乡村公益性岗位开发管理办法》等政策，对岗位类别与职责、补贴标准与资金渠道、岗位开发与申报、人员聘用与补贴申领、人员管理与退出等做了方向性的规定。加大各类岗位统筹使用力度，保持脱贫人口、易地搬迁人口、就业困难人员等重点群体就业规模总体稳定。对通过市场渠道难以实现稳定就业的脱贫劳动力、易地搬迁劳动力、农村低收入劳动力、零就业家庭劳动力等就业困难群体，统筹开发乡村公益性岗位兜底安置就业。截至 2023 年，A 省乡村公益性岗位在岗 41.52 万人，其中，脱贫劳动力 36.63 万人，易地搬迁劳动力 4.80 万人，累计发放补贴 29.95 亿元。

公益性岗位具体措施。一是台账管理，按照"按需设岗、以岗聘任、在岗领补、有序退岗"的管理机制，对全省城乡公益性岗位的结构、类型进行梳理，做到一人一岗，避免出现同一地区密集设置同一类型岗位的问题，对在岗人员加强管理，避免出现吃空饷、超范围、超标准发放补贴等问题。二是注重日常管理。对消极怠工等不合格人员及时进行清理，确保岗位能帮助到真正有需要的就业困难人员。三是规范岗位开发管理，对通过市场渠道难以实现就业的困难人员，通过公益性岗位进行托底安置。城镇公益性岗位安置期限一般为 3 年，距离退休年龄不足 5 年的人员可延长至退休。乡村公益性岗位新聘用人员一般不超过 60 周岁，有条件的地方，在劳动者身体健康、能够胜任岗位工作的前提下，年龄可放宽至65周岁。

公益性岗位补贴标准。根据A省《就业补助资金管理办法》，对公益性岗位安置的就业困难人员给予岗位补贴，补贴标准按当地最低工资标准的100%执行。公益性岗位补贴的40%以上由用人单位承担。公益性岗位补贴期限，除录用时距法定退休年龄不足5年的就业困难人员可延长至退休外，其余人员最长不超过3年。实践中，公益性岗位分为普通岗位、技术岗位和专项岗位，不同的岗位补贴执行标准不同。其中，普通岗位包括保洁员、巡河员、公路养护员，执行标准为400元/(人·月)；技术岗位包括就业协管员、管水员、库管员、政策宣传员、辅助调查员、动物防疫员等，执行标准为600元/(人·月)；专项岗位是指生态护林员等，由国家层面开发，执行标准为800元/(人·月)。申领人员包括脱贫劳动力、易地搬迁劳动力、农村低收入劳动力、零就业家庭劳动力、持《残疾证》的劳动力、乡村大龄劳动力（女年满45周岁及以上，男年满50周岁及以上的劳动力）和其他类型乡村就业困难人员等共7类群体。政策文件对年龄范围有一定的限制，但通过调研得知，乡村公益性岗位年龄范围限制的上限已经取消。调研的LL县、JP县和PB区均按照省级文件执行，不同之处在于管水员的补贴标准有区别，JP县管水员有400元、800元两种补贴标准，LL县有200元和600元两种补贴标准。

（四）搭建就业载体

就业载体主要是指就业帮扶车间、就业帮扶基地。省级层面出台就业帮扶车间（基地）规范化管理办法，从认定标准、认定程序、资格管理及政策支持几方面做了具体的规定。

就业帮扶车间（原就业扶贫车间）是经各级人社部门认定，以吸纳当地群众就地就近就业为目的，且吸纳脱贫人口、农村低收入人口（农村低保对象、农村特困人员、脱贫不稳定人口、边缘易致贫人口、突发严重困难户）、易地搬迁人口（以下简称"三类人员"）就业人数达到一定数量或比例的劳动密集型企业、分散式或家庭作坊式生产企业、劳务合作社等经营主体。就业帮扶车间认定标准为吸纳三类人员就业人数比例达 30％或吸纳三类人员就业人数不少于 10 人，依法签订 6 个月（含）以上劳务协议且稳定就业 3 个月（含）以上。

就业帮扶基地（原就业扶贫基地）是经各级人社部门认定，以吸纳当地群众就地就近就业为目的，且吸纳或推荐三类人员就业人数达到一定数量或比例的企业、产业园或人力资源服务单位等经营主体。就业帮扶基地的认定标准为企业吸纳三类人员就业人数不少于 20 人、产业园不少于 60人，依法签订 1 年以上劳动合同或劳务协议，工资收入不低于当地最低工资标准，按规定办理就业登记和缴纳社会保险，且实现稳定就业 6 个月（含）以上。人力资源服务单位认定为就业帮扶基地的，还需每年推荐三类人员就业 200 人以上，且协助签订 1 年（含）以上劳动合同并依法缴纳社会保险。

A 省印发了《关于支持易搬社区就业帮扶车间可持续发展的通知》，明确了支持就业帮扶车间可持续发展的 10 条政策措施，鼓励支持各地培育发展帮扶车间，吸纳搬迁群众就近就业。同时，抓住东西部协作机遇，统筹用好东西部协作资金，大力引进广东及东部地区劳动密集型企业到安置区建设帮扶车间，切实解决搬迁家庭劳动力和部分弱劳力、半劳力群众的就业需求。截至 2024 年，据生态移民局统计，A 省易地搬迁社区拥有帮扶车间 1 337 个，带动就业 12.2 万人，其中搬迁劳动力 2.28 万人。

引导就业帮扶车间吸纳就业。在地方政府和产业发展有关部门引进和建设的一批劳动密集型企业、分散式或家庭作坊式生产企业、劳务合作社等经营主体中，对吸纳脱贫劳动力、易地搬迁劳动力、农村低收入劳动力人数多、效果好的，可按规定认定为就业帮扶车间（基地），并享受相关奖补政策。截至 2024 年，A 省人社部门认定就业帮扶车间、基地 2 342个（其中安置点 844 个），累计吸纳就业 24.26 万人，其中易地搬迁劳动力 1.8 万人。

尽管省级层面已经出台指导性文件，但各市（州）在执行的过程中存在差异。调研发现，QJ 市、AG 市和 QH 市执行标准不一致。县级层面的区别，如 LL 县主要是根据就业帮扶车间吸纳三类人员的人数来区分车间等级并进行奖补，等级不同奖补不同；JP 县主要以一次性吸纳就业补助为准，就业帮扶车间吸纳一个三类人员补助 500 元，一年认定一次。根据补助资金来源不同，补助标准也不同。资金来源于中央衔接资金的，补助时无上限要求，但资金来源于东西部协作资金的，每个就业帮扶车间最高补助 3 万元。PB 区主要是东西部协作共建就业帮扶车间，新建就业帮扶车间每个补助 4 万元，往年度的每个补助 1 万元。JP 县制定《关于支持易搬社区就业帮扶车间可持续发展方案》，该文件明确了对易地搬迁社区就业帮扶车间奖补情况：对省级年度评估为较好等次的给予 5 万元奖励；对评为好等次的，在给予 5 万元奖励的基础上再按每人 500 元的标准对帮扶车间给予激励奖。资金来源于中央衔接资金。

（五）技能培训

2017 年 A 省出台的《精准推进贫困劳动力全员培训促进就业脱贫工作方案》主要针对贫困劳动力就业技能不足、就业渠道狭窄等问题，开展精准培训，激发内生动力，实现"培训一人、就业一个、脱贫一户"的目标。A 省《2018 年易地扶贫搬迁就业和社会保障工作方案》主要目标是消除有劳动力的易地扶贫搬迁"零就业"家庭，通过技能培训、就业服务等措施，拓宽就业渠道，增加就业收入，确保搬迁家庭稳定就业。A 省出台的《农民全员培训三年行动计划（2019—2021 年）》重点针对农民文化素质和技能水平较低的问题，开展感恩教育、基本政策和知识培训、文化下乡培训、脱盲再教育培训等，提升农民的综合素质和就业能力。《省人民政府办公厅关于进一步加强易地扶贫搬迁群众就业增收工作的指导意见》主要针对易地扶贫搬迁群众就业不稳定、收入来源单一等问题，提出了一系列扶持政策和措施，包括劳务输出组织化程度、就业服务、创业扶持等，促进搬迁群众稳定就业增收。《关于高质量推进 2021 年度农民全员培训和职业技能提升行动的指导意见》围绕"四化同步"和产业发展需求，高质量推进农民全员培训和职业技能提升行动。针对农民职业技能水平不高、就业质量不优等问题，开展各类职业技能培训，提升农民的就业竞争力和创业能力，促进农民增收致富。《2022 年度技能行动实施方案》主要针对技能人才短缺、职业技能培训体系不完善等问题，提出了一系列措施，包括开展职业技能培训、推动技工教育与职业教育融合发展、壮大高技能人才队伍等，为经济社会发展提供技能人才支撑。2023 年，A 省累计开展搬迁劳动力培训 3.73 万人次，其中技能培训 3.48 万人次，创业培训 0.25 万人次。

根据技能人才评价政策制度，参加技能培训后的易地搬迁劳动者符合国家职业标准对应申报条件的可参加相应的职业技能等级认定，考核合格后取得相应的职业技能等级证书。针对部分年龄偏大、文化水平低的易地搬迁劳动者，不符合职业技能等级认定申报条件的，可依据专项职业能力规范参加相应的专项职业能力考核（该考核只考核实操部分），考核合格后取得相应的专项职业能力证书。

脱贫攻坚期到有效衔接期，培训政策发生变化。一是从单一培训到综合施策。早期政策主要聚焦于单一的技能培训，后期逐渐转向综合施策，包括就业服务、产业扶持、社会保障等多方面的措施，形成全方位的就业促进体系。二是从注重数量到提升质量。早期政策注重培训人数的增加，后期更加注重培训质量和效果的提升，强调培训的针对性和实用性，以满足市场需求和劳动者就业创业的需要。三是从短期帮扶措施到长效机制。早期政策多为短期的帮扶措施，后期逐渐建立起长效机制，如持续的就业服务、动态监测、政策扶持等，确保搬迁群众和脱贫劳动力能够实现长期稳定就业增收。四是从分散实施到统筹协调。早期政策实施较为分散，后期更加注重统筹协调，整合各部门资源，形成工作合力，提高政策实施的效率和效果。

A 省在易地搬迁移民就业政策中，特别重视针对易地搬迁群体的劳动技能培训，通过多样化的培训种类和方式提高劳动力就业能力，并取得了显著成效。在培训种类上，涵盖了职业技能培训、创业培训以及综合素质提升培训等多个方面，旨在全面提升搬迁劳动力的就业能力和综合素质。

在培训方式上，采取了集中授课、现场教学、实践操作等多种方式，确保培训内容的实用性和有效性。从培训数据成效来看，A 省对易地搬迁劳动力的培训投入逐年加大。2019 年培训了 4.38 万人次，2022 年培训了 4.19 万人次，2023 年培训了 3.37 万人次．

（六）培育乡村工匠

A 省的省级政策文件主要有《A 省乡村工匠培育工作推进小组办公室关于开展 2024 年乡村工匠认定和省级乡村工匠名师推荐工作的通知》《省农业农村厅关于做好 2024 年乡村产业振兴带头人培育"头雁"项目实施工作的通知》《省妇联关于开展 2023 年锦绣计划培训项目申报的通知》，涉及的部门有农业农村局、住建局、妇联。

（七）以工代赈

全省按照《省发展改革委关于印发 A 省"十四五"以工代赈实施方案的通知》的标准执行，以工代赈项目严格按照不低于中央资金 20% 的比例发放劳务报酬，有条件的地方可在此基础上尽可能提高发放比例。

（八）发展产业带动就业

根据国家对 A 省发展特色产业的要求，按照全省移民工作会议安排部署的实施方案，A 省提出了实施安置区"特色产业发展"专项行动的重点任务：一是统筹中央财政衔接资金、金融信贷资金，协调东西部协作和招商引资，支持发展后续扶持特色产业项目，加快项目实施进度。二是积极利用各类帮扶车间、产业基地、商业资产发展劳动密集型、订单式、弹性工作制等适合搬迁群众特点的产业项目，加快培育市场主体，推进产业多元化发展，促进就近就业。三是会同财政部门、乡村振兴部门加强对使用中央财政衔接资金发展后续扶持项目的跟踪管理，确保利益联结紧密、尽早发挥效益。四是支持各地大力发展社区集体经济，积极打造一批试点示范项目，总结推广试点经验，着力形成后续扶持"品牌"，力争在万人以上安置区全部建立集体经济组织。2022年度建设24个省级易地扶贫搬迁后续扶持示范点。在《A省促进易地扶贫搬迁群众增收三年工作方案（2022—2024年）》中，制定了每年推进适合安置区发展的新续建产业项目不少于100个，给予安置区招商引资项目场地租赁、就业奖补等优惠政策，推动安置区产业引进与发展，强化利益联结机制，创建A省示范样板，探索组建服务产业公司，积极盘活固定资产、产业资产、迁出地资源资产等更加有效的措施，大力发展安置区特色产业。

同时，A省商务厅通过制定县域商业体系建设工作方案、发挥流通型龙头企业带动作用、发挥电商供应链体系实效和举办各种形式产销对接推介活动等举措，不断完善安置点商业设施及网点，扩大电子商务覆盖面，推动安置点产业降低物流成本，推动安置点网货产品打造和农特产品出村进城，进一步提升安置区产品的品牌知名度，拓展市场销售渠道。省生态移民局还联合省投资促进局、东西部协作工作队开展专题调研，确定推荐A省23个安置区产业项目作为招商重点，其中12个项目作为2022年度拟申报包装项目向东部企业推介，计划总招资73.52亿元，可辐射带动181个安置点，涉及搬迁群众共43.92万人。具体措施如下：

1. 谋划实施一批产业项目

统筹中央和省级财政衔接资金、东西部协作资金等，支持在安置区或周边发展后续产业带动搬迁群众就业。统筹中央和省级财政衔接资金、东西部协作资金支持发展一批后续产业项目。下达中央和省级财政衔接资金15亿元戴帽用于后续扶持，各地整合金融资金、东西部协作资金等各类资金达24亿元支持发展后续产业项目。协调安排中央财政衔接资金1亿元，在全省试点打造24个与乡村振兴、新型城镇化、东西部协作等紧密结合的省级示范点。2022年A省各市（州）共实施产业项目275个。2023年，实施后续扶持项目635个，在建项目带动搬迁移民就业1.17万人。2024年，报实施项目771个。另外，A省建设易地搬迁后续扶持东西部协作项目117个，项目带动搬迁移民就业2 349人。

2. 积极开展企业招引

充分利用好东西部协作机遇，联合投资促进部门引进一批劳动密集型、订单式、弹性工作制等适合搬迁群众特点的产业项目落户安置区，促进搬迁群众就近就业。一方面，推进《A 省易地扶贫搬迁安置区产业招商指导意见》落实。2022 年全省有 57 个县（市、区）通过招商引资落地项目 268 个。省生态移民局联合省投资促进局等部门引进一批劳动密集型、订单式、弹性工作制等适合搬迁群众特点的产业项目 170 个落户安置区，会同东西部协作工作队包装 23 个项目推介招商，会同省军区、省军民融合办争取中央军委助力乡村振兴在 A 省部分县（区）等安置点承担军需被装专项生产任务，预计可解决搬迁移民 500 人以上就业。另一方面，印发《2022 年农业特色优势产业招商助力农业现代化工作方案》，开展农业全产业链精准招商，牵头举办"茶博会""国龙"进 A 省等全产业链专题招商活动 24 场，签约项目 129 个，签约资金达 103.34 亿元。编制《A 省农业特色优势产业投资指南》，包装并发布项目 158 个。充分发挥农业农村现代化发展基金作用，推广"菌贷""椒贷""禽贷"等金融政策，吸引企业投资，扩大就业容量。2023 年以来，A 省共招引带动搬迁群众就业项目 125 个（其中落户安置点 45 个），吸纳搬迁劳动力 912 人。

3. 发展特色产业促进就业

一方面，聚焦优势产业、优势单品、优势区域，突出市场导向，落实省领导领衔、专班化推进机制，大力发展茶叶、蔬菜、辣椒、中药材等特色优势产业，提高产业规模化水平和产业集中度，打造一批在全国具有影响力的产业集群，助推搬迁安置点产业发展，辐射带动搬迁群众就业。截至 2022 年底，A 省蔬菜 1 839 万亩、中药材 796 万亩、茶叶 700 万亩、刺梨 210 万亩、水果 963 万亩，辣椒、刺梨、天麻、太子参、石斛、红托竹荪、李子、蓝莓等种植面积全国第一。另一方面，在安置区实施农产品加工业提质增效行动。A 省印发《2022 年农产品加工业提质增效行动方案》，确定 120 家农产品加工重点企业，安排 1 000 万元，立项实施 22 个农产品加工科技补短板项目。举办全省农产品（食品）深加工高成长企业推介活动，签约金额 30 多亿元。创新设立农产品加工原料贷，推进菌贷、肉牛"六方合作"、贷款贴息等模式。2022 年，累计放贷 343 笔、25.7 亿元。举办加工科企对接活动，促成 163 个技术创新合作，补齐加工短板，延伸产业链条、助推搬迁安置点农产品加工业发展。

（九）抓实安置区就业创业服务

将易地搬迁集中安置区作为稳岗就业工作重点地区，制定相关政策，在资金、政策上给予倾斜。2022 年，向易地搬迁安置点就业创业服务中心拨付 925 万元，用于开展就业帮扶相关工作。截至 2022 年 12 月底，A 省有劳动力的易地搬迁家庭共 40 多万户 190 多万人，已经实现"一户一人"以上就业。为易地搬迁劳动力提供政策咨询、岗位推荐等方便快捷的就业服务。截至 2024 年，A 省在易地扶贫搬迁安置区建立就业创业服务中心 730 个，开展就业创业服务 24.3 万人次，促进就业 8 万人次。

（十）优化安置区公共就业服务体系

一是有序推进公共就业服务"五化建设"。2021 年底制定出台《A 省公共就业服务标准化建设实施方案（试行）》，推广运用全省劳务就业大数据平台，动态更新全员劳动力就业信息状态和跟踪服务。通过推进就业公共服务标准化，促进 A 省就业公共服务机构管理更加规范、服务流程更加统一、工作效率进一步提高，人民群众办事体验感显著提升。二是织密覆盖县、乡、村的就业公共服务网络。截至 2022 年底，A 省建立劳动保障工作机构的街道（乡镇）1 511 个（其中街道 364 个，乡镇 1 147 个），配备劳动保障工作人员的社区 3 702 个，配备劳动保障工作人员的行政村 1.05 万个。三是对易地搬迁安置点就业创业服务中心（窗口）给予资金支持。为助推易地搬迁安置点培训和就业服务体系建设，在进行 2023 年就业补助资金分配时，对 A 省 6 个 2 万人及以上安置区、40 个 1 万～2 万人安置区设置的就业创业服务中心（窗口），分别按照 20 万元/个、10 万元/个给予就业补助资金支持，支持资金共计 520 万元。三是开展"充分就业社区"创建，发挥示范引领作用。自创建工作开展以来，全省共认定省级充分就业社区 103 个，其中 30 个同时被认定为国家级充分就业社区。2023 年，拟新增认定省级充分就业社区 30 个，目前各市（州）已完成初审及公示。四是建设"劳务就业大数据平台＋劳动力培训就业信息系统＋A 省公共招聘网"的三位一体就业信息化载体，覆盖业务经办、跟踪监测、供需对接等具体工作需求，提升就业公共服务效率。建好用好 A 省易地扶贫搬迁后续扶持信息管理系统，实现对搬迁人员就业、就学、低保等动态管理，每月采集就业渠道、就业区域、就业地点、就业单位、工资收入等信息，实时掌握搬迁劳动力就业现状。通过对搬迁劳动力及就业现状深入分析，找准搬迁劳动力就业痛点、难点、堵点，结合国际国内、省外省内就业形势，为进一步精准就业帮扶措施提供参考依据，更好地为外出务工人员提供服务，确保有劳动力搬迁家庭"一户一人"以上稳定就业。五是持续开展公共就业服务专项活动。组织开展就业援助百日攻坚行动、就业援助暖心活动、民营企业服务月活动等，统筹推进常态化疫情防控与线上线下招聘等服务活动，搭建人力资源供需平台，促进市场对接匹配，进一步拓宽就业渠道。

四、易地搬迁移民就业服务政策成效

（一）就业帮扶政策不断完善

一是 A 省研究制定《A 省精准推进贫困劳动力全员培训促进就业脱贫工作方案》《关于下达 A 省 2018—2020 年就业扶贫目标任务的通知》《关于加强和完善易地扶贫搬迁群众培训和就业服务体系的实施意见》《打赢人力资源社会保障扶贫攻坚战三年行动实施方案》等政策措施，不断健全领导机制，发挥政策效应，夯实就业扶贫工作基础，就业扶贫政策体系整体框架基本形成。二是全面系统地梳理了近年来中央、省级就业扶贫和全员培训工作目标、工作要点以及操作流程，形成《A 省人力资源和社会保障厅关于印发就业扶贫和全员培训"一任务两要点三清单四平台"的通知》（"一任务两要点三清单四平台"即就业扶贫和全员培训工作任务，农村劳动力全员培训就业操作要点、就业扶贫和易地扶贫搬迁就业操作要点，市（州）人社部门就业扶贫和全员培训任务清单、县（市、区）人社部门就业扶贫和全员培训任务清单、乡（镇）人社中心就业扶贫和全员培训任务清单，就业扶贫党团组织平台建设、易地扶贫搬迁安置点就业创业服务平台建设、省内劳务公司平台建设、省外劳务协作站（点）平台建设），为各级人社系统干部提供了思路清晰、操作性强、目标明确的指导性通知，确保政策落地见效。

（二）稳定就业规模

强化指导，省人社部门指导市县人社部门加强与农业农村、生态移民等部门联动，形成脱贫人口、易地搬迁人口就业帮扶工作合力，确保脱贫人口外出务工规模总体稳定。对省外就业的易地搬迁群众，统一纳入外出务工人员服务范畴，一体推进稳岗就业工作。对省内就业的易地搬迁群众，通过岗位推荐、技能培训等服务，落实就业扶持政策，组织搬迁群众到当地特色产业、企业实现就近就业。对属于半劳力、弱劳力的搬迁群众，通过就业帮扶车间、公益性岗位等促进就业，确保有劳动力搬迁家庭"一户一人"以上就业。2021年底就业41.37万户93.17万人；2022年底就业41.3万户94.56万人；2023年底就业41.22万户96.51万人；截至2024年8月底就业41.14万户96.37万人。

（三）完善防返贫监测机制

坚持把监测和帮扶作为常态化重点工作抓紧抓实，通过"三项机制"加强帮扶监测，做到早发现、早帮扶，有效巩固搬迁脱贫成果，坚决防止规模性返贫。2021年，省生态移民局出台《健全防止易地扶贫搬迁规模性返贫监测和帮扶机制工作方案》，建立健全农户自主申报、基层干部排查、部门筛查预警等快速发现响应机制，组织县（市、区、特区）对搬迁群众开展"户户见"。2022年，省生态移民局会同人社等部门每月组织开展易地扶贫搬迁群众就业跟踪监测，形成监测报告。A省乡村振兴局印发了《乡村振兴系统盘活乡村振兴领域"三资"化解债务专项行动方案》《乡村振兴系统重点人群监测帮扶专项行动方案》等系列政策文件，将易地搬迁集中安置区和搬迁群众作为重点排查和监测对象，进一步强化后续扶持成果动态监测机制和帮扶责任落实，实事求是消除风险，切实防止返贫致贫，坚决守住不发生规模性返贫的底线。将因就业不稳存在返贫风险的易地搬迁人口纳入预警线索，建立帮扶台账，并及时组织"一对一"帮扶。

（四）深化东西部劳务协作

一是与广东、浙江、福建、江苏等 A 省籍务工人员集中省份加强对接，不断优化劳务协作机制，签订稳岗协议，全面持续开展劳务协作。春节前后，各级有关部门与务工集中地相关单位开展交流互访，建立常态化交流互访机制，组织优质企业到我省开展专场招聘活动，通过专车、专列等方式，打造"点对点、一站式"返岗复工就业通道，为务工人员提供"出家门—上车门—进厂门"无缝衔接的服务保障。目前，与东部省份签订劳务协作协议 99 份。2024 年"两节"期间，全省人社部门到东部省份交流 152 次，开行返岗专车 128 趟、专列 45 趟，运送 5.56 万余人。二是发挥 136 个驻外劳务协作站桥梁纽带作用，不断优化站点布局，形成"省级劳务协作工作专班"牵头抓总，"省级总站＋市级分站＋县级工作站"三级联动服务体系，制定《劳务协作站工作手册》，明确加强企业走访、岗位推荐、返乡返岗、政策咨询等服务。目前，全省农村劳动力省外务工 619 万人，务工规模总体保持稳定。另外，开通外出务工农村劳动力 12333 服务专线，为外出务工农村劳动力处理维权、求职、政策咨询等事项 9 165 件，及时回应外出务工人员急难愁盼问题。三是推动落实万人以上大型安置点就业创业服务中心就业补助资金 520 万元，支持 46 个就业创业服务中心建设，为易地搬迁劳动力提供政策咨询、岗位推荐等方便快捷的就业服务。截至 2024 年一季度，全省在易地扶贫搬迁安置区建立就业创业服务中心 730 个，开展就业创业服务 24.3 万人次，促进就业 8 万人次。四是 A 省和广东省的人社、农业农村（乡村振兴）、东西部协作工作队等部门加强联动，结合两省实际，选取优质企业共建农村劳动力稳岗就业基地 181 个（其中，在 A 省建立 121 个，在广东省建立 60 个），落实相关奖励政策，吸纳 5 万多名农村劳动力稳岗就业。

（五）职业技能培训取得显著成效

落实职业技能培训"十四五"规划，全力推进"技能"行动，开展职业技能培训 326.66 万人次，连续两年顺利完成省政府"十件民生实事"目标任务，为各地高质量开展职业技能培训打好基础。其中，2021 年开展职业技能培训 140.87 万人次（建档立卡贫困劳动力 39.57 万人次，易地搬迁劳动力 7.13 万人次）；2022 年完成职业技能培训 62.8 万人次（脱贫劳动力 15.23 万人次，易地搬迁劳动力 4.19 万人次）；2023 年完成职业技能培训 62.37 万人次（脱贫劳动力 11.19 万人次，易地搬迁劳动力 3.42 万人次）；2024 年 1—11 月，累计完成职业技能培训 60.62 万人次（脱贫劳动力 5.77 万人次，易地搬迁劳动力 1.05 万人次）。

第六章 易地搬迁移民高质量充分就业的评价

本章基于实证调研数据，根据第四章构建的中观和微观层面的多维评价指标体系对 A 省易地搬迁移民高质量充分就业质量进行系统性评价分析。

一、样本描述

本研究主要是采取定量与定性相结合的研究方式对搬迁移民高质量充分就业的中观机会层面和微观能力层面进行评价。中观机会层面，具体体现为 3 个一级指标、9 个二级指标，即安置区周边用工主体吸纳就业能力（工作区域、创业区域）、产业结构与就业结构匹配（工作行业、家人就业行业创业行业）和劳动力市场建设（工作时间、工作稳定性、就业意愿、创业意愿）；微观能力层面，具体体现为 3 个一级指标、7 个二级指标，即搬迁移民就业能力（工作技能、工资收入、工作满意度）、劳动关系与权益保障（劳动关系、社会保障）、公共就业服务能力（技能培训、创业扶持）。数据采集的方式主要是通过问卷调查收集数据，结合深度访谈，以全面了解易地搬迁移民就业具体情况。本次调查采取直接进入安置区随机抽样的方式进行。

A 省易地扶贫搬迁规模大，共涉及 900 多个安置区。本研究在 A 省每个市（州）分别选择 1～3 个具有代表性的大中型社区进行调查。大型安置社区搬迁移民人口 8 000 人及以上，中型安置社区搬迁移民人口 2 000～8 000 人，需要特别说明的是，小型安置区即搬迁安置移民人口 2 000 人及以下、分散安置、挂靠安置、中心村安置的移民不在本研究的范围内。

本次调查共发放 1 427 份问卷，回收 1 427 份，回收率达 100％，有效问卷为 1 409 份，有效率达 98.74％。调查样本中男性 659 人，占比 46.77％，女性 750 人，占比 53.23％；年龄 16～30 岁的样本占比为 35.77％，31～45 岁的样本占比为 31.37％，46～60 岁的样本为 29.95％，60 岁以上占比 2.91％；其他民族的比例为 53.8％，汉族比例为 46.20％；文化程度小学及以下占比为 39.03％，初中占比为 30.09％，高中、中专或大专占比 19.52％，大学及其以上占比 11.36％（表 6-1）。

表 6-1 有效样本基本情况频数分析（$n=1\ 409$）

名称	选项	频数	百分比（％）	名称	选项	频数	百分比（％）
性别	男	659	46.77		16～30 岁	504	35.77
	女	750	53.23	年龄	31～45 岁	442	31.37
	苗族	250	17.74		46～60 岁	422	29.95
	布依族	220	15.61		60 岁以上	41	2.91
	土家族	85	6.03		小学及以下	550	39.03
民族	侗族	44	3.12	文化程度	初中	424	30.09
	彝族	43	3.05		高中、中专或大专	275	19.52
	水族	88	6.25		大学及其以上	160	11.36
	其他	679	48.2				

二、分析结果及其影响因素

（一）安置区周边用工主体吸纳就业能力

1. 安置区周边用工主体吸纳就业能力分析

调查结果显示，综合分析搬迁移民个人工作区域、家庭人口就业区域和创业区域的分布情况，安置区周边的用工主体在吸纳就业方面具有一定的能力，但仍有提升空间。从个人就业区域分布来看，在安置区周边就业的占比为 28.35％，说明安置区周边的用工主体能够提供一定的就业机会，但与县内其他区域相比，吸引力仍有待提高。从家庭人口就业区域分布来看，安置区周边的工业园区和非工业园区的就业机会相对较少，表明安置区周边的用工主体在吸纳家庭人口就业方面的能力有限。从创业区域分布来看，安置区周边区域是创业的首选地点，但创业人数总体较少，说明安置区周边的创业环境对搬迁移民具有一定的吸引力，但创业支持和资源仍需进一步完善。

（1）易地搬迁移民个人工作区域。在 1 409 份有效样本数据中，调查对象半年内工作情况为：有工作的 882 人，占比 62.60%；没有工作的 429 人，占比为 30.45%；自己创业的 98 人，占比为 6.96%。在有工作的 882 人中，省外就业 169 人，占比为 19.16%；省内县外就业 176 人，占比为 19.95%；县内（非安置区）工作的有 287 人，占比 32.54%；县内安置区周边的工业园区工作有 124 人，占比 14.06%；县内安置区周边的非工业园区工作有 126 人，占比为 14.29%（表 6-2）。从上述分析中发现，安置区周边的就业人数（包括工业园区和非工业园区）占总就业人数的 28.35%，说明安置区周边的用工主体在吸纳就业方面具有一定的能力。但与县内其他区域相比，安置区周边的就业吸引力仍有提升空间。

表 6-2　易地搬迁移民个人工作区域分析

工作区域	频数	百分比（%）
省外	169	19.16
省内县外	176	19.95
县内（非安置区）	287	32.54
安置区周边工业园区	124	14.06
安置区周边非工业园区	126	14.29
	882	100.00

（2）易地搬迁移民家人就业区域。在 1 409 份有效样本中，有家人（除受访者本人外）就业的有 1 245 份样本，因考虑家庭劳动力数量的差异和工作区域差异，以"多选题"形式采集易地搬迁家庭人口就业分布情况。在统计分析时，运用"响应率计算法"计算综合得分（表 6-3）。结

果显示，省外工作的家庭人口平均得分为 0.482，表明在所有样本中，约有 48.2% 的家庭人口在省外工作，这说明省外工作是较为常见的就业区域选择。省内县外工作的家庭人口平均得分为 0.213，表明约有 21.3% 的家庭人口在省内县外工作，这一比例相对较低，说明省内县外工作并不是主要的就业选择。县内工作的家庭人口平均得分为 0.365，表明约有 36.5% 的家庭人口在县内工作，这一比例较高，说明县内工作是家庭人口就业的重要区域。安置区周边工业园区工作的家庭人口平均得分为 0.198，表明约有 19.8% 的家庭人口在安置区周边的工业园区工作，这一比例相对较低，但仍然具有一定的重要性。安置区周边非工业园区工作的家庭人口平均得分为 0.103，表明约有 10.3% 的家庭人口在安置区周边的非工业园区工作，这一比例较低，说明安置区周边非工业园区的就业机会相对较少。

通过以上数据可知，易地搬迁移民家庭人口的就业区域分布较为分散，但以县内工作和省外工作为主。县内工作和省外工作的平均得分分别为 0.365 和 0.482，表明这两个区域是家庭人口就业的主要选择。相比之下，省内县外工作、安置区周边工业园区工作和安置区周边非工业园区工作的平均得分较低，分别为 0.213、0.198 和 0.103，说明这些区域的就业机会相对较少。家庭人口就业的主要选择是县内工作和省外工作，说明这两个区域的就业机会较多，吸引力较强。安置区周边的工业园区和非工业园区的就业机会相对较少，平均得分较低，表明安置区周边的用工主体在吸纳搬迁移民家庭人口就业方面的能力有限。

表 6-3 易地搬迁移民家庭人口就业的区域（$n=1\ 245$）

区域	平均值	响应率（%）	普及率（%）
省外工作	0.482	35.42	48.19
省内县外工作	0.213	15.64	21.29
县内非安置区工作	0.365	26.86	36.55
安置区周边工业园区工作	0.198	14.52	19.76
安置区周边非工业园区工作	0.103	7.56	10.28
		100.00	136.06

从响应率和普及率上看，也证实了"县内安置区就业机会较少"这一点。在易地搬迁移民家庭至少有一人就业的 1 245 户中，在省外工作的最多，响应率和普及率占比分别为 35.42％和 48.19％；在县内非安置区周边工作的次之，响应率和普及率分别为 26.86％和 36.55％；在省内县外工作的响应率和普及率分别为 15.64％和 21.29％（表 6-3）。

（3）易地搬迁移民创业区域。在 1 409 份样本中，仅有 98 人表示自己创业，说明创业的搬迁移民较少。在创业的 98 人中，选择在安置区周边区域创业的人数最多，有 44 人，占比 44.90％，其次是选择在本县城创业的，有 29 人，占比 29.60％（表 6-4）。数据表明大部分选择创业的人会选择离安置区比较近的一些地方，偶有少数会外出创业。在外创业不确定因素较多，出于家庭、社会经验等因素，以及安置区将可能会带来新的机遇和转机，大多数人选择留在安置区创业。

安置区周边区域是创业的首选地点，安置区周边的创业环境对搬迁移民具有一定的吸引力。但创业人数总体较少，安置区周边的创业支持和资源可能还不够完善，需要进一步加强。

表 6-4 易地搬迁移民创业区域分析

创业区域	频数	百分比（％）
省外	5	5.10
省内县外	10	10.20
本县城	29	29.60
县内乡镇（含村级）	10	10.20
安置区周边	44	44.90
合计	98	100.00

2. 安置区周边用工主体吸纳就业能力弱的影响因素

"搬得出"的问题已经得到解决，后续扶持最关键的是就业[①]。城镇

[①] 习近平总书记考察易地搬迁脱贫：后续帮扶最关键的是就业 [J]. 宏观经济管理，2020(5)：2.

化集中安置就业除了就近安置城市吸纳就业以外，就近安置区用工主体吸纳就业成为就业安置的主要方式。综合分析搬迁移民个人工作区域、家庭人口就业区域和创业区域的分布情况来看，安置区周边的用工主体在吸纳就业上具有一定的能力，但仍存在能力不足的问题。其原因主要有：

（1）安置区周边用工主体总量不足。A省全省共有各种类型安置区900多个，其中，集中安置人口达1万人以上的安置区有30多个，安置人口基数大的社区，需要解决就业的人口基数也大。尽管各级政府出台税费减免、房租减免、社会保险补贴、一次性奖励等优惠措施吸引企业入驻安置区，鼓励企业吸纳就业困难人员，但能够入住安置区的企业较少。从全省看，安置区用工主体总量偏少。截至2021年底，全省安置点周边有各类企业2 446个，其中工业园区1 115个、农业园区249个、扶贫车间1 082个[①]。截至2024年一季度，全省人社部门认定就业帮扶车间、就业基地2 342个（其中安置点844个），累计吸纳就业24.26万人，其中易地搬迁人口1.8万人。需要引进足够多的适合搬迁人口的低技能劳动密集型企业入驻安置区才能更好地解决就业问题。

（2）用工主体不稳定。每年各级政府出台各种优惠政策引进各级各类企业、搭建就业帮扶车间和就业基地。扶贫车间为大多数因知识技能等因素不易找到工作的搬迁户群体提供了一个可靠的岗位[②]，但就业帮扶车间吸纳就业的能力弱。调研中发现，一是部分企业或扶贫车间因受疫情影响、受经济发展总体不足的影响导致订单量少。二是多数就业帮扶车间规模不大，有的属于小企业，有的属于生产、加工工作作坊，有的则是刚刚创业成立的工作车间等，总的特点就是规模较小，缺乏经营管理经验，导致生产经营不稳定，不能持久提供稳定的工作岗位。三是多数就业帮扶车间受物流成本较高的影响，加之没有形成产业链，导致企业或车间的生产成本较高，难以维持正常的生产经营活动，经常停工停产，不具备可持续

① 程晖，吴承坤．贵州省易地扶贫搬迁后续扶持实现"五个转变"[N]．中国经济导报，2021-10-14（3）．

② 广西百色：扶贫车间实现家门口就业[J]．中国人力资源社会保障，2021（7）：11-12．

发展条件，频繁出现企业引进就走，走了又引的现象。

（3）岗位供需结构性矛盾突出。集中体现在搬迁移民就业技能达不到用工主体工作岗位的需求。因部分搬迁移民为少数民族，存在语言交流沟通上的困难，在进行语言培训、技能培训、岗前培训时难以沟通交流，理解能力受限，导致就业技能无法提升，难以适应企业提供的就业岗位。搬迁安置区周边用工主体基本为扶贫车间或者安置区周边的工业园区和产业园区，没有就业的搬迁移民并非无业可就，而是难就业或不适就业，导致这一情况的原因有搬迁人口的自身技能、知识等与其岗位不匹配，可以称为结构性失业[①]。这种岗位的不适应成为易地扶贫搬迁的居民们多外出务工的一个重要原因。

（4）安置区新就业形态的挑战。随着社会的发展，新就业形态出现。新业态的出现和旧业态的逐步淘汰带来了结构性失业，新业态薪资较低且不稳定，给就业带来了新的挑战[②]。新业态在用工方式上既采用传统用工方式，也采用新型用工方式，用工管理不规范，劳动合同签订率不高。新业态从业者的工作报酬多以完成任务量为主，停工期间往往无法获得收入，个人劳动权益难以得到保障[③]。

数字经济的蓬勃发展深刻重塑了就业结构，已成为不可逆转的经济趋势。新就业形态在满足灵活用工需求、创造就业机会的同时，也因其非标准化、动态性强等特点，对劳动者的技能适配性、权益保障规范性和就业稳定性提出了新的挑战。应对这些挑战的关键在于提升劳动者特别是易地搬迁移民群体的在数字时代就业竞争力。为此，亟需系统性强化数字技能人才培养与赋能：扩大职业技能培训覆盖范围，分层分类普及基础数字素养与高阶数字技能；重点培育本土化数字人才骨干队伍，发挥其示范引领

---

①　陈菲菲，张祎彤，仇焕广．"挪穷窝"后如何实现平稳过渡？：基于疫情冲击下易地扶贫搬迁户就业治理的研究［J］．经济社会体制比较，2022（2）：48-59．

②　方巍巍．数字经济背景下劳动力就业结构演化及新就业形态发展对策研究［J］．商业经济，2023（1）：163-165．

③　郭玮．新业态用工治理与政策创新［J］．中国人事科学，2020（5）：12-19．

作用，以缓解安置区人才结构性短缺问题。通过提升劳动者适应新业态的核心能力，能更充分地释放数字经济带动高质量就业的潜能。

（5）安置区周边工资水平较低。A省安置区多处于县城附近，临近县城工业园区、产业园区、旅游景区。调查发现，安置区周边企业工资普遍较低，因而就业吸引力较低，这也是造成企业招工难的一个重要原因。而部分企业生产条件较差，存在诸多安全隐患，导致工作人员对企业意见较大，这也是就业不稳定因素之一①。

（6）安置区周边缺乏劳务市场。一是现有劳务公司数量不足。尽管由政府组织在各大安置区成立了劳务公司，但是劳务公司在总量上不足，不能完全覆盖所有安置区。二是劳务公司多数选择具有高技能的群体开展服务，为公司赚取最大的利润，而针对缺少技能的搬迁群体，劳务公司多数是量力而行响应国家或政府号召，而不是尽力而为，扎实为搬迁群体服务。三是安置区内外来劳务公司难以取信于本地搬迁群体，搬迁移民基于传统劳务输出方式和安全考虑，更易信任本地劳务公司，而安置区自身能够成长的劳务公司寥寥无几，不能满足现有劳务需求。

（二）产业结构与就业结构分析

1. 易地搬迁移民个人就业行业及其影响因素

结果显示，服务业和工业是易地搬迁移民个人就业的主要行业，这两个行业在当地就业市场中具有较高的就业吸纳能力。移民个人技能对选择农业行业的影响不显著（$p=0.522>0.05$）；对选择服务业行业的影响显著（$p=0.008<0.01$），OR值为0.046；对选择其他行业的影响不显著（$p=0.123>0.05$）。可见，移民个人技能影响其就业行业。但工作行业对移民个人技能有显著的负向影响。这反映了产业结构与就业结构之间的不匹配，可能需要通过培训和教育提高移民的技能水平，以更好地适应

---

① 侯启缘，张弥. 农业劳动力转移与高质量就业的问题和出路［J］. 现代经济探讨，2018
（12）：115–119.

高技能要求的行业。

（1）易地搬迁移民个人工作行业分析。在有工作的 882 人中，工作行业大部分为服务业，占比为 44.10%；在工业领域就业的比例为 38.89%（图 6-1）。服务业和工业是易地搬迁移民个人就业的主要行业，这两个行业在当地的就业市场中具有较高的就业吸纳能力。

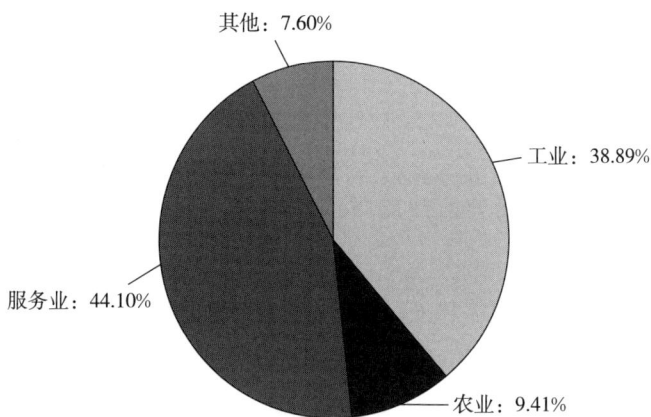

图 6-1 易地搬迁移民工作行业分布

（2）易地搬迁移民个人技能对就业行业的影响。为了检验易地搬迁移民个人技能是否影响就业行业，验证技能结构与就业行业的匹配程度，进一步将个人技能与工作行业进行多分类回归分析（表 6-5）。

表 6-5 多分类 Logistic 回归模型似然比检验

模型	−2 倍对数似然值	χ^2	df	p 值	AIC 值	BIC 值
仅截距	2 022.483					
最终模型	2 011.608	10.875	3	0.012	2 023.608	2 052.301

似然比检验结果显示，包含自变量移民个人技能的模型与仅包含截距项的模型相比，拟合优度有统计学意义上的显著改善（$\chi^2 = 10.875$，d$f = 3$，$p = 0.012 < 0.05$）。这拒绝了两模型无差异的原假设，表明移民个人技能作为一个整体对区分工作行业类别（相对于参照组工业）具有统计显著性，将其纳入模型是必要的。

将移民个人技能作为自变量，将工作行业作为因变量进行多分类 Logistic 回归分析（并且以工作行业的第一项即"工业"作为参照项进行对比分析），Y 一共有 4 项，最终会有 3 个公式，最终模型公式如下：

$$\ln（农业/工业）=-1.566+1.047×移民个人技能$$

$$\ln（服务业/工业）=0.529-3.081×移民个人技能$$

$$\ln（其他/工业）=-1.182-3.466×移民个人技能$$

由表 6-6 可知，相对于工业来讲，在农业的前提之下，移民个人技能的回归系数值为 1.047，但是并没有呈现出显著性（$z=0.641$，$p=0.522>0.05$），意味着移民个人技能并不会对工作行业产生影响关系。

相对于工业，移民个人技能对选择服务业而非工业的发生比有显著的负向影响（$OR=0.046$，95% CI：$0.005\sim0.442$，$p=0.008<0.01$）。具体而言，移民个人技能每增加一个单位，其选择服务业而非工业的发生比预计将降低 95.4%（或减少到原来的 0.046 倍）。这表明，技能水平较高的移民更倾向于留在工业领域工作，而非转向服务业（与工业相比）。

相对于工业来讲，在其他行业的前提之下，移民个人技能的回归系数值为 -3.466，但是并没有呈现出显著性（$z=-1.541$，$p=0.123>0.05$），意味着移民个人技能并不会对其他工作行业产生影响关系。

表 6-6　多分类 Logistic 回归分析结果汇总

行业	项目	回归系数	标准误	z 值	Waldχ^2	p 值	OR 值	OR 值 95% CI
农业	移民个人技能	1.047	1.633	0.641	0.411	0.522	2.849	$0.116\sim69.989$
	截距	-1.566	0.263	-5.963	35.558	0.000	0.209	$0.125\sim0.349$
服务业	移民个人技能	-3.081	1.156	-2.666	7.106	0.008	0.046	$0.005\sim0.442$
	截距	0.529	0.168	3.146	9.894	0.002	1.697	$1.221\sim2.360$
其他	移民个人技能	-3.466	2.250	-1.541	2.374	0.123	0.031	$0.000\sim2.567$
	截距	-1.182	0.312	-3.791	14.369	0.000	0.307	$0.166\sim0.565$

注：McFadden $R^2=0.005$；

Cox & Snell $R^2=0.012$；

Nagelkerke $R^2=0.014$。

相对于工业就业，移民的个人技能水平对其选择农业或其他行业就业的影响在统计上不显著。相对于工业就业，移民个人技能水平显著降低了其选择服务业就业的发生比（$OR = 0.046$，$p = 0.008 <$ 0.01）。即，技能水平较高的移民更倾向于留在工业领域，而非转向服务业（与工业相比）。然而，通过解读这些数据发现，模型的伪 R^2 值极低（McFadden $R^2 = 0.005$），表明移民个人技能这一单一变量对工作行业选择的整体解释力非常微弱，它仅能解释极小部分的变异。这一结果强烈提示，影响易地搬迁移民就业行业选择的因素是多维且复杂的，个人技能仅是其中作用有限的一个因素。此外，对于不显著的结果（农业、其他行业），其较宽的 OR 置信区间提示当前估计存在较大不确定性。

（3）移民个人技能与工作行业的线性回归分析。将"工作行业"作为自变量，而将"移民个人技能"作为因变量进行线性回归分析时，模型公式为：

$$移民个人技能 = 0.143 - 0.005 × 工作行业$$

从表 6-7 可知，模型 R^2 为 0.008，意味着工作行业可以解释移民个人技能的 0.8% 变化原因。模型的 F 检验结果显著（F = 7.443，$p = 0.006 <$ 0.01），表明包含工作行业的模型对数据的拟合显著优于仅包含截距项的模型（即模型整体具有统计显著性），拒绝工作行业回归系数为零的原假设。具体而言，工作行业与移民个人技能之间存在统计学上显著的线性关联。最终具体分析可知：

工作行业的非标准化回归系数为 -0.005（$t = -2.728$，$p = 0.006 <$ 0.01），标准化系数 β 为 -0.092，表明工作行业可以解释移民个人技能变异的 0.8%。

工作行业对移民个人技能有显著的负向影响，这表明某些行业可能对技能的要求较低，或者某些行业的就业机会较多，导致移民在这些行业中就业时技能水平相对较低。

表6-7　线性回归分析结果（$n=882$）

	非标准化系数		标准化系数	t	p	共线性诊断	
	系数	标准误				VIF	容忍度
常数	0.143	0.005	—	29.993	0.000	—	—
工作行业	−0.005	0.002	−0.092	−2.728	0.006	1.000	1.000
R^2				0.008			
调整 R^2				0.007			
F			$F(1\,880)=7.443$，$p=0.006$				
D-W值				1.438			

注：因变量=移民个人技能。

2. 易地搬迁移民创业行业及其影响因素

在移民创业行业的数据分析中，在商业领域创业的人数较多，有54人，占比33.54%；在种植养殖领域创业的共35人，占比为21.74%（表6-8）。表明商业活动在易地搬迁移民的创业中具有较高的吸引力，农业在当地的创业环境中仍有一定的发展空间，这与当地的政策支持、市场需求和资源条件有关。

表6-8　易地搬迁移民创业行业分析

行业	频数	百分比（%）
商业	54	33.54
加工业	20	12.42
旅游业	21	13.04
种植养殖业	35	21.74
其他	31	19.25
总计	161	100.00

走访调研发现，创业行业集中在商业的主要原因在于部分中青年群体家庭照料负担较重，无法外出务工，只能在安置区周边从事经商活动。当本地务工工资水平较低，无法维持全家人的基本生计时，他们会选择在安置区周边或者县城范围内创业，在安置区范围内创业的占比为44.90%，其次是县域范围内。多数创业内容仅仅是开小卖部，或者临时摆摊，属于

商业经营行为。另外，有部分年纪较大、技能不高、不懂经营的搬迁移民，主要在安置区周边租赁场地从事种植和养殖活动。

3. 易地搬迁移民家人就业行业及其影响因素

因搬迁移民家庭劳动力人口就业的差异，故把"家人就业行业"设计成多选题，利用"简单平均得分"方法计算"家人就业行业"的综合得分。结果显示（表6-9），易地搬迁移民家人就业行业最多的是工业，平均值为0.574，其次是服务业，平均值为0.468，在农业领域就业的相对较少。工业和服务业不仅在个人就业中占重要地位，也在家庭就业中具有较高的吸纳能力。农业领域的就业比例较低，究其原因主要与搬迁前后的生产生活方式有关。搬迁后，移民"离乡又离土"，不得不转变生产生活方式，依靠非农就业，主要从事第二、三产业。

表6-9　易地搬迁移民家人就业行业（$n=1\ 245$）

行业	平均值
工业	0.574
农业	0.230
服务业	0.468
其他	0.062

综上，从个人工作行业和家人就业行业的分布来看，服务业和工业是易地搬迁移民就业的主要领域，说明这两个行业在当地的产业结构中具有重要地位，能够提供较多的就业机会，与就业结构较为适配。虽然农业在创业行业中占有一定比例，但在个人和家人就业中的比例较低，说明农业在当地就业市场中吸纳能力相对较弱，这与搬迁后生产生活方式转变有关。商业领域的创业人数较多，说明商业活动在当地的经济发展中具有一定的活力，能够为移民提供创业机会，但需要进一步思考商业活动如何有效带动就业。

（三）劳动力市场建设

1. 工作时间及其影响因素分析

（1）易地搬迁移民个人工作时间。在1 409份有效样本数据中，有工作的 882 人中，平均每天工作时间为 8～12 小时（含 12 小时）的共有 430 人，占比为 48.75%；平均每天工作为 8 小时以内（含 8 小时）的占比为 44.44%（表 6-10）。

表 6-10　易地搬迁移民平均每天工作的时间

工作时间	频数	百分比（%）
8 小时以内（含 8 小时）	392	44.44
8～12 小时（含 12 小时）	430	48.75
12 小时以上	60	6.80
合计	882	100.0

表 6-11 显示，受访的易地搬迁移民平均每天工作时间为 1.624，标准差为 0.609，易地搬迁移民工作时间有一定的变异性，但总体上集中在 8～12 小时。从中位数为 2.000 看出，至少一半的受访者工作时间在 8～12 小时或更长。25% 的受访者工作时间在 8 小时以内，75% 的受访者工作时间在 8～12 小时或更长。

表 6-11　易地搬迁移民平均每天工作时间

平均值±标准差	方差	求和	25 分位数	中位数	75 分位数	标准误	均值95% CI (LL)	均值95% CI (UL)	IQR	峰度	偏度	变异系数 (CV)
1.624±0.609	0.371	1 432.000	1.000	2.000	2.000	0.021	1.583	1.664	1.000	−0.661	0.424	37.526%

从工作时间的分布来看，劳动强度较高，但总体上仍在合理范围内。部分受访者的工作时间超过 12 小时，这表明劳动力市场在劳动强度和工作条件方面需要进一步规范和改善。

（2）易地搬迁移民家人工作时间。从图 6-2 中可以看出，易地搬迁移民家人中，有超过六成的搬迁移民工作时间为 8～12 小时（含 12 小时），占比为 61.85%，有 34.30% 的搬迁移民工作时间为 8 小时以内（含 8 小时）。可见，易地搬迁移民及家人工作时间多数为 8～12 小时（含 12 小时），说明工作时间较长。

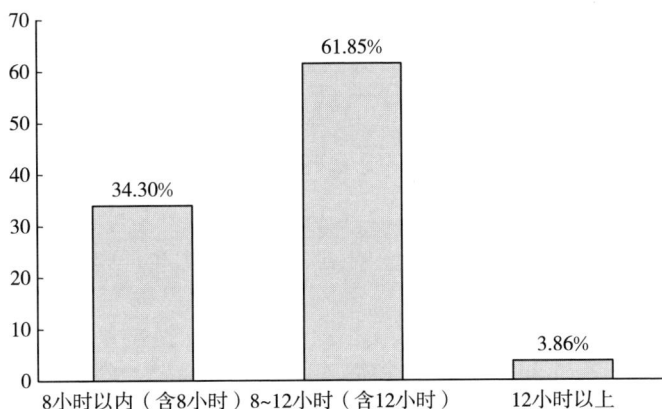

图 6－2　易地搬迁移民家人平均每天工作时间

2. 工作稳定性及其影响因素分析

（1）易地搬迁移民半年内工作情况统计分析。在 1 409 份有效样本数据中，调查对象半年内工作情况如表 6－12 所示。有工作的有 882 人，占比 62.60%；没有工作的有 429 人，占比为 30.43%；自己创业的有 98 人，占比为 6.96%。

表 6－12　被访问者当时工作情况

题目	选项	频数	百分比（%）
您的工作情况是（半年内）	有工作（含临时及各种形式的工作）	882	62.60
	没有工作	429	30.45
	自己创业	98	6.96
	合计	1 409	100.0

（2）搬迁移民个体工作情况差异性分析。从表 6－13 卡方检验发现，搬迁移民工作情况与个体性别、年龄和文化程度均存在显著关联（$p <$ 0.01）。性别差异方面，女性无工作比例（60.14%）显著高于总样本无工作比例（30.45%）；男性有工作比例（49.89%）高于男性人数占总样本的比例（46.77%）。年龄差异方面，16～30 岁群体中，自主创业者占比（42.86%）显著高于该年龄段在总样本中的比例（35.77%）；31～45 岁群体

187

中，有工作者占比（37.19%）显著高于该年龄段占比（31.37%）；46～60 岁群体中，无工作者占比（34.73%）显著高于该年龄段占比（29.95%）。文化程度差异方面，小学及以下群体中，无工作者占比（50.58%）显著高于总样本无工作比例（30.45%）；高中、中专群体中，自主创业者占比（21.43%）显著高于该学历在总样本中的比例（12.07%）；大学及以上群体中，无工作者占比（17.25%）低于总样本无工作比例（30.45%），但显著高于该学历群体在总样本中的比例（11.36%）[①]。

表 6－13　搬迁移民个体工作情况交叉（卡方）分析

项目	选项	工作情况（半年内）			总计	χ^2	p
		有工作	没有工作	自己创业			
性别	男	440 (49.89)	171 (39.86)	48 (48.98)	659 (46.77)		
	女	442 (50.11)	258 (60.14)	50 (51.02)	750 (53.23)	11.861	0.003
	总计	882	429	98	1 409		
年龄	16～30 岁	299 (33.90)	163 (38.00)	42 (42.86)	504 (35.77)		
	31～45 岁	328 (37.19)	82 (19.11)	32 (32.65)	442 (31.37)		
	46～60 岁	249 (28.23)	149 (34.73)	24 (24.49)	422 (29.95)	96.597	0.000
	60 岁以上	6 (0.68)	35 (8.16)	0 (0.00)	41 (2.91)		
	总计	882	429	98	1 409		
文化程度	小学及以下	305 (34.58)	217 (50.58)	28 (28.57)	550 (39.03)		
	初中	302 (34.24)	91 (21.21)	31 (31.63)	424 (30.09)		
	高中、中专	124 (14.06)	25 (5.83)	21 (21.43)	170 (12.07)	85.926	0.000
	大专	73 (8.28)	22 (5.13)	10 (10.20)	105 (7.45)		
	大学及以上	78 (8.84)	74 (17.25)	8 (8.16)	160 (11.36)		
	总计	882	429	98	1 409		

注：括号内为百分比。

上述分析结果表明，性别与就业的显著关联，女性失业风险高，男性就业优势明显；年龄对就业模式的差异化影响，青年群体（16～30 岁）

---

① 大学及以上群体的无工作比例（17.25%）虽低于整体失业率，但因该群体在总样本中占比仅 11.36%，其失业率仍高于该群体的预期分布（χ^2 检验支持其异常性）。

倾向创业，壮年群体（31～45 岁）主导正规就业，中老年群体（46～60 岁）面临失业压力；文化程度与就业状态的复杂关联，低学历（小学及以下）失业率高，中等学历（高中/中专）创业活跃，高学历（大学及以上）"结构性失业"。

（3）半年内没有就业的原因分析。调查样本中，易地搬迁移民家庭户均人口为 4.881 人，家庭劳动力人口户均 2.535 人，家庭就业人口户均 1.884 人，已经实现有劳动力搬迁家庭至少"1 户 1 人就业"的目标。

在对搬迁移民半年内没有工作的 429 份样本没有工作的原因进行多选题分析时，发现主要受三大因素影响（表 6 - 14）。一是家里有人需要照顾；二是没有找到适合的工作；三是身体不好。说明家庭多维负担会导致搬迁劳动力找不到工作，影响搬迁移民就业。身体不好、家里有人需要照顾、没有找到适合的工作、年纪大想休息等这些因素对"半年内没有工作"有显著影响，表明这些因素是影响是否参加工作的重要原因。家庭照料负担对工作稳定性有显著影响，家庭照料负担较重的受访者更可能表现出较低的就业意愿。

表 6 - 14　没有工作的原因响应率和普及率汇总

没有工作的原因	响应		普及率（$n=429$）（％）
	n	响应率（％）	
身体不好	100	18.38	23.31
家里有人需要照顾	149	27.39	34.73
没有找到适合的工作	112	20.59	26.11
年纪大了，想休息	47	8.64	10.96
没有工作技能	69	12.68	16.08
其他	67	12.32	15.62
汇总	544	100	126.81

注：拟合优度检验 $\chi^2=75.897$，$p=0.000$。

（4）更换工作情况及其影响因素。

①更换工作情况的频数分析。从表 6 - 15 来看，有工作的 882 人中，不更换工作的占比较高，为 60.66％，1 年更换 1 次工作的占比为 22％，不

定期频繁更换工作的占比为 17.35%。

②工作时间、工资收入和工作满意度对更换工作情况的影响。为了检验工作时间、工资收入和工作满意度是否影响工作的稳定性，将平均每天工作时间、平均每月工资收入和工作满意度与更换工作情况进行交叉（卡方）分析（表 6-16），分析结果如下。

表 6-15　更换工作情况统计分析

选项	频数	百分比（%）
不定期频繁更换	153	17.35
1 年更换 1 次	194	22.00
不更换，工作较稳定	535	60.66
合计	882	100.0

第一，工作时间与工作稳定性的交叉分析。卡方检验结果显示，工作时间与工作稳定性之间的关系在统计上不显著（$p > 0.05$），两者之间没有明显的线性关系，表明工作时间对工作稳定性没有显著影响。

第二，工资收入与工作稳定性的交叉分析。工资收入对工作稳定性有显著的影响关系。高工资收入与较高的工作稳定性相关，而低工资收入与较低的工作稳定性相关。结果表明工资收入是影响工作稳定性的重要因素。工资收入与工作稳定性之间的关系在统计上高度显著（$p < 0.01$），工资在 2 000 元以内的，不定期频繁更换工作的人数占比为 44.44%，而不更换工作的人数比为 17.20%。工资在 2 000～5 000 元的，不定期频繁更换工作的人数占比为 16.49%，而不更换工作的人数占比 51.03%。工资在 5 000 元以上这一工资区间中，选择不定期频繁更换工作的人数占 7.84%，而不更换工作的人数占 31.78%。随着工资收入的增加，工作稳定性的比例显著提高。在 2 000 元以内的工资区间中，工作不稳定的比例较高；而在 5 000 元以上的工资区间中，工作稳定性的比例显著增加。

第三，工作满意度与工作稳定性的交叉分析。工作满意度对工作稳定性有显著的影响，高工作满意度与较高的工作稳定性相关，而低工作满意度与较低的工作稳定性相关。卡方检验结果显示，工作满意度与工作稳定性之间的关系在统计上高度显著（$\chi^2 = 58.627$，$p = 0.000 < 0.01$）。对工作非常满意的人数中，不更换工作占比最大，为占 45.05%；对工作基本满意的人中，不更换工作的人数占 49.72%；在对工作不满意的人中，不更换工作的比例较低。

综上分析，工作时间与工作稳定性之间没有显著关系，工作时间的长短并不是决定工作稳定性的重要因素。工资收入和工作满意度与工作稳定性之间存在显著关系。高工资收入和高工作满意度与较高的工作稳定性相关，而低工资收入和低工作满意度与较低的工作稳定性相关。

表 6-16 交叉（卡方）分析结果

题目	选项	更换工作情况			总计	χ^2	p
		不定期频繁更换	1年更换1次	不更换，工作较稳定			
平均每天工作的时间	8 小时以内（含 8 小时）	75 (49.02)	88 (45.36)	229 (42.80)	392 (44.44)		
	8～12 小时（含 12 小时）	71 (46.41)	99 (51.03)	260 (48.60)	430 (48.75)	8.025	0.091
	12 小时以上	7 (4.58)	7 (3.61)	46 (8.60)	60 (6.80)		
	总计	153	194	535	882		
平均每月工资收入	2 000 元以内	68 (44.44)	32 (16.49)	92 (17.20)	192 (21.77)		
	2 000～5 000 元	73 (47.71)	135 (69.59)	273 (51.03)	481 (54.54)	93.123	0.000
	5 000 元以上	12 (7.84)	27 (13.92)	170 (31.78)	209 (23.70)		
	总计	153	194	535	882		
工作满意度	非常满意	62 (40.52)	47 (24.23)	241 (45.05)	350 (39.68)		
	基本满意	66 (43.14)	105 (54.12)	266 (49.72)	437 (49.55)	58.627	0.000
	不满意	25 (16.34)	42 (21.65)	28 (5.23)	95 (10.77)		
	总计	153	194	535	882		

注：括号内为百分比。

③易地搬迁移民个体特质对更换工作情况的影响分析。将有工作的882 人的性别、年龄、文化程度作为自变量，而更换工作情况作为因变量进行多分类 Logit 回归分析（表 6-17，表 6-18）。

表 6 - 17　多分类 Logistic 回归模型似然比检验

模型	−2 倍对数似然值	χ^2	df	p 值	AIC 值	BIC 值
仅截距	1 658.518					
最终模型	1 561.748	96.771	6	0.000	1 577.748	1 616.005

模型检验的原定假设为是否放入自变量（性别、年龄、文化程度），模型质量均一样，而这里 $p<0.01$，因而说明拒绝原定假设，放入的自变量具有有效性，本次模型构建有意义。

将性别、年龄、文化程度共 3 项作为自变量，而将"更换工作情况"作为因变量进行多分类 Logistic 回归分析（并且以因变量"更换工作情况"的第一项"不定期频繁更换"作为参照项进行对比分析），因变量一共有 3 项，最终会有 2 个公式，模型公式如下：

ln（1 年更换 1 次/不定期频繁更换）＝−0.347＋0.792×性别−0.538×年龄＋0.559×文化程度

ln（不更换，工作较稳定/不定期频繁更换）＝−1.189＋0.750×性别−0.017×年龄＋0.746×文化程度

由表 6-18 可知，相对于不定期频繁更换工作来讲，在 1 年更换 1 次的前提之下，性别的回归系数值为 0.792，并且呈现出 0.01 水平的显著性（$z=3.453$，$p=0.001<0.01$），表明性别会对更换工作情况产生显著的正向影响关系。优势比（OR 值）为 2.207，性别为男性（以女性为参照）时，选择 1 年更换 1 次工作而非不定期频繁更换工作的发生比是女性的 2.207 倍。年龄每增加 1 岁，选择 1 年更换 1 次工作而非不定期频繁更换工作的发生比降低 41.6%（$OR=0.584$，$z=-3.156$，$p=0.002<0.01$）。受教育程度每提高 1 级，选择 1 年更换 1 次工作而非不定期频繁更换工作的发生比提高 74.9%（$OR=1.749$，$z=4.019$，$p=0.000<0.01$）。

相对于不定期频繁更换工作来讲，在不更换工作的前提之下，性别的回归系数值为 0.750，并且呈现出 0.01 水平的显著性（$z=3.811$，$p=0.000<0.01$），说明性别会对更换工作情况产生显著的正向影响关系，以及优势比（OR 值）为 2.116，说明男性选择稳定工作的发生比例是女性

的 2.116 倍。年龄的回归系数值为 -0.017，但是并没有呈现出显著性（$z=-0.120$，$p=0.904>0.05$），意味着年龄并不会对更换工作情况产生显著影响关系。文化程度的回归系数值为 0.746，并且呈现出显著性（$z=5.840$，$p=0.000<0.01$），意味着文化程度会对更换工作情况产生显著的正向影响关系，以及优势比（OR 值）为 2.109，意味着文化程度增加一个单位时，选择稳定工作的比例提高 110.9%。

表 6-18　多分类 Logistic 回归分析结果汇总

更换工作情况	变量	回归系数	标准误	z 值	Wald χ^2	p 值	OR 值	OR 值 95% CI
1年更换1次	性别	0.792	0.229	3.453	11.925	0.001	2.207	1.408~3.459
	年龄	−0.538	0.171	−3.156	9.963	0.002	0.584	0.418~0.815
	文化程度	0.559	0.139	4.019	16.153	0.000	1.749	1.332~2.298
	截距	−0.347	0.776	−0.448	0.201	0.654	0.707	0.154~3.232
不更换，工作较稳定	性别	0.750	0.197	3.811	14.527	0.000	2.116	1.439~3.111
	年龄	−0.017	0.143	−0.120	0.015	0.904	0.983	0.743~1.300
	文化程度	0.746	0.128	5.840	34.106	0.000	2.109	1.642~2.708
	截距	−1.189	0.677	−1.756	3.082	0.079	0.305	0.081~1.148

注：McFadden $R^2=0.058$；
　　Cox & Snell $R^2=0.104$；
　　Nagelkerke $R^2=0.123$。

男性移民的工作状态总体上表现出比女性移民更高的稳定性（相对于频繁更换工作）。年龄增长显著降低了选择 1 年更换 1 次工作的发生比例，但对选择稳定不更换工作的发生比例无显著影响。较高的文化程度与选择更稳定的工作状态（相对于频繁更换工作）显著正相关。需注意，模型的伪 R^2 值（McFadden $R^2=0.058$）较低，提示所考察的自变量（性别、年龄、文化程度）仅解释了工作更换情况变异的一小部分。

3. 就业意愿及其影响因素分析

（1）就业意愿（今后工作有无明确的打算）频数分析。从表 6-19 可以看出，当对"今后工作有无明确的打算"进行分析时，有明确打算的占比为 56.99%，没有明确打算的占比为 43.01%。结果表明劳动力市场建设取得了一定的成效，能够提供足够的就业机会和良好的就业环境，激发个体的就业积极性。但劳动力市场建设仍存在不足，需要进一步加强政策支持、培训和技能提升、社会支持等，提高劳动力市场的吸引力和活力。

（2）就业意愿的影响因素分析。第一，易地搬迁移民个人特质与就业意愿。在有效总样本 1 409 份数据中，进一步将性别、年龄、文化程度、半年内工作情况作为自变量，而将"今后的工作有无明确的打算"作为因变量进行二元 Logit 回归分析（表 6－20）。

表 6－19　今后的工作有无明确的打算

选项	频数	百分比（%）
有	803	56.99
没有	606	43.01
合计	1 409	100.0

表 6－20　二元 Logit 回归模型似然比检验结果

模型	一2 倍对数似然值	χ^2	df	p 值	AIC 值	BIC 值
仅截距	1 925.655					
最终模型	1 717.132	208.522	4	0.000	1 727.132	1 753.386

首先对模型整体有效性进行分析。该模型检验的原定假设为是否放入自变量（性别、年龄、文化程度、半年内工作情况）模型质量均一样，但 $p<0.05$，说明拒绝原定假设，即说明本次构建模型时，放入的自变量具有有效性，本次模型构建有意义。

从表 6－21 可知，将性别、年龄、文化程度、半年内工作情况作为自变量，而将"今后的工作有无明确的打算"作为因变量进行二元 Logit 回归分析，结果显示，性别、年龄、文化程度、半年内工作情况可以解释"今后的工作有无明确的打算"的 10.8% 变异。模型公式为：

$$\ln(P/1-P)=0.135+0.035\times 性别-0.221\times 年龄+0.548\times 文化程度-0.263\times 半年内工作情况$$

其中 P 代表"今后的工作有无明确的打算"为 1 的概率，$1-P$ 代表"今后的工作有无明确的打算"为 0 的概率。

性别的回归系数值为 0.035，但是并没有呈现出显著性（$z=0.301$，$p=0.763>0.05$），意味着性别并不会对"今后的工作有无明确的打算"产生影响关系。

年龄的回归系数值为 -0.221，并且呈现出 0.01 水平的显著性（$z=-2.697$，$p=0.007<0.01$），意味年龄会对"今后的工作有无明确的打算"产生显著的负向影响关系。优势比（OR 值）为 0.801，意味着年龄增加一个单位时，"今后的工作有无明确的打算"的变化（减少）幅度为 0.801 倍。

文化程度的回归系数值为 0.548，并且呈现出 0.01 水平的显著性（$z=8.711$，$p=0.000<0.01$），意味着文化程度会对"今后的工作有无明确的打算"产生显著的正向影响关系。优势比（OR 值）为 1.730，意味着文化程度增加一个单位时，"今后的工作有无明确的打算"的变化（增加）幅度为 1.730 倍。

半年内工作情况的回归系数值为 -0.263，并且呈现出 0.01 水平的显著性（$z=-2.832$，$p=0.005<0.01$），意味着半年内工作情况会对"今后的工作有无明确的打算"产生显著的负向影响关系。优势比（OR 值）为 0.768，意味着半年内工作情况增加一个单位时，"今后的工作有无明确的打算"的变化（减少）幅度为 0.768 倍。

表 6－21　二元 Logit 回归分析结果汇总

自变量	回归系数	标准误	z 值	Waldχ^2	p 值	OR 值	OR 值 95% CI
性别	0.035	0.117	0.301	0.091	0.763	1.036	0.824～1.303
年龄	-0.221	0.082	-2.697	7.274	0.007	0.801	0.682～0.941
文化程度	0.548	0.063	8.711	75.887	0.000	1.730	1.529～1.957
工作情况（半年内）	-0.263	0.093	-2.832	8.020	0.005	0.768	0.640～0.922
截距	0.135	0.418	0.322	0.104	0.747	1.144	0.504～2.596

注：因变量＝今后的工作有无明确的打算；

　　McFadden $R^2=0.108$。

综上，文化程度会对就业意愿产生显著的正向影响关系，提高文化程度和技能水平有助于提升就业意愿。年龄对就业意愿产生显著的负向影响关系，需要关注年龄较大的搬迁移民，提供更多的就业支持和帮助。半年内工作情况对就业意愿产生显著的负向影响关系，需要为没有工作经验的搬迁移民提供更多的就业机会和就业支持。性别并不会对就业意愿产生影响关系，表明性别平等在劳动力市场建设中具有重要意义。

第二，易地搬迁移民家庭照料影响就业意愿。在"没有工作"的 429份样本中，当问及"今后，您是否想参加工作?"时，322 人回答"是"，占比为 75.06%，107 人回答"否"，占比为 24.94%（图 6 - 3）。运用"简单平均得分法"计算充分证实这一点。表示"今后不想参加工作"的107 人中，排除"其他"项，对其不想参加工作的原因进行分析发现，"自己学不会工作技能"的平均值最高，为 0.290，表明相当一部分人认为自己缺乏必要的工作技能，无法胜任工作，这可能与他们的教育背景、培训经历以及个人工作技能有关；其次是"对生活质量要求不高，有吃的、过得去就行"，平均值为 0.271，这部分人对生活质量的要求较低，认为只要基本生活需求得到满足即可，缺乏对更高生活质量的追求；第三是"没有自信心去工作"，平均值为 0.243，缺乏自信心，可能是因为搬迁后他们对自己的能力、经验或者与人沟通交流方面感到不确定；第四是"对工作环境不适应"，平均值为 0.215，这部分人对工作环境感到不适应，主要是搬迁移民对搬迁后的工作环境的变化感到不适应（表 6 - 22）。

今后，您是否想参加工作?

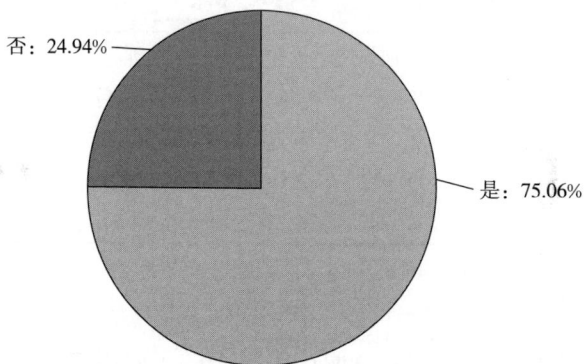

图 6 - 3 半年内无工作人员参加工作意愿

表6-22 今后不想参加工作的主要原因

原因	平均值
没有自信心去工作	0.243
对工作环境不适应	0.215
对生活质量要求不高，有吃的过得去就行	0.271
工作中，与人交往沟通能力欠缺，害怕与人沟通	0.093
自己学不会工作技能	0.290
其他	0.402

（四）搬迁移民就业能力

1. 易地搬迁移民就业技能分析

（1）易地搬迁移民个体技能特质分析。在有工作的882份样本中，因考虑到个体技能的多样性，故把问卷中涉及搬迁移民技能信息的题项设计成多选题形式。分别用频数分析和简单平均得分方法对技能情况进行分析（表6-23）。频数分析和简单平均得分方法均显示，驾驶技术和烹饪技能在搬迁移民中最为普及，掌握人数多且整体掌握程度高。木匠、石匠、电脑等技能也具有一定代表性，但响应人数和整体掌握程度略逊于驾驶技术和烹饪技能。瓦匠、裁缝、刺绣等手工技能虽有一定普及率，但整体掌握程度有限。而掌握蜡染技术等个别技能则极为少见，掌握程度极低。综合来看，搬迁移民技能情况呈现出多样性和差异性，需针对性开展培训和教育以提升整体技能水平。

表6-23 易地搬迁移民个人技能情况

技能	响应		普及率（n=882）（%）	平均值
	n	响应率（%）		
瓦匠	73	5.72	8.28	0.083
石匠	105	8.23	11.90	0.119
木匠	116	9.09	13.15	0.132
裁缝	97	7.60	11.00	0.110
蜡染	7	0.55	0.79	0.008
电脑	106	8.31	12.02	0.120
刺绣	88	6.90	9.98	0.100

（续）

技能	响应		普及率（$n=882$）（%）	平均值
	n	响应率（%）		
厨师	150	11.76	17.01	0.170
驾驶技术	263	20.61	29.82	0.298
其他	134	10.50	15.19	0.152
无	137	10.74	15.53	0.155
汇总	1 276	100	144.67	

（2）易地搬迁移民群体技能特征分析。使用 Kmeans 聚类分析方法对易地搬迁移民技能进行聚类分析（表 6-24），最终聚类得到 3 类群体，占比分别是 29.48%、64.06%、6.46%。

表 6-24　聚类类别基本情况汇总

聚类类别	频数	百分比（%）
多技能劳动者	260	29.48
低技能劳动者	565	64.06
特定技能劳动者	57	6.46
合计	882	100.0

对聚类结果的分析（表 6-25）和重新命名如下：

Cluster_1 为多技能劳动者，占比为 29.48%（260 人）。该群体在多种技能上表现出较高的掌握程度，尤其是在驾驶技术（平均值为 1.00 ± 0.00）方面，几乎该群体所有人都具备该技能。此外，该群体木匠（0.08 ± 0.27）、裁缝（0.05 ± 0.21）、刺绣（0.03 ± 0.17）、厨师（0.20 ± 0.40）、电脑（0.21 ± 0.41）等技能上也有一定的分布，这表明他们在职业技能培训中具有较高的参与度和学习能力。由于具备多种技能，该群体在劳动力市场中具有较强的适应性，能够胜任多种类型的工作岗位，就业稳定性和职业发展前景较好。

Cluster_2 为低技能劳动者，占比为 64.06%（565 人）。该群体在所有技能上的平均值都非常低，尤其是在驾驶技术（0.00 ± 0.00）方面，几乎没有人具备该技能。其他技能如木匠（0.16±0.37）、裁缝（0.06±0.24）、刺绣（0.06±0.24）、厨师（0.12±0.32）、电脑（0.08±0.28）等也表现出较低的掌握程度，表明技能水平有限。由于技能水平较低，该群体在劳动力市场中的竞争力较弱，可能难以胜任高技能要求的工作岗位，从而影响其就业稳定性和职业发展前景。

Cluster_3 为特定技能劳动者，占比为 6.46%（57 人）。该群体在特定技能上表现出较高的掌握程度，尤其是在裁缝（0.86±0.35）和刺绣（0.81±0.40）方面，几乎所有人都具备这些技能。此外，在厨师（0.53±0.50）方面也有一定的技能水平，表明该群体在这些特定领域具有较高的专业技能。该群体在劳动力市场中具有较强的专业性，能够胜任特定类型的工作岗位，在劳动力市场中，该群体就业稳定性可能较高。

表 6 - 25　聚类类别方差分析差异对比结果

技能	聚类类别方差分析差异对比结果（平均值±标准差）			F	p
	cluster_1（n=260）	cluster_2（n=565）	cluster_3（n=57）		
瓦匠	0.07±0.25	0.09±0.29	0.07±0.26	0.581	0.559
木匠	0.08±0.27	0.16±0.37	0.05±0.23	6.995	0.001
裁缝	0.05±0.21	0.06±0.24	0.86±0.35	289.759	0.000
驾驶技术	1.00±0.00	0.00±0.00	0.05±0.23	28 103.297	0.000
刺绣	0.03±0.17	0.06±0.24	0.81±0.40	277.124	0.000
厨师	0.20±0.40	0.12±0.32	0.53±0.50	34.366	0.000
电脑	0.21±0.41	0.08±0.28	0.05±0.23	15.268	0.000
蜡染	0.01±0.09	0.01±0.07	0.04±0.19	2.926	0.054
石匠	0.10±0.31	0.13±0.34	0.04±0.19	2.855	0.058

（3）易地搬迁移民个人技能与更换工作情况、工作满意度、月工资收入相关性分析。从表 6 - 26 可知，利用相关分析研究移民个人技能与更换工作情况、工作满意度、月均工资收入共 3 项之间的相关关系。结果显示，移民个人技能和更换工作情况之间的相关系数值为 -0.024，接近于 0，并且 $p=0.484>0.05$，因而说明移民个人技能和更换工作情况之间并没有相关关系。移民个人技能和工作满意度之间的相关系数值为 0.009，接

近于 0，并且 $p=0.780>0.05$，因而说明移民个人技能和工作满意度之间并没有相关关系。移民个人技能和月均工资收入之间的相关系数值为 0.089，并且呈现出 0.01 水平的显著性，因而说明移民个人技能和月均工资收入之间有着显著的正相关关系。

表 6 – 26　Pearson 相关分析

变量	项目	移民个人技能
	相关系数	−0.024
更换工作情况	p 值	0.484
	样本量	882
	相关系数	0.009
工作满意度	p 值	0.780
	样本量	882
	相关系数	0.089
月均工资收入	p 值	0.008
	样本量	882

个人技能分别与更换工作情况、工作满意度之间没有显著相关性，说明技能水平对工作更换频率和工作满意度影响不大。个人技能与月工资收入之间存在显著正相关，说明技能水平越高，月工资收入越高。

（4）易地搬迁移民个人技能与月平均工资收入均值线性回归分析。从表 6 – 27 可知，将移民个人技能作为自变量，而将月均工资收入作为因变量进行线性回归分析，模型公式为：

$$月均工资收入 = 1.900 + 0.907 × 移民个人技能$$

模型 R^2 值为 0.008，移民个人技能可以解释月均工资收入的 0.8% 变异。进一步对模型进行 F 检验时，发现模型通过 F 检验（$F=7.007$，$p=0.008<0.05$），表明移民个人技能与月均工资收入之间存在统计上显著的线性关系。VIF 为 1.000，容忍度为 1.000，不存在多重共线性问题，模型稳定。移民个人技能对月工资收入有显著正向影响，技能水平每增加一个单位，月工资收入平均增加 0.907 个单位。

表 6-27　线性回归分析结果（$n=882$）

项目	非标准化系数		标准化系数	t	p	共线性诊断	
	系数	标准误				VIF	容忍度
常数	1.900	0.050	—	37.693	0.000	—	—
移民个人技能	0.907	0.342	0.089	2.647	0.008	1.000	1.000
R^2				0.008			
调整 R^2				0.007			
F				$F_{(1\ 880)}=7.007$，$p=0.008$			
D-W 值				1.265			

注：因变量=月平均工资收入。

个人技能对月工资收入有显著正向影响，说明提升个人技能有助于提高工资收入。个人技能与其他变量（工作更换情况、工作满意度）之间没有显著相关性，说明技能水平对工作更换频率和工作满意度影响不大。模型解释力较弱，仅能解释 0.8% 的变异，说明月工资收入受多种因素影响，个人技能只是其中之一。

2. 易地搬迁移民月平均工资收入分析

（1）易地搬迁移民月平均工资描述统计分析。在 1 409 份有效数据中，"有工作"的 882 人，平均每月工资收入的平均值为 2.019，接近 2 000～5 000 元的区间，表明大多数搬迁移民的工资收入处于中等水平。标准差为 0.674，表示工资收入的离散程度适中，说明搬迁移民的工资收入存在一定的差异。中位数为 2.000，进一步确认了大多数搬迁移民的工资收入集中在 2 000～5 000 元区间（表 6-28）。

表 6-28　平均每月工资收入描述统计分析

项目	样本量	最小值	最大值	平均值	标准差	中位数
平均每月工资收入	882	1.000	3.000	2.019	0.674	2.000

用频数分析（表 6-29）方法也证实这一结论。大多数搬迁移民的月平均工资收入集中在 2 000～5 000 元，占比 54.54%，表明这一收入区间

是搬迁移民的主要收入水平。收入 2 000 元以内的搬迁移民占比 21.77%，收入 5 000 元以上的搬迁移民占比 23.70%，说明搬迁移民的工资收入存在一定的多样性，但总体上以中等收入为主。

表 6-29　平均每月工资收入频数分析结果

项目	选项	频数	百分比（%）
平均每月工资收入	2 000 元以内	192	21.77
	2 000~5 000 元	481	54.54
	5 000 元以上	209	23.70
合计		882	100.0

（2）易地搬迁移民月均工资收入的个体差异。将月平均工资收入与性别、年龄、文化程度进行交叉（卡方）分析（表 6-30）。结果显示，性别与月工资收入之间存在显著关联（$p=0.044<0.05$），表明性别对工资收入有显著影响。男性在高收入区间（5 000 元以上）的比例较高，女性在低收入区间（2 000 元以内）的比例较高。年龄与月工资收入之间存在显著关联（$p=0.000<0.01$），表明年龄对工资收入有显著影响。年轻群体（16~30 岁）在高收入区间（5 000 元以上）的比例较高，年长群体（46~60 岁）在低收入区间（2 000 元以内）的比例较高。文化程度与月工资收入之间存在显著关联（$p=0.000<0.01$），表明文化程度对工资收入有显著影响。文化程度较高的搬迁移民（大专及以上）在高收入区间（5 000 元以上）的比例较高，文化程度较低的搬迁移民（小学及以下）在低收入区间（2 000 元以内）的比例较高。

（3）易地搬迁移民月平均工资收入的影响因素。将工作区域、工作行业、工作时间、工作环境、工作满意度、更换工作情况、移民个人技能、参与培训作为自变量，将工资收入作为因变量进行有序 logistic 回归分析（表 6-31）。

表6-30　月平均工资收入与个体差异交叉（卡方）分析结果

项目	选项	月平均工资收入			总计	χ^2	p
		2 000元以内	2 000～5 000元	5 000元以上			
性别	男	90（46.88）	230（47.82）	120（57.42）	440（49.89）	6.260	0.044
	女	102（53.13）	251（52.18）	89（42.58）	442（50.11）		
年龄	16～30岁	42（21.88）	190（39.50）	67（32.06）	299（33.90）	50.806	0.000
	31～45岁	61（31.77）	177（36.80）	90（43.06）	328（37.19）		
	46～60岁	84（43.75）	113（23.49）	52（24.88）	249（28.23）		
	61岁以上	5（2.60）	1（0.21）	0（0.00）	6（0.68）		
文化程度	小学及以下	115（59.90）	150（31.19）	40（19.14）	305（34.58）	82.768	0.000
	初中	48（25.00）	168（34.93）	86（41.15）	302（34.24）		
	高中、中专	15（7.81）	69（14.35）	40（19.14）	124（14.06）		
	大专	7（3.65）	44（9.15）	22（10.53）	73（8.28）		
	大学及以上	7（3.65）	50（10.40）	21（10.05）	78（8.84）		
	总计	192	481	209	882		

注：括号内为百分比。

表6-31　有序 Logistic 回归模型似然比检验

模型	－2倍对数似然值	χ^2	df	p值	AIC值	BIC值
仅截距	1 770.629					
最终模型	1 356.166	414.463	8	0.000	1 376.166	1 423.988

从表6-32可知，模型的 McFadden R^2 为0.234，表明工作区域、工作行业、工作时间、工作环境、工作满意度、更换工作情况、移民个人技能、参与培训可以解释月平均工资收入的23.4%变异，模型公式如下：

logit［P（月平均工资收入2 000元以内）/（1－P（月平均工资收入2 000元以内））］＝2.471－0.641×工作区域－0.100×工作行业＋1.058×工作时间＋0.515×工作环境＋0.042×工作满意度＋0.881×更换工作情况＋3.169×移民个人技能＋0.731×参与培训

logit［P（月平均工资收入 2 000～5 000 元)/(1－P（月平均工资收入 2 000～5 000 元))）]＝6.027－0.641×工作区域－0.100×工作行业＋1.058×工作时间＋0.515×工作环境＋0.042×工作满意度＋0.881×更换工作情况＋3.169×移民个人技能＋0.731×参与培训

表 6－32　有序 Logistic 回归模型分析结果汇总

变量名称	项目	回归系数	标准误	z 值	Wald χ^2	p 值	OR 值	OR 值 95% CI
因变量	2 000 元以内	2.471	0.560	4.409	19.443	0.000	0.085	0.028～0.253
	2 000～5 000 元	6.027	0.597	10.098	101.970	0.000	0.002	0.001～0.008
自变量	工作区域	－0.641	0.063	－10.101	102.025	0.000	0.527	0.465～0.596
	工作行业	－0.100	0.061	－1.627	2.648	0.104	0.905	0.802～1.021
	工作时间	1.058	0.135	7.838	61.438	0.000	2.879	2.210～3.751
	工作环境	0.515	0.153	3.366	11.327	0.001	1.674	1.240～2.260
	工作满意度	0.042	0.135	0.312	0.097	0.755	1.043	0.801～1.358
	更换工作情况	0.881	0.101	8.714	75.936	0.000	2.412	1.979～2.941
	移民个人技能	3.169	1.116	2.840	8.067	0.005	23.786	2.670～211.885
	参与培训	0.731	0.152	4.822	23.249	0.000	2.076	1.543～2.794

备注：McFadden R^2＝0.234；

　　　Cox 和 Snell R^2＝0.375；

　　　Nagelkerke R^2＝0.375。

工作区域、工作行业、工作时间、工作环境、工作满意度、更换工作情况、移民个人技能、参与培训对月均工资收入的具体影响如下：

工作区域的回归系数值为－0.641，并且呈现出 0.01 水平的显著性（z＝－10.101，p＝0.000<0.01），表明工作区域会对月平均工资收入产生显著的负向影响关系。优势比（OR 值）为 0.527，意味着工作区域变动一个单位时，月平均工资收入的变化（减少）幅度为 0.527 倍。

工作行业的回归系数值为－0.100，但是并没有呈现出显著性（z＝－1.627，p＝0.104>0.05），意味着工作行业并不会对月平均工资收入产生影响关系。

工作时间的回归系数值为 1.058，并且呈现出 0.01 水平的显著性（z＝7.838，p＝0.000<0.01），表明工作时间会对月平均工资收入产生显著

的正向影响关系。优势比（OR 值）为 2.879，意味着工作时间增加一个单位时，月平均工资收入的变化（增加）幅度为 2.879 倍。

工作环境的回归系数值为 0.515，并且呈现出 0.01 水平的显著性（$z=3.366$，$p=0.001<0.01$），表明工作环境会对月平均工资收入产生显著的正向影响关系。优势比（OR 值）为 1.674，意味着工作环境优化一个单位时，月平均工资收入的变化（增加）幅度为 1.674 倍。

工作满意度的回归系数值为 0.042，但是并没有呈现出显著性（$z=0.312$，$p=0.755>0.05$），表明工作满意度并不会对月平均工资收入产生影响关系。

更换工作情况的回归系数值为 0.881，并且呈现出 0.01 水平的显著性（$z=8.714$，$p=0.000<0.01$），表明更换工作情况会对月平均工资收入产生显著的正向影响关系。优势比（OR 值）为 2.412，意味着更换工作情况增加一个单位时，月平均工资收入的变化（增加）幅度为 2.412 倍。

移民个人技能的回归系数值为 3.169，并且呈现出 0.01 水平的显著性（$z=2.840$，$p=0.005<0.01$），表明移民个人技能会对月平均工资收入产生显著的正向影响关系。优势比（OR 值）为 23.786，意味着移民个人技能增加一个单位时，月平均工资收入的变化（增加）幅度为 23.786 倍。

参与培训的回归系数值为 0.731，并且呈现出 0.01 水平的显著性（$z=4.822$，$p=0.000<0.01$），表明参与培训会对月平均工资收入产生显著的正向影响关系。优势比（OR 值）为 2.076，意味着参与培训增加一个单位时，月平均工资收入的变化（增加）幅度为 2.076 倍。

总体上，工作时间、工作环境、更换工作情况、移民个人技能、参与培训会对月平均工资收入产生显著的正向影响关系，工作区域会对月平均工资收入产生显著的负向影响关系。但是工作行业、工作满意度并不会对月平均工资收入产生影响关系。

3. 工作满意度

（1）工作满意度频数分析。在有工作的 882 份样本中，对工作非常满意的占比为 39.68%，对工作基本满意的占比为 49.55%，对工作不满意的占比为 10.77%（表 6-33）。

表 6-33　工作满意度频数分析

选项	频数	百分比（%）
非常满意	350	39.68
基本满意	437	49.55
不满意	95	10.77
合计	882	100.0

（2）工作满意度个体差异分析。从表 6-34 可知，利用卡方检验（交叉分析）研究工作满意度对于性别、年龄、文化程度共 3 项的差异关系，结果显示，性别和文化程度影响工作满意度，但年龄不会对工作满意度有影响。具体分析情况如下：

表 6-34　工作满意度个体差异交叉（卡方）分析结果

项目	选项	工作满意度			总计	χ^2	p
		非常满意	基本满意	不满意			
性别	男	189 (54.00)	198 (45.31)	53 (55.79)	440 (49.89)	7.356	0.025
	女	161 (46.00)	239 (54.69)	42 (44.21)	442 (50.11)		
年龄	16～30 岁	135 (38.57)	131 (29.98)	33 (34.74)	299 (33.90)	7.856	0.249
	31～45 岁	117 (33.43)	177 (40.50)	34 (35.79)	328 (37.19)		
	46～60 岁	95 (27.14)	127 (29.06)	27 (28.42)	249 (28.23)		
	61 岁以上	3 (0.86)	2 (0.46)	1 (1.05)	6 (0.68)		
文化程度	小学及以下	129 (36.86)	140 (32.04)	36 (37.89)	305 (34.58)	20.089	0.010
	初中	99 (28.29)	170 (38.90)	33 (34.74)	302 (34.24)		
	高中或中专	48 (13.71)	67 (15.33)	9 (9.47)	124 (14.06)		
	大专	31 (8.86)	35 (8.01)	7 (7.37)	73 (8.28)		
	大学及以上	43 (12.29)	25 (5.72)	10 (10.53)	78 (8.84)		
总计		350	437	95	882		

注：括号内为百分比。

　　性别与工作满意度的关系。卡方检验结果显示，性别与工作满意度之间存在显著差异（$\chi^2 = 7.356$，$p = 0.025 < 0.05$）。具体来看，男性中对工作非常满意的比例为 54.00％，女性为 46.00％；而"基本满意"这一选项中，女性占比 54.69％，高于男性的 45.31％。这表明男性和女性在工作满意度的体验上有所不同，男性在"非常满意"的体验上略高于女性，而女性在"基本满意"这一相对中性的评价上高于男性。可能的原因是男性和女性在工作中所承担的角色、工作内容、职业期望以及对工作的价值观等方面存在差异，从而导致了工作满意度的不同表现。

年龄与工作满意度的关系。卡方检验结果表明，年龄与工作满意度之间无显著差异（$\chi^2 = 7.856$，$p = 0.249 > 0.05$）。从各年龄段的数据来看，16～30 岁群体中"非常满意"的占 38.57％，"基本满意"的占 29.98％，"不满意"的占 34.74％；31～45 岁群体中"非常满意"的占 33.43％，"基本满意"的占 40.50％，"不满意"的占 35.79％；46～60 岁群体中"非常满意"的占 27.14％，"基本满意"的占 29.06％，"不满意"的占 28.42％；61 岁以上群体由于样本量较小，数据参考性有限。总体而言，不同年龄段的工作满意度分布没有呈现出明显的规律性差异，说明在本研究样本中，年龄因素对工作满意度的影响不显著。这可能是因为工作满意度受到多种因素的综合影响，年龄所带来的工作经验、职位晋升、家庭状况等变化在不同个体身上表现各异，相互抵消了年龄本身对工作满意度的单一影响。

文化程度与工作满意度的关系。卡方检验结果显示，文化程度与工作满意度之间存在显著差异（$\chi^2 = 20.089$，$p = 0.010 < 0.05$）。具体分析各文化程度层次的数据，"非常满意"选项中，小学及以下文化程度者占 36.86％，初中毕业的占 28.29％，高中或中专的占 13.71％，大专的占 8.86％，大学及以上的占 12.29％。随着文化程度的提高，"非常满意"的比例呈现先下降后略有上升的趋势，但总体上文化程度较低的群体中"非常满意"的比例相对较高。同时，大学及以上文化程度者中"不满意"的比例为 10.53％，相对较高。这可能是因为较低文化程度者对工作的期望相对较低，更容易从工作中获得满足感；而较高文化程度者往往有着更

高的职业期望和自我实现需求，当工作无法满足这些期望时，就容易产生不满意情绪。此外，不同文化程度群体在工作类型、工作环境、职业发展机会等方面存在差异，也会对工作满意度产生影响。

结果总体显示，性别对工作满意度有显著影响，男性在"非常满意"和"不满意"中的比例较高，女性在"基本满意"中的比例较高，这可能与性别在工作中的角色和期望有关。年龄对工作满意度没有显著影响，各年龄段的工作满意度分布较为均匀，这表明工作满意度与年龄关系不大。文化程度对工作满意度有显著影响，文化程度较低的人群在"非常满意"和"不满意"中的比例较高，文化程度较高的人群在"基本满意"中的比例较高，这可能与文化程度对工作期望和满意度的影响有关。

（3）工作满意度影响因素分析。将工作区域、工作行业、工作时间、工作环境、更换工作情况、月平均工资作为自变量，而将工作满意度作为因变量进行有序 logistic 回归分析，并且使用 Logit 连接函数进行研究。

首先对模型整体有效性进行分析（模型似然比检验）（表6-35）。模型检验的原定假设为是否放入自变量（工作区域、工作行业、工作时间、工作环境、更换工作情况、月平均工资）模型质量均一样。而分析显示拒绝原假设（$\chi^2 = 369.954$，$p = 0.000 < 0.05$），即说明本次构建模型时，放入的自变量具有有效性，本次模型构建有意义。

表6-35　有序 Logistic 回归模型似然比检验

模型	−2 倍对数似然值	χ^2	df	p 值	AIC 值	BIC 值
仅截距	1 684.135					
最终模型	1 314.182	369.954	6	0.000	1 330.182	1 368.439

从表6-36可知，将工作区域、工作行业、工作时间、工作环境、更换工作情况、月平均工资作为自变量，而将工作满意度作为因变量进行有序 logistic 回归分析时，模型伪 R^2 值（McFadden R^2）为 0.220，表明工作区域、工作行业、工作时间、工作环境、更换工作情况、月平均工资可以解释工作满意度的 22.0% 变异。模型公式如下：

logit $[P$（非常满意）/$(1-P$（非常满意）$)]=3.060-0.009\times$工作区域$+0.043\times$工作行业$+0.211\times$工作时间$+2.250\times$工作环境$-0.238\times$更换工作情况$+0.103\times$月平均工资

logit $[P$（基本满意）/$(1-P$（基本满意）$)]=6.533-0.009\times$工作区域$+0.043\times$工作行业$+0.211\times$工作时间$+2.250\times$工作环境$-0.238\times$更换工作情况$+0.103\times$月平均工资

表 6-36　有序 Logistic 回归模型分析结果汇总

变量名称	项目	回归系数	标准误	z 值	Wald χ^2	p 值	OR 值	OR 值 95% CI
因变量	非常满意	3.060	0.488	6.269	39.296	0.000	0.047	0.018~0.122
	基本满意	6.533	0.532	12.271	150.571	0.000	0.001	0.001~0.004
自变量	工作区域	−0.009	0.064	−0.145	0.021	0.885	0.991	0.875~1.123
	工作行业	0.043	0.063	0.687	0.472	0.492	1.044	0.923~1.180
	工作时间	0.211	0.134	1.580	2.496	0.114	1.235	0.950~1.606
	工作环境	2.250	0.146	15.371	236.280	0.000	9.491	7.124~12.645
	更换工作情况	−0.238	0.101	−2.347	5.508	0.019	0.788	0.646~0.962
	月平均工资	0.103	0.134	0.769	0.592	0.442	1.109	0.852~1.442

注：McFadden $R^2=0.220$；

　　Cox 和 Snell $R^2=0.343$；

　　Nagelkerke $R^2=0.343$。

具体分析情况如下：

工作区域的回归系数值为-0.009，但是并没有呈现出显著性（$z=-0.145$，$p=0.885>0.05$），意味着工作区域并不会对工作满意度产生影响关系。

工作行业的回归系数值为 0.043，但是并没有呈现出显著性（$z=0.687$，$p=0.492>0.05$），意味着工作行业并不会对工作满意度产生影响关系。

工作时间的回归系数值为 0.211，但是并没有呈现出显著性（$z=1.580$，$p=0.114>0.05$），意味着工作时间并不会对工作满意度产生影响关系。

工作环境的回归系数值为 2.250，并且呈现出 0.01 水平的显著性（$z=15.371$，$p=0.000<0.01$），意味着工作环境会对工作满意度产生显著的正向影响关系。优势比（OR 值）为 9.491，意味着工作环境增加一个单位时，工作满意度的变化（增加）幅度为 9.491 倍。

更换工作情况的回归系数值为 -0.238，并且呈现出 0.05 水平的显著性（$z=-2.347$，$p=0.019<0.05$），意味着更换工作情况会对工作满意度产生显著的负向影响关系。优势比（OR 值）为 0.788，意味着更换工作情况增加一个单位时，工作满意度的变化（减少）幅度为 0.788 倍。

月平均工资的回归系数值为 0.103，但是并没有呈现出显著性（$z=0.769$，$p=0.442>0.05$），意味着月平均工资并不会对工作满意度产生影响关系。

工作环境对工作满意度有显著的正向影响关系，工作环境越好，工作满意度越高。更换工作情况对工作满意度有显著的负向影响关系，表明更换工作频率越高，工作满意度越低。工作区域、工作行业、工作时间和月平均工资这些因素对工作满意度的影响不显著，表明它们对工作满意度的影响较小。

（五）劳动关系与社会保障

1. 搬迁移民就业中的签订劳动合同频数

在有工作的 882 份样本中，与用工单位签订劳动合同的为 455 人，占比为 51.59%；与用工单位没有签订劳动合同的为 427 人，占比为 48.41%（表 6-37）。结果表明，虽然超过一半的劳动者与用工单位建立了相对正式的劳动关系，但仍有近一半的劳动者处于没有劳动合同保障的状态。没有签订劳动合同的劳动者可能面临更大的权益保障风险。

在有家庭人口就业的 1 245 份样本中，进一步分析受访者家人就业的劳动关系发现（表 6-38），32.69% 的家庭劳动力与用人单位签订劳动合同，32.77% 家庭劳动力就业没有与用人单位签订劳动合同，34.54% 的家庭表示有的劳动力与用人单位签订劳动合同、有的劳动力没有与用人单位签订劳动合同[①]。占比相对较多的是有的签订了劳动合同、有的没有签订劳动合同，反映了家庭劳动力就业的多样性和复杂性。在一个家庭中，不同成员可能在不同的地区从事不同类型的工作，有的工作较为稳定、规范，能够签订劳动合同；而有的工作则较为灵活、临时，无法签订劳动合同。调研走访中发现，外出务工中大多数都与用人单位签订劳动合同或者劳动协议；就近务工中，公益性岗位都与用工单位签订合同，但就近临时性工作多数不与用人单位签订劳动合同。这可能导致家庭就业劳动力在劳动权益保障方面的差异，也给家庭的整体经济稳定性和权益维护带来了一定的挑战。

表 6-37　搬迁移民个人工作劳动关系频数分析

题目	选项	频数	百分比（%）
您是否与用人单位（或者其他机构）签订劳动合同（或者劳动协议)?	是	455	51.59
	否	427	48.41
合计		882	100.0

表 6-38　搬迁家庭人口就业劳动关系频数分析

题目	选项	频数	百分比（%）
您的家人是否与用人单位签订劳动合同?	与用人单位签订劳动合同	407	32.69
	与用人单位没有签订劳动合同	408	32.77
	有的家人签订，有的家人没有签订	430	34.54
合计		1 245	100.0

从整体来看，A 省易地搬迁移民的劳动关系呈现出一定的多样性和不均衡性。部分劳动者能够与用人单位建立规范的劳动关系，享受相应的权益保障；但仍有相当一部分劳动者与用人单位在劳动关系方面存在不规范、不稳定的情况。这可能与当地的经济发展水平、就业市场环境、劳动

[①]　因考虑到有的家庭劳动力就业人口较多，签订劳动合同或者劳动协议的情况异质性较大，故在问卷中问及"您的家人是否与用人单位签订劳动合同?"时，设计成三种回答模式，即与用人单位签订劳动合同；没有与用人单位签订劳动合同；有的家人签订，有的家人没有签订。

法律法规的宣传和执行力度等多种因素有关。

2. 搬迁移民就业中的社会保障关系频数分析

在 882 份样本中，明确表示用人单位为其购买社会保险的 382 人，占比为 43.31％；表示用人单位没有为其购买社会保险的 500 人，占比为 56.69％（表 6-39）。这一比例超过搬迁移民没有与用人单位签订劳动合同的比例。

表 6-39　搬迁移民个人就业社会保障频数分析结果

题目	选项	频数	百分比（%）
您所工作的单位是否为您购买社会保险？	是	382	43.31
	否	500	56.69
合计		882	100.0

在 1 245 份家庭人口就业的数据中（表 6-40），用人单位为家人购买社会保险的占比 32.21％；用人单位没有为家人购买社会保险的占比为 39.04％；有的购买了、有的没有购买①的比例为 28.76％。这种情况反映了家庭劳动力就业的社会保障状况存在较大的异质性。在一个家庭中，不同成员可能在不同的地方从事不同类型和性质的工作，有的工作较为规范，用人单位能够为其购买社会保险；而有的工作则较为灵活或不规范，用人单位没有为其购买社会保险。调研发现，省外务工企业会为外出务工搬迁移民购买社会保险，但务工人员本身不愿意购买社保。根据现在购买保险的模式，企业为员工购买保险，企业承担一半，务工人员个人要承担一半，这样会导致务工人员月工资收入相对减少，而他们中的大多数人没有长远的保障意识，需要的是近期的利益。因此，多数务工人员不愿意用工单位为其购买社会保险。就近务工的人员中，多数从事临时性工作，没有购买社会保险。

---

① 因考虑到有的家庭有好几人就业，用人单位为其购买社会保险的异质性较大，故在问卷中问及"您家人所工作的单位是否为他（她）购买社会保险？"时，设计成三种回答模式，即有购买、没有购买，以及有的家人用人单位购买、有的家人用人单位没有购买。

表 6-40　家人就业社会保障频数分析结果

题目	选项	频数	百分比（%）
您家人所工作的单位是否为他（她）购买社会保险？	购买	401	32.21
	没有购买	486	39.04
	有的家人用人单位购买，有的家人用人单位没有购买	358	28.76
合计		1 245	100.0

从整体来看，A 省易地扶贫搬迁移民的社会保障关系存在不均衡性和不充分性。部分劳动者和家庭能够得到用人单位为其购买的社会保险，享受相应的社会保障权益；但仍有相当一部分劳动者和家庭无法享受到应有的社会保障方面，缺乏必要的经济保障。这与地方经济发展情况、搬迁移民社会保障意识、劳动力市场等有关。

3. 签订劳动合同、社会保障与工资收入的关系

（1）搬迁移民个人签订劳动合同、社会保障与工资收入的交叉分析。在有工作的 882 份数据中，利用卡方检验（交叉分析）分析搬迁移民签订劳动合同与月均工资收入的关系，结果显示，劳动合同签订情况与工资收入之间存在显著的关联性（$\chi^2 = 43.050$，$p = 0.000 < 0.01$），（表 6-41）。签订劳动合同的劳动者在高工资收入区间的比例显著高于未签订劳动合同的劳动者，说明签订劳动合同可能对提高工资收入有积极作用。

表 6-41　签订劳动合同与月工资收入的交叉（卡方）分析结果

题目	选项	月均工资收入			总计	χ^2	p
		2 000 元以内	2 000～5 000 元	5 000 元以上			
您是否与用人单位（或者其他机构）签订劳动合同（或者劳动协议）？	是	60 (31.25)	266 (55.30)	129 (61.72)	455 (51.59)	43.050	0.000
	否	132 (68.75)	215 (44.70)	80 (38.28)	427 (48.41)		
总计		192	481	209	882		

注：括号内为百分比。

在有工作的 882 份数据中，利用卡方检验（交叉分析）分析搬迁移民社会保险与月均工资收入的关系，结果显示，用人单位是否购买社会保险与工资收入之间存在显著的关联性（$\chi^2 = 56.967$，$p = 0.000 < 0.01$），（表 6-42）。购买社会保险的劳动者在高工资收入区间的比例显著高于未购买社会保险的劳动者，说明购买社会保险可能对提高工资收入有积极作用。

表 6-42　购买社会保险与月工资收入的交叉（卡方）分析结果

题目	选项	月均工资收入			总计	χ^2	p
		2 000 元以内	2 000～5 000 元	5 000 元以上			
您所工作的单位是否为您购买社会保险？	购买	39 (20.31)	227 (47.19)	116 (55.50)	382 (43.31)	56.967	0.000
	没有购买	153 (79.69)	254 (52.81)	93 (44.50)	500 (56.69)		
总计		192	481	209	882		

注：括号内为百分比。

（2）搬迁移民家人就业中的劳动关系、社会保障与家庭劳动力月均工资收入的关系。从表 6-43 卡方检验发现，在搬迁移民家庭至少有一个劳动力就业的 1 245 户中，家庭劳动力月均工资收入对劳动力是否与用人单位签订劳动合同、用人单位是否为家庭劳动力购买社会保险方面均呈现出显著性差异。家庭劳动力月均工资收入对签订劳动合同呈现出 1% 水平的显著性（$\chi^2 = 53.248$，$p = 0.000 < 0.01$），与用人单位签订劳动合同的劳动力工资范围在 5 000 元以上的占比为 46.62%，明显高于全部签订合同的劳动力比例（32.69%）；与用人单位没有签订劳动合同的劳动力工资范围在 2 000 元以内的占比为 50.68%，明显高于与用人单位没有签订合同的全部劳动力比例（32.77%）；有的家人与用人单位签订合同，有的没有签订合同的家庭，就业劳动力多数工资水平在 2 000～5 000 元，占比为 38.99%，高于此类劳动力占全部人数的比例（34.54%）。

家庭劳动力月均工资收入对用人单位为家庭劳动力购买社会保险呈现出 1％水平的显著性（$\chi^2 = 92.011$，$p = 0.000 < 0.01$），用人单位为家庭劳动力购买社会保险的劳动力的工资范围在 5 000 元以上的占比为 48.87％，明显高于有社会保险的劳动力的比例（32.21％）；用人单位没有为家庭劳动力购买社会保险的劳动力的工资范围在 2 000 元以下的占比为 66.22％，明显高于无社会保险劳动力占总样本的比例（39.04％）；有的用人单位购买社会保险、有用人单位没有购买社会保险的，其家庭劳动力月均工资收入范围在 2 000～5 000 元的占比为 34.06％，明显高于此类劳动力占全部样本的比例（28.76％）。

表 6 - 43　家庭劳动力月均工资收入与劳动保障、社会保障的交叉分析

项目	选项	家庭劳动力平均每月每人工资收入范围			总计	χ^2	p
		2 000 元以内	2 000～5 000 元	5 000 元以上			
家庭劳动力与用人单位签订劳动合同	与用人单位签订劳动合同	34 (22.97)	249 (29.96)	124 (46.62)	407 (32.69)	53.248	0.000
	与用人单位没有签订劳动合同	75 (50.68)	258 (31.05)	75 (28.20)	408 (32.77)		
	有的家人签订，有的家人没有签订	39 (26.35)	324 (38.99)	67 (25.19)	430 (34.54)		
	总计	148	831	266	1 245		
用人单位为家庭劳动力购买社会保险	购买	27 (18.24)	244 (29.36)	130 (48.87)	401 (32.21)	92.011	0.000
	没有购买	98 (66.22)	304 (36.58)	84 (31.58)	486 (39.04)		
	有的家人用人单位购买，有的家人用人单位没有购买	23 (15.54)	283 (34.06)	52 (19.55)	358 (28.76)		
	总计	148	831	266	1 245		

注：括号内为百分比。

（六）公共就业服务能力

1. 易地搬迁移民接受技能培训情况分析

在 1 409 份样本数据中，搬迁后接受过技能培训的有 521 人，占比为 36.98%，没有接受过技能培训的人数为 888 人，占比为 63.02%（表 6 - 44）。这组数据可能会存在误差，原因在于：一是在调查走访中，发现绝大多数接受过就业技能培训的移民，在回答问卷时对"就业技能"这一词汇不理解，所以多数回答没有，但具体到某项培训时，移民均能回答参与过；二是部分搬迁移民因对各种培训有意见，不愿意据实回答参与培训的事实；三是部分受访者是老年群体，不在培训对象范围内。总体上，这组数据反映了在安置区的就业技能培训方面，政府及社区层面还存在需要改进的空间，需要把培训做得更精准，这样才能有利于移民在城市中获得就业机会，促进移民城镇化的发展。

表 6 - 44　频数分析结果

题目	选项	频数	百分比（%）
搬迁以来，您是否接受过工作技能培训？	是	521	36.98
	否	888	63.02
合计		1 409	100.0

进一步追问参与培训的 521 人参与培训的次数得知，参与培训的中位数为 2.000，接近平均 2.464，表明约半数以上移民的培训次数达到 2 次，而培训超过 3 次的移民相对较少（表 6 - 45）。

表 6 - 45　接受培训次数的描述统计分析

题目	样本量	最小值	最大值	平均值	标准差	中位数
您接受培训次数是＿＿次。	521	0.000	18.000	2.464	2.000	2.000

运用多选题形式进一步分析培训内容，发现培训内容存在差异。从表 6 - 46 可知，拟合优度检验呈现出显著性（$\chi^2 = 575.338$，$p = 0.000 < 0.01$），意味着各项的选择比例具有明显差异性，可通过响应率或普及率

具体对比差异性。具体来看，水电工、厨师、家政服务、种植技术共 4 项的响应率和普及率明显较高，表明培训内容的选择呈现出明显的集中趋势，少数几项内容占据了大部分选择比例。

表 6-46　培训内容的响应率和普及率汇总表格

内容	响应		普及率（n=521）（%）
	n	响应率（%）	
水电工	128	13.40	24.57
厨师	146	15.29	28.02
家政服务	197	20.63	37.81
刺绣	53	5.55	10.17
种植技术	130	13.61	24.95
养殖技术	94	9.84	18.04
经营技术	37	3.87	7.10
管理技术	36	3.77	6.91
电商	28	2.93	5.37
物流管理	16	1.68	3.07
按摩技术	14	1.47	2.69
理发技术	21	2.20	4.03
其他	55	5.76	10.56
汇总	955	100	183.30

注：拟合优度检验时 $\chi^2 = 575.338$，$p = 0.000$。

技能培训的目的是提高移民技能，为其在城市中寻找工作及创业提供基础，方便他们解决就业问题。通过走访了解到培训形式也比较丰富，如关岭县同康社区搭建的关岭自治县高质量就业培训基地，通过基地开展的各类培训内容，周边的搬迁移民也学有所"技"，基地内有数据大屏呈现周边工业园区招工信息，建设了实训室进行可视化教学，另还有实操室进行检验，当学员完全掌握技能时就可以实现就地的就业，可返回社区去服务社区，水电工可以负责维修社区水电，家政服务可以为社区中的老人提供家政服务，这样移民在安置区中不仅就地解决了就业，获得收入，还服务了社区。

2. 易地搬迁移民技能培训的针对性和有效性分析

在参与培训的 521 人中，当问及"您认为所接受的培训与所从事的工作有无关联"时，276 人回答有关联，占比为 52.98%，245 人回答没有关联，占比为 47.02%（表 6-47）。从这两组数据中发现，培训有无关联的人数差不多，尽管认为有关联的人数要多一些，但并不是太明显，表明政府提供的技能培训能够有效帮助促进就业，但针对性不是很强。

表 6-47　培训内容与从事工作关联的频数分析结果

题目	选项	频数	百分比（%）
您认为所接受的培训与所从事的工作有无关联？	有	276	52.98
	没有	245	47.02
合计		521	100.0

在参与培训的 521 人中，当问及"您认为培训对您是否有帮助"时，377 人认为有帮助，占比为 72.36%，144 人认为没有帮助，占比为 27.64%（表 6-48），表明培训能够有效帮助搬迁移民就业。这个数据比较理想，得益于政府部门重视移民的就业问题。移民本身对获得工作怀有期望，想尽快转变以往角色融入城市生活当中，因而迫切希望获得一份稳定的工作能使自己获得安全感，安心在城市居住下去。

表 6-48　培训是否有帮助的频数分析结果

题目	选项	频数	百分比（%）
您认为培训对您是否有帮助？	是	377	72.36
	否	144	27.64
合计		521	100.0

在 377 份认为有帮助的样本中（表 6-49），采用多选题方式进一步追问技能培训具体有哪些帮助时，发现最大的帮助在于"帮助掌握新的工作技能"和"帮助提升自己"，其次是"帮助找到工作"和"帮助开阔视野"，最后是"帮助改变传统思想"。从表 6-49 可知，多选题分析拟合优度检验呈现出显著性（$\chi^2 = 239.912$，$p = 0.000 < 0.01$），意味着各项的选

择比例具有明显差异性，可通过响应率或普及率具体对比差异性。具体来看，"帮助掌握新的工作技能""帮助提升自己"两项的响应率和普及率明显较高。

表 6-49 响应率和普及率汇总表格

选项	响应		普及率（n＝377）（%）
	n	响应率（%）	
帮助找到工作	153	17.09	40.58
帮助掌握新的工作技能	235	26.26	62.33
帮助开阔视野	148	16.54	39.26
帮助改变传统思想	124	13.85	32.89
帮助提升自己	231	25.81	61.27
其他	4	0.45	1.06
汇总	895	100	237.40

注：拟合优度检验时 $\chi^2＝239.912$，$p＝0.000$。

在回答"没有帮助"的 144 人中继续追问没有帮助的原因时，高达 60.42% 的人认为培训与实际工作不相吻合（表 6-50）。虽然政府组织开展了很多种类的培训内容，但移民在寻找工作中发现培训的内容并不符合招工的要求，花费大量时间进行培训反而没有提升自己的竞争力，那么就会让移民产生怀疑感，认为培训没有什么用处。这不仅会导致政府难以继续组织培训，还会降低移民的就业质量。

表 6-50 培训没有帮助的原因频数分析结果

题目	选项	频数	百分比（%）
如果没有帮助，主要原因是：	培训流于形式	8	5.56
	培训内容深奥，听不懂	12	8.33
	培训教师讲课听不懂	13	9.03
	培训与实际工作不相吻合	87	60.42
	培训实践操作少	13	9.03
	其他	11	7.64
合计		144	100.0

　　为了进一步了解易地搬迁移民的培训需求，在521个参与过培训的样本中，采用多选题的形式对培训需求进行分析（表6-51），发现种植、养殖、家政服务、厨师的培训需求响应率和普及率明显较高。拟合优度检验呈现出显著性（$\chi^2 = 275.366$，$p = 0.000 < 0.01$），意味着各项的选择比例具有明显差异性。

表6-51　您期望得到的培训的响应率和普及率汇总表格（$n = 521$）

内容	响应		普及率（%）
	n	响应率（%）	
水电工	108	9.78	20.73
厨师	117	10.60	22.46
家政服务	127	11.50	24.38
刺绣	63	5.71	12.09
种植技术	140	12.68	26.87
养殖技术	141	12.77	27.06
经营技术	114	10.33	21.88
管理技术	98	8.88	18.81
电商	66	5.98	12.67
物流管理	45	4.08	8.64
按摩技术	5	0.45	0.96
理发技术	41	3.71	7.87
其他	39	3.53	7.49
汇总	1 104	100	211.90

注：拟合优度检验时 $\chi^2 = 275.366$，$p = 0.000$。

3. 技能培训与工资收入、工作满意度和工作稳定性的相关性关系

　　在有工作的882人中，将技能培训情况与工资收入、工作满意度、工作稳定性等进行Pearson相关分析发现（表6-52），是否接受技能培训与月平均工资收入存在正相关关系，但与工作满意度、工作稳定性两项没有相关关系。

表 6 - 52　Pearson 相关-标准格式

问题	搬迁以来，您是否接受过工作技能培训？
您平均每月工资收入	0.209**
您对您的工作是否满意？	0.031
您更换工作情况	0.039

注：**表示 $p < 0.01$。

进一步将"搬迁以来，您是否接受过工作技能培训？"作为自变量，而将您"平均每月工资收入"作为因变量进行有序 Logistic 回归分析发现，搬迁以来是否接受过工作技能培训均会对平均每月工资收入产生显著的正向影响关系。

首先对模型整体有效性进行分析（模型似然比检验），显示拒绝原假设（$\chi^2 = 39.325$，$p = 0.000 < 0.01$）（表 6 - 53），即说明本次构建模型时，放入的自变量具有有效性，本次模型构建有意义。

表 6 - 53　有序 Logistic 回归模型似然比检验

模型	-2 倍对数似然值	χ^2	df	p 值	AIC 值	BIC 值
仅截距	1 770.629					
最终模型	1 731.303	39.325	1	0.000	1 737.303	1 751.650

将"搬迁以来，您是否接受过工作技能培训？"共 1 项作为自变量，而将"您平均每月工资收入"作为因变量进行有序 Logistic 回归分析，模型伪 R^2 值（McFadden R^2）为 0.022，意味着"搬迁以来，您是否接受过工作技能培训？"可以解释"您平均每月工资收入"的 2.2% 变异（表 6 - 54）。模型公式如下：

logit [P（月工资收入 2 000 元以内）/(1−P（月工资收入 2 000 元以内))]＝0.047＋0.850×搬迁以来，您是否接受过工作技能培训？

logit [P（月工资收入 2 000～5 000 元）/(1−P（月工资收入 2 000～5 000 元))]＝2.589＋0.850×搬迁以来，您是否接受过工作技能培训？

表 6 - 54　有序 Logistic 回归模型分析结果汇总

变量名称	项目	回归系数	标准误	z 值	Wald χ^2	p 值	OR 值	OR 值 95% CI
因变量	2 000 元以内	0.047	0.226	0.208	0.043	0.835	0.954	0.613~1.485
	2 000~5 000 元	2.589	0.247	10.489	110.018	0.000	0.075	0.046~0.122
自变量	搬迁以来，您是否接受过工作技能培训？	0.850	0.137	6.185	38.249	0.000	2.339	1.787~3.061

注：McFadden R^2＝0.022；

　　Cox 和 Snell R^2＝0.044；

　　Nagelkerke R^2＝0.044。

最终具体分析可知：

"搬迁以来，您是否接受过工作技能培训"的回归系数值为 0.850，并且呈现出 0.01 水平的显著性（z＝6.185，p＝0.000＜0.01），意味着是否接受过工作技能培训会对月工资收入产生显著的正向影响关系。优势比（OR 值）为 2.339，意味着接受技能培训增加一个单位时，月平均工资收入的变化（增加）幅度为 2.339 倍。

总的来看，是否接受过工作技能培训会对月平均工资收入产生显著的正向影响关系。

4. 政府的创业扶持服务能力

在政府创业扶持中，为了能够整体反映政府促进就业创业的能力，在"自己创业"的样本中，问及"您最希望得到哪些政策支持？"时，选择人数比较多的是减免店面租金、提供创业条件和政府贴息贷款，占比 93.88%（表 6 - 55），这些政策支撑能够提供移民进行创业的"底气"，在走访调研过程中也有很多政府部门不断为移民创业提供更好条件，不断为推动移民高质量就业做出努力。

表 6 - 55　政策支持情况数据表

选项	频数	百分比（%）
减免店面租金	37	37.76
提供创业条件	28	28.57

（续）

选项	频数	百分比（%）
税收优惠	4	4.08
政府贴息贷款	27	27.55
其他	2	2.04
总计	98	100.0

三、中观机会层与微观能力层的综合评价结果

本章从中观机会层面和微观能力层面来评价易地搬迁移民高质量充分就业，综合性结果如下。

（一）中观机会层面的评价结果

中观机会层面，可以量化分析的一级指标包括安置区周边用工主体吸纳就业能力、产业结构与就业结构匹配、劳动力市场建设三个方面，具体分析如下：

1. 安置区周边用工主体在吸纳就业能力特征

从个人工作区域看，仅28.35%（14.06%工业园区＋14.29%非工业园区）的搬迁移民在安置区周边就业，而县内非安置区就业占比达32.54%，表明安置区周边用工主体对移民就业的吸引力不足。家庭人口就业的主要选择是县内工作和省外工作，说明这两个区域的就业机会较多，吸引力较强；安置区周边的工业园区和非工业园区的就业机会相对较少，平均得分较低，表明安置区周边的用工主体在吸纳家庭人口就业方面的能力有限。创业方面，整体创业率仅6.96%，凸显创业活力不足与政策支持的潜在缺口。综上，安置区周边用工主体在吸纳就业上呈现局部集聚效应，但整体就业机会供给不足、区域吸引力较弱，需通过产业配套优化、创业扶持强化等措施提升就业承载力。

2. 产业结构与就业结构匹配呈现特征

易地搬迁移民就业高度集中于服务业（44.10％）和工业（38.89％），但技能水平对选择服务业就业存在显著负向影响（OR＝0.046），表明高技能劳动力因缺乏适配岗位被迫流向低技能服务业，凸显产业对高技能人才吸纳能力不足。创业领域以商业为主（33.54％），农业创业比例较低（21.74％）。而家人就业同样集中于工业（平均值为0.574）和服务业（平均值为0.468），反映本地产业结构单一化、层级偏低，未能形成多元化的就业生态。技能与行业的逆向关联（回归系数显著为负）进一步揭示产业结构升级滞后，难以满足移民技能提升后的就业需求。建议通过产业升级优化岗位结构、针对性强化高技能行业从业人员的技能培训、扶持农业及新兴领域创业，以增强产业与就业结构的动态适配性。

3. 劳动力市场建设呈现特征

易地搬迁移民家庭已经实现"一户至少一人就业"的目标，但工作时间普遍偏长（工作时长8～12小时占比48.75％）；易地搬迁移民（半年内）就业情况存在显著群体差异，即女性、低学历者及中高龄群体（46～60岁）面临更艰难的就业困境；工作稳定性整体较高（60.66％不换工作），工资收入、工作满意度与工作稳定性之间存在显著关系；就业意愿分化明显，56.99％有明确就业规划，但非农技能缺失、家庭负担及自信心缺乏成为就业的主要阻碍。劳动力市场呈现"高就业率与高脆弱性并存"特征，需通过差异化的就业支持手段（如女性职业培训、中高龄岗位适配）、劳动权益保障（规范工时与薪酬）、技能-岗位精准匹配机制（强化职业教育与市场需求衔接）等系统性优化、提升劳动力市场的包容性与可持续性。

（二）微观能力层面的评价结果

微观能力层面的一级指标包括搬迁移民就业能力、劳动关系与权益保障、公共就业服务能力三个方面，具体分析如下。

1. 搬迁移民就业能力特征

移民群体技能结构以低技能劳动者为主（64.06％），高技能人才匮乏（6.46％），技能水平虽与工资收入显著正相关（高技能者收入更高），但整体收入分布集中在中低端（月收入 2 000～5 000 元的占比 54.54％），且受性别、年龄、文化程度多重因素影响，男性、年轻群体及高学历者收入优势明显。工作满意度整体较高（89.23％满意），但满意度受工作环境（正向影响）和更换频率（负向影响）影响，技能水平对职业稳定性及满意度无显著作用。当前就业能力短板集中于技能层级偏低、收入分化显著及弱势群体（女性、低学历、年长者）竞争力不足，建议强化技能培训体系（尤其高技能领域）、完善劳动权益保障（优化工作环境、减少非自愿流动）、推行差异化支持政策（如女性职业赋能、中高龄技能再塑），以系统性提升搬迁移民就业能力与收入公平性。

2. 劳动关系和社会保障特征

易地搬迁移民劳动合同签订率（个人 51.59％、家庭 32.69％）和社会保障覆盖率（个人 43.31％、家庭 32.21％）均处于偏低水平，近半数劳动者处于劳动关系松散、权益保障缺失状态，且家庭劳动力受保障不足的特征明显（34.54％家庭存在部分成员未签合同、28.76％家庭社保覆盖不完整）。劳动关系和社会保障同收入呈现显著关联——签订合同或参与社保的劳动者的高收入比例（签订合同工资 5 000 元以上占比为 46.62％；购买社保工资 5 000 元以上占比为 48.87％）显著高于未签订合同或参与社保的群体，表明规范化的劳动关系是收入提升的重要保障。当前问题集中于低收入群体权益保障薄弱（未签合同者超半数收入低于 2 000 元）、社会保障覆盖面不足（近六成个人未参保），需通过强化劳动监察（提高合同签订强制性）、完善社保普惠政策（尤其覆盖小微企业和灵活就业者）、建立家庭整体权益保障机制（避免家庭内部保障差异），以系统性改善劳动权益公平性与社会保障韧性。

3. 公共就业服务能力特征

易地搬迁移民技能培训覆盖率偏低（仅 36.98％参与培训），且培训内容与实际就业需求存在结构性错配（47.02％认为培训与工作无关），但培训对收入提升作用显著（与工资呈正相关）。现有培训聚焦传统领域（水电工、厨师等），虽部分满足需求（种植、养殖等需求响应率高），但未能充分适配多元就业结构（如工业、服务业技能缺口）。创业扶持政策需求高度集中（93.88％关注租金减免、贴息贷款等基础支持），反映政策精准度不足。建议优化培训体系，建立"需求导向＋动态调整"机制，强化培训与就业衔接服务；同时细化创业扶持政策（分层分类支持），提高创业服务的精准性与实效性。

第七章 促进易地搬迁移民高质量充分就业的路径设计

　　本章以"制度重塑—能力再造—市场激活—社会托底"四维分析框架为核心，系统探讨促进易地搬迁移民高质量充分就业的实践路径。一是制度重塑聚焦政策工具与协同治理体系的优化，强调通过多元主体协作、东西部劳务协作、政策工具整合及数字技术赋能，破解就业政策碎片化难题。其中，数字技术应用贯穿就业动态监测、岗位创造与就近就业支持，为政策效能提升注入新动能。二是能力再造以人力资本积累为核心，提出建立劳动力动态管理台账、实施精准技能培训、创新培训模式、推广学分银行制度等举措，着力破解移民就业能力不足与内生动力薄弱问题，增强其职业适应性与竞争力。三是市场激活立足培育良性就业生态，主张通过发展县域特色产业链、创新内生发展模式、支持创业带动就业、拓宽就地就近就业渠道等途径扩大就业容量，拓宽就业渠道。提出引入劳动密集型企业、搭建多元就业载体、规范零工市场与公益性岗位管理等具体策略，平衡政府引导与市场机制的关系，构建可持续就业增长机制。四是社会托底强调构建多维保障网络，包括以家庭为单位的精准保障体系、公共就业服务优化及常态化帮扶机制，通过分类施策、权益保护、数据共享与协作体系完善，降低移民家庭多维脆弱性，筑牢防止返贫的就业安全空间。本章通过制度协同、能力提升、市场驱动与社会保障的有机联动，为破解易地搬迁移民就业结构性矛盾提供系统性解决方案，旨在推动实现"稳岗、提质、增收"的高质量充分就业目标，为巩固脱贫攻坚成果同乡村振兴有效衔接提供理论支撑与实践参考。

　　过渡期即将结束，面对当前复杂的社会环境，易地搬迁移民就业工作正从"超常规帮扶"向"常态化治理"转型，结构性矛盾日益凸显：一方面，宏观政策要求与微观执行效能之间存在张力，技能培训"供需脱靶"、帮扶车间"低效周转"、劳务市场"活力不足"等，暴露出传统治理工具与高质量发展需求的适配性危机；另一方面，安置区人力资本代际性短板、家庭多维负担抑制、创业扶持精准性缺失等问题，折射出"输血式帮扶"向"造血式发展"转型的深层挑战。要突破上述困境，需要站在"就业优先战略"的政治高度，构建"制度重塑—能力再造—市场激活—社会托底"四位一体的新型路径，既要通过政策工具创新破解执行梗阻，也需以人力资本增值打破贫困代际传递，更须借力数字化手段提升供需匹配效能，最终形成政府、市场、社会协同发力的高质量就业生态。这既是对中央"强化就业优先政策"的坚决贯彻，更是实现易地搬迁移民"就业高质量"与"发展可持续"双重目标的必由之路。

一、制度重塑：重构政策工具与协同治理体系

各行业各领域务必坚持以人民为中心的就业优先政策①。就业政策的协同治理需以多元主体协同治理为基础、区域协同为路径、系统化政策整合为保障、数字技术赋能为支撑，形成"制度-空间-工具-技术"四维协同治理新框架。

（一）多元主体协同治理，提升就业政策效能

就业政策的协同治理需依赖政府、市场、社会等多元主体的角色定位与功能互补，形成系统性合力。政府需从"管理"转向"服务"，通过优化政策供给与分权改革提升基层经济治理能力，降低企业成本并激发市场活力，扩大企业就业规模②。平台企业应成为协同治理的"市场主导者"，

---

① 赖德胜.创造高质量就业的未来［J］.人口与经济，2023（2）：1-6，26.
② 彭飞，王琛，王争，等.基层经济治理、减负激励与就业促进效应：基于"强镇扩权"试点的证据［J］.数量经济技术经济研究，2024，41（9）：5-25.

通过与公共就业服务体系融合，提供精准就业服务与灵活用工保障，形成"政府-平台-劳动者"三方共赢的三赢模式[①]。社会组织与公众参与是协同治理的"社会倡导者"，需通过行业规范、公众监督等途径弥补政府监管盲区，优化新就业形态的治理环境[②]。

（二）持续深化东西部劳务协作，实现就业均衡发展

解决就业空间失衡的关键在于区域间的协作制度，东西部劳务协作制度不仅有效促进区域间人才资源的有序流动，而且促进区域协调发展、协同发展和共同发展，为实现共同富裕目标奠定基础。东西部劳务协作需依托大数据平台整合地理、社会、生计空间，推动易地扶贫搬迁社区精准就业帮扶与服务供给[③]。

1. 健全劳务协作工作机制，构建标准化服务体系

深化省内外劳务协作联动，健全东西部劳务协作工作机制。市级层面，构建了"技能培训、能力提升、岗位匹配、稳岗保障与心理服务"于一体的劳务协作政策体系，促进劳动力双向流动，使劳务协作的规模不断扩大，深度不断加深，协作质效不断增加。区县层面，广州市各结对帮扶区分别与受扶区县签订劳务协作协议，从就业服务、转移就业、技能培训、稳岗就业、劳动关系和用工保障等方面进行合作，开展标准化就业服务，促进部门协同联动构建大就业格局，扩大就业容量，提升就业质量。

2. 持续完善就业动态监测体系，准确把握务工信息，不断提高劳务输出的"精准化"程度

一是通过国办系统和省办系统，依托乡镇干部、村组干部摸排走访，对被帮扶地区农村劳动力，特别是搬迁劳动力实现1户至少1人就业的目

---

① 张成刚，辛茜莉. 让政府、平台、劳动者三方共赢：以公共就业服务融合新就业形态为视角 [J]. 行政管理改革，2022（2）：79-87.

② 张宏如，刘润刚. 新就业形态多中心协同治理的模式创新 [J]. 南通大学学报（社会科学版），2019，35（6）：102-107.

③ 谢治菊，许文朔. 空间再生产：大数据驱动易地扶贫搬迁社区重构的逻辑与进路 [J]. 行政论坛，2020，27（5）：109-118.

标。对因失业导致返贫风险提升的家庭及时采取帮扶措施，如推荐岗位就业、项目带动就业等措施，防止返贫。二是建立精准劳务协作数据库。通过东部帮扶市社保系统、全员劳动力信息摸排平台等定期收集 A 省籍在东部就业人员的就业时间、就业地点、工资待遇等信息并建立台账，实时动态监管，及时做好跟踪服务。三是与受扶地乡村振兴部门联动研判，积极推进帮扶措施的落实。

3. 创新多维协同的劳务输出机制

按照"政府推动、市场主导、供需对接、稳定就业"的工作思路，持续优化劳务输出结构，创新劳务输出八大组织渠道，及时掌握各类企业的用工需求，积极为农村劳动力送政策、送信息，织密就业"增收网"。创新劳务输出渠道，一是公共就业服务输出就业（就业推荐、专场招聘会、政府宣传、点对点输出等）；二是村"两委"、第一书记、驻村干部宣传推荐；三是市场组织输出就业（人力资源服务机构、劳务公司、劳务合作社、劳务经纪人）；四是通过劳务品牌（家政等）、培训品牌（粤菜师傅）促进输出就业；五是通过劳务工作站（点）输出就业；六是通过联合培训后输出就业；七是通过东西部协作输出就业；八是乡镇（街道）或市场主体开展有组织输出就业。

（三）政策工具系统整合，保障就业协同

就业政策协同需构建"风险监测—动态调整—长效保障"的全链条治理框架，实现政策工具的系统化整合。返贫风险治理需系统整合灾害、产业、就业等政策工具，通过动态监测与协同治理机制阻断贫困代际传递[①]。新就业形态风险防控需建立"大平台共享、大数据慧管、大系统共治"的新框架，形成以预防为主、导控结合的多元主体系统治理体系，严

---

① 王春城，刘欢欢. 系统化构建与体系化运行：后脱贫攻坚时代返贫风险治理的政策框架[J]. 行政论坛，2022，29（2）：81-88.

守就业安全底线①。劳动关系与社会保障制度需适应灵活就业趋势，通过分类管理（如区分传统就业与新就业形态）完善长期制度支持②。

（四）技术赋能协同治理，优化就业效能

新技术与新业态的迅猛发展不仅能够推动经济增长，也能够为处于贫困或边缘化状态的群体提供更加多样化的就业机会，尤其是对于易地搬迁人口而言，妥善处理好新技术革命与高质量充分就业的关系③显得尤为重要。通过技术的创新应用，可以大大增强他们的就业能力和收入水平，从而有效防止贫困的反复发生，避免因缺乏技能和就业机会而导致返贫，实现增长型就业。增长型就业不仅仅是指增加就业岗位的数量，更重要的是通过引导劳动力进入新兴产业和技术领域，实现劳动力价值的提升和经济增长的质量变革。数字技术还可以嵌入就业监测系统，确保易地搬迁人口的就业状况得到持续关注，及时发现就业难题并采取针对性措施，避免返贫现象的发生。新技术的应用打破了地理位置的区隔，使脱贫地区的劳动力能够就地或就近就业，进一步提高就业的便利性与可持续性。因此，数字技术可赋能就业帮扶政策，提升政策执行效果；可赋能防返贫就业动态监测体系，优化监测流程，及时更新监测信息；可发展新就业形态，提升就业吸纳能力，促进搬迁劳动力就地就近就业。

1. 数字技术赋能就业政策执行过程

一是再造防止返贫就业工作流程。从制度层面，形成"监测-识别-预警-帮扶-反馈"的闭环工作流程，强化自下而上与自上而下相结合、内部与外部相结合的监测机制和帮扶体系。数字技术嵌入工作流程，优化工作流程，提高工作效率。二是提升防止返贫就业工作协同治理效能。数字技

①　张宏如，伏翠干．新就业形态风险的系统治理：一个新的分析框架［J］．现代经济探讨，2023（9）：13-21，61.
②　张成刚．问题与对策：我国新就业形态发展中的公共政策研究［J］．中国人力资源开发，2019，36（2）：74-82.
③　都阳．以一致性的政策推动高质量充分就业［J］．中国人口科学，2024，38（1）：3-7.

术提供了有效的线上协同机制，真正形成了政府部门之间、政府与社会主体之间、社会主体与社会主体之间"网状"连通形式，可复用的模块化数据资源能够根据权限分配，在协同网络参与主体之间流动，提高协同机制运行的效率①。数字技术可以实现部门间信息共享，突破信息壁垒，加大部门间的沟通与协调力度，减少重复排查工作，定期研究解决防返贫监测、就业帮扶工作中的困难与问题，形成监测与帮扶合力，守牢返贫底线。三是简化防返贫就业工作监管。数字技术赋能政府内部的评估与督察手段，形成更加直观、精确的数据反馈。数字技术简化监督手段和管理流程，让基层工作人员能够及时反馈问题、提出建议。同时细化了防止规模性返贫工作指引，精准导向实际问题，避免形式主义和官僚主义，切实为基层减负。四是减轻防返贫就业工作负担。优化各职能部门防止规模性返贫工作职责权限，做好专业分工，完善联动机制。用好防止返贫就业监测系统，建立数据定期收集分析研判制度，严控各级开展监督检查、索要数据材料的总量和频次，同类事项可以合并的要合并进行，让干部少填表，减轻基层负担，让基层把更多时间用在抓工作落实上来。

2. 利用数字技术嵌入防返贫就业动态监测体系

一是分层构建防返贫预警机制。数字赋能的劳务大数据平台通过调用模块化资源，使数据资源实现标准化和可复用，避免了基层工作人员重复进行相同数据的收集。基于智能算法，根据贫困群体所处的地理位置、社会保障、医疗条件、个体及家庭特征等因素，综合评估监测农户致贫、返贫风险，并及时给出预警②。依托 A 省劳务大数据动态监测平台，推行"红黄绿"分层分类动态监测预警机制，分人群、分区域、分阶段进行差异化预警与防治，助力落实精准有力、反馈有效的帮扶举措。二是合理优化防返贫就业信息系统。进一步优化系统设置，有效打通教育、住房、医疗、就业、户籍、收入等主要监测数据，实现省级层面多部门、大批量数

---

①② 左孝凡，陆继霞. 从脱贫攻坚到共同富裕：数字技术赋能贫困治理的路径研究：贵州省"大数据帮扶"例证 [J]. 现代经济探讨，2023（8）：96-107，132.

据的互联互通。进一步升级系统功能，围绕防返贫监测帮扶需求进行实时响应和智能比对，实现防返贫监测帮扶全流程智能化闭环管理，扫除防返贫动态监测工作盲区。三是尽快实现防返贫数据共享。实现防返贫监测平台数据与易地搬迁人口动态监测信息平台数据有机衔接，动态掌握未纳入社会救助范围的防止返贫监测对象情况，逐步统一各级信息数据来源。加强跨部门跨地区防返贫监测信息数据共享，避免重复建设和信息孤岛，尽快实现防止规模性返贫工作跨省通办和跨部门联动。

3. 数字平台催生新就业形态，创造就业岗位

数字技术在与实体经济融合过程中催生新的经济形态，推动传统经济模式发生改变，一大批新技术、新产业以及新业态的出现创造出大量的就业岗位。虽然数字技术的发展替代了大量低技能劳动岗位，但同时数字技术赋能新产业、新业态创造了大量新职业、新岗位，拓展了就业新空间[①]。实现搬迁劳动力就地就近就业，需要向内向外拓宽就业渠道。向外组织劳务输转是已经得到证实的快捷缓解就业压力的有效措施，但因外出环境的复杂性日益增加，外出就业显得尤为艰难。因而向内发展本地实体经济扩大就业容量，拓宽就地就近就业渠道、发展"零工市场"无疑是最好的选择。发挥新就业形态创造就业岗位的能力，能够有效缓解搬迁劳动力就业压力，释放搬迁劳动力存量。在县域范围内发展以人力资源公司为主的平台就业，对公共就业服务机构稳就业有利，对新就业形态的发展有利，同时又使劳动者获得工作、增加收入，既能满足平台企业岗位招聘需求，也能满足公共就业服务机构就业援助需求，形成"政府-平台-劳动者"三方共赢的三赢模式[②]。平台是劳动力资源组织的基础，平台有动力和意愿扩大岗位需求、改善就业质量[③]。发展以平台企业为市场主体

---

① 唐任伍，武天鑫，温馨. 数字技术赋能共同富裕实现的内在机理、深层逻辑和路径选择[J]. 首都经济贸易大学学报，2022，24（5）：3-13.

② 张成刚，辛茜莉. 让政府、平台、劳动者三方共赢：以公共就业服务融合新就业形态为视角[J]. 行政管理改革，2022（2）：79-87.

③ 张成刚. 就业发展的未来趋势，新就业形态的概念及影响分析[J]. 中国人力资源开发，2016（19）：86-91.

的"零工市场",一方面有利于把搬迁劳动力有效组织起来,提高劳务组织化程度;另一方面能够兼顾政府关注的就业重点群体和困难群体,提供灵活就业岗位。另外,可以借助各种帮扶力量,在安置区周边建立产业园区、工业园区,改善营商环境,引进劳动密集型产业入驻园区,援建就业帮扶车间,发展安置区周边实体经济,增加市场主体,拓宽就业渠道,为搬迁劳动力带来更多的就业机会。

二、能力再造:提升易地搬迁移民家庭人力资本

易地搬迁移民的生产、生活和生态空间发生转变,生计资本得到重新组合。搬迁后,人力资本在生计资本组合中显得更重要,非农就业对个体的非农技能要求更高。搬迁移民的人力资本主要包括劳动能力、受教育年限、健康状况等。从表面来看,易地搬迁移民的人力资本从农村迁入城镇后不会有变化,实际上,如果从劳动参与角度来看,易地搬迁移民的人力资本在短期内会出现受损。搬迁前,以土地为基础的农业生产对劳动技能要求不高,传统"小农"有着丰富的农业种植和养殖经验,能够很好地从事农业生产。搬迁后,非农生产对个体及家庭劳动力技能要求比较高,原有的技能不再适应当前的非农生产,搬迁移民及搬迁家庭的人力资本亟待提升。加强易地搬迁人口劳动技能培训,在提升家庭劳动力生计资本的同时有效匹配劳务市场。

高质量充分就业要求劳动者具有较高的就业能力[①]。就业能力的高低取决于人力资本的积累程度。人力资本是一种能增加劳动者价值的资本,是体现在劳动者身上的、以劳动者的数量和质量表示的资本,是劳动者掌握的知识、技能和其他一些对经济社会发展有用的才能[②]。一般情况下,具有更高人力资本的劳动者,也具有更高的生产能力和配置能力,会有更

---

① 岳昌君. 高质量充分就业的内涵与实现路径 [J]. 人民论坛,2023 (14):63-66.
② 惠宁,霍丽. 试论人力资本理论的形成及其发展 [J]. 江西社会科学,2008 (3):74-80.

高的劳动生产率和更高的经济回报，就业质量较高[①]。易地搬迁移民人力资本分为搬迁移民劳动者个体人力资本和搬迁家庭人力资本。

搬迁移民个体人力资本不是先天就有的，而是劳动者依靠后天的学习和训练所获得的，其中正规学校教育与职业培训是最重要的两种形式。正规学校教育一般以个人的文化程度来衡量，受教育时间越长，文化程度越高，劳动者所拥有的科学知识就越多，劳动技能就越强，其劳动的边际生产率自然越高[②]。如受教育程度较高代表劳动力在工作中对新技能和新知识的学习能力较强[③]，能够获得较稳定的就业机会[④]。而工作中经验的累积有利于劳动力获得新的就业机会和更高的工资待遇[⑤]。

家庭人力资本是指家庭成员受到教育、培训、实践经验、迁移、健康等方面的投资而获得的知识和技能的积累[⑥]，是家庭劳动者的附属特性总和，综合反映了家庭劳动力的特征和原有基础[⑦]，其中，教育程度占主要部分[⑧]。家庭人力资本在促进家庭劳动力就业上稳定呈现正向的积极作用。教育和培训是提升搬迁移民及家庭人力资本的有效方式。对于搬迁劳动者而言，不可能再重返校园接受正规学校教育，就业培训就成为提高劳动者劳动技能、适应岗位需求的有效途径[⑨]。只有搬迁劳动者具备完成工

① 赖德胜．创造高质量就业的未来 [J]．人口与经济，2023 (2)：1 - 6, 26.

② 彭国胜．人力资本与青年农民工的就业质量：基于长沙市的实证调查 [J]．湖北社会科学，2009 (10)：102 - 105.

③ 关爱萍，李静宜．人力资本、社会资本与农户贫困：基于甘肃省贫困村的实证分析 [J]．教育与经济，2017 (1)：66 - 74.

④ 孙顶强，冯紫曦．健康对我国农村家庭非农就业的影响：效率效应与配置效应——以江苏省灌南县和新沂市为例 [J]．农业经济问题，2015, 36 (8)：28 - 34, 110.

⑤ 刘梅，杨秋林．贫困农户外出就业研究：以甘肃省会宁县为例 [J]．农业经济问题，2006 (7)：62 - 66.

⑥ 杨云彦，石智雷．中国农村地区的家庭禀赋与外出务工劳动力回流 [J]．人口研究，2012, 36 (4)：3 - 17.

⑦ 何田，廖和平，孙平军，等．西南山区村域贫困家庭劳动力转移强度空间格局及影响因素 [J]．农业工程学报，2020, 36 (5)：325 - 334.

⑧ 柳建平，刘卫兵．教育是如何帮助脱贫的？：基于劳动力职业选择作用的分析 [J]．人口与经济，2018 (1)：61 - 68.

⑨ 汪三贵，周园翔．构建有效的防规模性返贫的机制和政策 [J]．农业经济问题，2022 (6)：12 - 22.

作任务的岗位胜任力，劳动者才能够抓住劳务市场中的就业机会，才会有较高的就业稳定性[①]。就业培训带来的边际收益较大，有利于提升搬迁移民的岗位胜任力。结合劳动力市场需求和劳动力自身特长，加强精准化技能培训，让搬迁劳动力能够有一技之长，帮助其树立自身发展信心、提高致富本领。

（一）建立分级分类劳动力动态管理台账

综合年龄、劳动技能和家庭负担情况，建立分级分类劳动力动态管理台账。参加职业技能培训者必须有一定的识字水平、理解能力和时间精力保障。一是针对 50～60 岁的劳动力群体，有无劳动技能均不再开展劳动职业技能培训。根据劳动能力的实际情况利用公益性岗位兜底保障，享受公益性岗位带来的就业补贴。年龄偏大且劳动能力较弱的群体，稳定采用兜底救助类政策，不再安排就业。二是针对 40～49 岁的劳动力群体，有劳动技能的，可以开展技能提升培训，保障就业长期稳定；无劳动技能的，根据个人能力和家庭负担情况安排就业。若个人能力欠缺，利用公益性岗位安排就业；若个人能力较强，开展职业技能培训，且要求培训 1 人、技能鉴定成功 1 人。有家庭负担无法外出的，利用公益性岗位临时解决或者开展职业技能培训。三是针对 40 岁以下的劳动力群体，有劳动技能的，可以通过参加职业技能培训提升自己的技能水平，稳定现有工作岗位。无劳动技能的，可以要求全部参加职业技能培训，且培训 1 人、成功鉴定 1 人、解决就业 1 人。职业技能培训的重点应是 16～40 岁劳动力群体（在校生不算在内），通过职业技能培训、创业培训等多种培训增强其就业技能，鼓励年轻劳动力返回安置区创业，以创业带动就业。有家庭负担的年轻群体，参加固定工种的职业技能培训，增强就业技能，稳定在安

---

① 李文华，李桂荣. 教育匹配的就业质量效应研究［J］. 首都经济贸易大学学报，2022，24（4）：69-80.

置区周边就业或者创业，以便照顾家庭[①]。

（二）针对易地搬迁移民劳动力进行精准培训

易地搬迁移民总体上显示低技能特征（占比 64.06％）。搬迁移民个体综合素质普遍较低，主要体现在两个方面，一是学历教育程度相对较低，二是拥有的农业技能已经不适应搬迁后的非农岗位，需要转变技能提升技能，以适应非农岗位。通过提高技能培训的精准度，帮助其改善生存境遇、激活职业潜能、赋予个人可行能力，提升人力资本水平，进而增强搬迁移民融入城市的"软技能"，从根本上促进搬迁移民从充分就业向高质量就业发展[②]。

1. 针对技能型专门性劳动力群体，开展精准化培训

技能型专门性劳动力群体主要包括 16～49 周岁的多技能劳动者和特定技能劳动者，以获取资质证为目的对其进行精准化培训。精准化培训，即培训对象精准识别、培训内容精准、培训方式精准。精准识别培训对象，就是对现有搬迁移民年龄、技能进行摸底，精准掌握搬迁移民就业意愿，对搬迁移民进行精准分类并开展培训。培训内容精准主要是根据搬迁移民就业需求和市场主体用工需求，采取订单班、冠名班、新型学徒制班等"订单式培训＋储备式培训"相结合的形式。订单式培训主要是针对当前市场主体用工需求量大、急需的技工人才开展培训；储备式培训重点以技能储备为主，一方面针对就业意愿不强的劳动能力进行储备式技能培训，拥有就业技能可能会促进其就业，提高就业信心；另一方面，针对有家庭负担而无法外出的劳动力进行储备式技能培训，待家庭负担消失后重返就业岗位。培训方式的精准主要是根据不同的对象采取不同的培训方式，可视化操作培训有助于培训对象的可听可视可理解；社区治理融合培

---

① 王菊. 易地扶贫搬迁新市民就业质量指标与评价分析 [J]. 安顺学院学报，2022，24（1）：102－110.

② 李昊，年猛. 新时代农民工就业趋势特征及高质量就业路径探究 [J]. 当代经济管理，2024，46（12）：56－64.

训促进搬迁移民理解就业的价值与行业的需求，有助于改善家庭传统就业观念①。

2. 开展技能提升培训，促进一般劳动力向技能型劳动力转变

第一，瞄准企业用工需求，开展定向化、针对性的培训，为企业输送专门的劳动力。精准识别有培训意愿且有劳力的搬迁移民，分类精准实施实用技术培训，培训后及时跟进就业服务，促进搬迁移民尽快就业、稳定就业、持续增收。第二，开展异地培训。异地培训包括外出务工地培训和户籍地异地培训。外出务工地培训主要是外出务工的低收入人口在务工地参加当地组织的各种技能培训。可以利用培训补贴这一政策杠杆鼓励外出务工人员参与培训，在取得相应资质证（不是培训合格证）后，务工人员返回户籍地可享受政府给予的培训补贴，这样既能稳定就业岗位也能增加工资收入，同时还能鼓励外出务工人员利用闲暇时间参加技能培训，提升自己的劳动技能。户籍地异地培训是为避免培训资源的浪费，政府组织低收入人口到异地集中开展的针对性培训。参与培训的对象需要离开自己居住和工作的地方，参加一定期限的封闭式培训。这种机制能够准确识别并筛选培训对象，让真正想提升自己技能的低收入人口得到精准化的培训，防止个人骗领培训补贴的行为，同时也方便第三方培训机构的统一管理，提高培训效率，从而有效减少培训资源的浪费，提高培训针对性和有效性。第三，培训评价依据以获取资质证为主。多数农村地区的技能培训，只能取得合格证而非资质证，但大部分行业并不认可合格证，只认定资质证，导致持有合格证的劳动力不能很好地就业。因此，必须完善培训的认定依据。无论开展何种技能培训，均以获得专业技能资质证为检验培训成果的依据，以此提高培训后的就业率。培训后的资质认定，需要在省、市、县三级建立劳动技能资质认定机构，方便开展培训后及时认定；需要培育县级专业劳动技能培训师资队伍，保证培训质量。

---

① 王菊.易地搬迁移民就业质量提升：基于家庭调查分析［J］.黔南民族师范学院学报，2023，43（6）：80-89，112.

3. 注重搬迁移民家庭新生长劳动力培训

家庭新生长劳动力是指家庭通过生育、抚养及教育过程形成的，逐步具备劳动能力并参与社会生产的成员。搬迁移民家庭新生长劳动力是激发搬迁移民家庭内生动力的关键。注重新生长劳动力的劳动技能培训是阻断代际贫困传递、转变生产方式、适应搬迁后生活的重要措施。

（1）坚持控辍保学。保证搬迁家庭新生长劳动力能够继续在学校接受教育，特别关注中考或者高考后没有进入高中或大学的新生长劳动力群体，针对这部分群体应开展职业教育全覆盖，确保每位新生长劳动力至少掌握一门技能技术。

（2）注重学校教育。一方面，要增进高等教育和职业教育对劳动力市场的适应性，这种适应性包括认知能力和非认知能力两个层面[①]。另一方面，学校教育可以使易地搬迁家庭新生长劳动力实现思想观念的转变、综合素养提升以及自我发展意识觉醒，增强新生长劳动力自我提升的意愿，增强其就业增收的信心[②]。另外，搬迁家庭新生长劳动力接受学校教育后，对自己家人进行反向教育，改变原生家庭原有的不良思想和行为，改善家庭整体就业观念，增强家庭就业能力。

（3）打造全链条校企合作。针对家庭新生长劳动力，可以考虑借助各种帮扶力量，特别是东西部协作对口帮扶力量，大力开展"校企合作""校校合作"，有针对性对新生长劳动力进行职业教育[③]。具体措施如下：

第一，开展订单式培养，探索现代化学徒制。以"订单班"形式打造招生、培养、就业闭环链条，促进受帮扶群体就业，改善就业环境。针对易地搬迁家庭子女，协调省内外企业（省外企业可以重点集中在东西部结对帮扶省）选取部分收入相对较高、就业相对稳定的用工岗位设立"订单

---

① 赖德胜. 以高质量充分就业推进中国式现代化 [J]. 中国人口科学，2022 (6)：20-25.

② 李昊，年猛. 新时代农民工就业趋势特征及高质量就业路径探究 [J]. 当代经济管理，2024，46 (12)：56-64.

③ 王菊. 易地搬迁移民就业质量提升：基于家庭调查分析 [J]. 黔南民族师范学院学报，2023，43 (6)：80-89，112.

班"，提供入学、资助、服务、就业"一条龙"帮扶，探索现代化学徒制。"订单班"学制可以设立3年，采用"2+1"培养模式，学生前2年可就地集中学习文化课、专业课及简单实操训练，最后1年进入合作企业跟班见习、顶岗实习，完成学业、考证合格即可直接上岗，省去中间各种招工环节，真正实现"招生即招工""入学即入职""毕业即就业"。

第二，培养复合型人才，实现职业技能提升。"复合型"技术人才是解决劳动力市场结构性矛盾的重要基础，对推动经济社会高质量发展具有重要作用。应围绕省级重点规划产业，积极开展劳动力职业技能培训工作，努力培养更多高技能人才和大国工匠，助力乡村振兴。积极探索与职业技术院校合作共建高标准、头景式、综合性实训基地，着力培养高技能、高素质人才。千金在手不如一技傍身，"复合型"人才是经济发展的关键支撑力量，"复合型"人才培养通过企业的职业启蒙，到学校的课程培养，最终回归校企合作，促进良性循环。

第三，夯实全过程服务，助力学员稳岗增收。全力做好跟踪服务工作，推动校企双方在合作办学、订单培养、生产实训、工学一体等方面加强合作，实现院校课程设置与企业用人需求无缝对接、学生学习过程与工作过程有效衔接，力求达成政府、学校、企业三赢的局面。明确一个部门全程参与（如人力资源和社会保障局），安排专人负责校企协调对接，加强学员管理，确保每名学员都能学有所获。同时，积极联系实习就业机会以及结业后就业工作机会，学员掌握理论知识后，由企业提供实习岗位，让学员走上实操岗位学习技能知识，待学员毕业后，该企业全部接收安置并与其签订劳动合同，使其享受与正式员工同样的薪资待遇及福利，保障学员稳定就业。"全过程"服务为校企合作提供强有力的支撑，打造出校企强强联手、互相支撑、融合共生、协同发展的新局面，为东西部协作提供高素质技术技能人才支撑，服务全市产业转型和经济社会高质量发展。

（三）转变创新创业培训方式

着重培养一批有创新意识、创造思维、创业能力的人才，激活产业发展潜力,实现创业带动就业、强产富民的目标①。开辟出小而精且五脏俱全的小微企业园、农业创业园等带动就业,可以利用新技术带动传统的瓦匠、石匠、木匠、裁缝的发展,做到才尽其用。健全创业带动就业的保障制度,促进新产业新业态蓬勃发展,不断拓宽劳动力的就业空间。健全终身技能培训制度,构建可进行职业性劳动能力与专门性劳动能力培训的机构,紧贴社会、产业、企业、个人发展需求,提升劳动力技能水平和能力素质,促进高质量就业。

(四)实行"技能银行"学分制度

中共中央和国务院于 2019 年 2 月 25 日联合印发《中国教育现代化 2035》,强调:"建立全民终身学习的制度环境,建立国家资历框架,建立健全国家学分银行制度和学习成果认证制度。"学分银行制度允许将培训成果转化为学历教育学分,学历教育学分具备一定的教育功能和社会功能,学习积分达到一定程度可以换取就业工作机会,以此提升易地搬迁移民培训参与意愿。学分银行制度,即模拟银行的"储存-提取-转换"系统的概念,通过对学习者的学习成果进行认证,转换为统一的存储资历学分,并根据一定的规则兑付为资历证书。学分银行制度是基于学习成果的认证制度,是以学分为计量单位对学习成果进行认证、积累和转换的管理制度。学分银行的个人终身学习账户可作为个人升学、就业、晋升的重要依据②。建议学分银行制度由县级教育部门和人社部门协同管理,可组建工作专班具体负责。

(五)激发家庭内生动力,强化就业适应能力

1. 以家庭为中心,激发家庭内生动力

之所以以搬迁移民家庭为中心,有两个逻辑:一是脱贫攻坚时期,贫

---

① 李心萍,常钦,孙振,等. 促进高质量充分就业 [J]. 中国就业,2022 (11):4-6.
② 张伟远,谢青松,谢浩,等. 推进数字时代终身学习制度体系建设的中国方案 [J]. 中国电化教育,2023 (4):7-15.

困的标签是以家庭为单位和基准进行界定的。二是家庭是劳动力供给的基本决策单元。以家庭为中心的高质量充分就业不仅仅考虑家庭是劳动力决策的经济实体单位，更考虑了家庭作为市民社会中的"伦理责任共同体"，劳动力需要承担更多的家庭伦理责任。家庭的多维负担导致家庭劳动力不能外出就业的情形时有发生。因此，以家庭为中心的就业能够在顾及家庭多维负担的同时，注重家庭新生长劳动力的培养培训，激发家庭内生发展动力，维持家庭可持续生计，逐渐缩小家庭之间的收入差距，实现共同富裕。

内生发展强调的是依靠家庭自身的资源、能力和潜力，通过自主创新和自我发展来推动经济的持续增长，更多依赖安置区内生发展机会和搬迁户的自身努力。一方面，安置区内生发展机会能够推动农户家庭从传统农业向产业化、专业化方向发展，是实现发展型就业的核心路径之一。通过发展农产品加工业、乡村旅游、特色农业、电商平台等，搬迁移民家庭不仅能够参与生产，还能通过加工、销售等环节获取更高附加值的收入。搬迁安置地区内生发展机会拓展能够提供更多的就业岗位，搬迁移民有更多的就业机会，促进了家庭经济的多元化发展。另一方面，搬迁户的自身努力在于提高其劳动生产率，而劳动生产率的提高往往依赖于劳动技能的提升。通过政府和社会组织提供的职业技能培训，搬迁移民可以掌握新的生产技术、现代农业管理知识和多种创业技能，从而拓展就业机会，进入收入更高、更具保障性的就业领域。根据内生增长理论，经济发展不仅依赖于外部资本输入，更重要的是依靠技术创新、知识积累和人力资本的提升。而人力资本理论则强调，劳动力的知识、技能和健康等因素直接影响劳动生产率和收入水平。通过提高劳动者的技能、知识和创新能力，推动其从低收入、低保障的传统工作转向更具成长性和价值创造性的工作，进而实现家庭经济的可持续增长。

2. 针对不同的家庭负担采取不同的就业促进措施

一是针对有家庭赡养负担的劳动力。针对需要赡养失能老年人的，可安排就地就近就业，如社区工厂、社区就业帮扶车间、公益性岗位等。针对老人有能力帮忙照顾家庭的劳动力，由于老年人承担了做饭、打扫、照顾孩子等家务劳动，家庭中的主要劳动力有更多的时间和精力可以投入工作中。可组织这类家庭的主要劳动力就地转移就业，优化就业帮扶方式，加大省内劳务协作，稳定稳岗补贴。帮扶工作人员需要与务工相对集中地的人力公司做好对接，保障每一个有赡养负担的搬迁移民能够得到就业机会。二是针对有家庭抚养负担的劳动力。承担抚养负担的家庭需要为其子女提供精神和经济上的支持，这类家庭的劳动力一般会选择就近就业，就业与顾家两不误。政府可以在扶贫搬迁地建设产业园区，加强与企业的沟通，吸引制衣厂、刺绣工坊、蜡染工坊、电子厂、鞋厂等入驻产业园区，增加家门口的就业岗位，加大就业扶持力度，解决不能外出就业的劳动力实现就近就业，灵活就业。发展"夜市经济"，放松对"地摊经济"的管控，这一措施能带来一些就业岗位，提高搬迁移民的收入水平。三是针对有疾病负担的家庭。有疾病负担的家庭不但有经济上的负担，而且还有照料负担。经济负担可以通过医疗保障政策解决，但照料负担束缚家庭主要劳动力外出务工就业。劳动力需要花更多的时间和精力去照顾病人，因而也不能出远门，且出门时间不宜过长，所以尽管他们有很强的就业意愿，也很难找到合适的就业岗位。针对这种情况，应考虑将公益性岗位等兜底就业保障和最低生活保障合并，保障家庭基本生活。另外，多数家庭中的负担是多维的，并不仅仅是上述呈现的形式，上述三种形式只能说是易地搬迁移民家庭中最常见的负担，部分家庭几种负担都有，因此，需要针对每个家庭的具体情况提供具体的就业帮扶服务措施，促进多维负担的搬迁移民家庭就业稳定。

三 市场激活：培育良性就业生态

市场激活是破解结构性矛盾、实现供需高效匹配的核心机制。市场激活的本质在于通过优化劳动力市场运行机制，激发市场主体活力，形成

"需求牵引供给、供给创造需求"的动态平衡。新发展阶段促进就业，要全面贯彻劳动者自主就业、市场调节就业、政府促进就业和鼓励创业的方针①。

（一）发展县域经济，扩大就业容量

经济社会的发展与高质量充分就业是相互依存的关系②。经济发展是带动就业增长的基本动力，是稳定和扩大就业的源泉所在，同时，只有就业持续增长才能支撑经济健康发展，两者相辅相成③。经济发展是扩大就业的基础，是解决就业问题的根本途径④。大力发展新业态、新模式，支持和规范发展新就业形态，为稳定和扩大就业培育新动能⑤。

产业兴，则就业稳。产业结构变化深刻影响就业动向，县域产业发展中的延链、补链、拓链、强链的过程，就是带动就业的过程。2024 年中央 1 号文件强调，要"优化县域产业结构和空间布局，构建以县城为枢纽、以小城镇为节点的县域经济体系，扩大县域就业容量。"促进搬迁劳动力高质量充分就业，要充分发挥县城在促进搬迁劳动力就地就近就业中的作用⑥，充分发挥县域稳岗就业"蓄水池"的作用。

1. 以县域为单位发展特色产业链

以全产业链思维推进镇村特色产业提升行动，健全农民合作社带动、龙头企业带动、能人大户带动、园区带动、自种自养等产业发展机制。首先，市级政府协助县级政府选择产业，做到市域范围内各区县特色产业不重样，避免因同质化严重而形成恶性竞争。其次，县级政府协助乡镇政府围绕县级特色产业发展产业链条，做到县域范围内乡镇处于同一产业链条

①④　郭启民. 不断推进更充分更高质量就业［J］. 红旗文稿，2021（9）：32-34.

②　都阳. 坚持依靠发展促进就业［J］. 劳动经济研究，2024，12（6）：3-8.

③　李志明，邢梓琳. 巩固民生之本：实现更高质量和更充分就业——学习习近平总书记关于就业的系列重要论述［J］. 学术研究，2019（9）：1-6.

⑤　莫荣，李付俊. 促进高质量充分就业［J］. 经济与管理研究，2025，46（1）：3-8.

⑥　高鸣. 促进农村劳动力高质量充分就业：目标、困境与政策构想［J］. 华中农业大学学报（社会科学版），2023（3）：1-10.

中的不同环节，各不相同但又有联系。最后，村级（社区）注重生产、加工，吸纳村级（社区）范围内的半劳动能力者和家庭负担重无法外出的全劳动能力者，实现搬迁群众家门口就业，形成"楼上是家、楼下是工作"就业稳定状态，既能赚钱养家又能照顾家庭，保证家庭生计的可持续发展。

2. 产业链延伸与就业岗位创造

当前安置区周边多数用工主体发展的产业基本处于产业链条上的某一个点，没有形成产业链，特别是周边的农业产业，绝大多数农产品是以初级产品的形式进入市场，且质量参差不齐，难以在市场上获得较高的售价，利润极低。要改善这种粗放型的农业生产经营模式，应引导安置区周边发展地方特色产业。应通过农产品深加工、冷链物流等环节的拓展，延伸产业链。应培育龙头企业，对初级产品进行深加工，提高产品附加值，确保搬迁移民能够在产业链条中稳定就业，从产业链延伸中受益。另外，促进县域数字技术与休闲、旅游、康养、生态、文化、养老等产业深度融合[①]，发展新业态，创造灵活就业机会。

3. 建立多主体风险共担机制，减轻搬迁安置区用工主体经营性成本

（1）针对农业经营主体。首先，扩大农业保险范围。建立省、市、县三级财政补贴农业保险的政策，明确保险标的，扩大农业保险范围。其次，推广"保险＋期货"的保险结算方式，降低农业风险。"保险＋期货"按照期货价格、现货价格分别占比 60％、40％的权重来确定保险结算价格，这种计算方式在期货价格公允性的基础之上引入地方现货价格，更加贴近农产品现货价格实际情况，使"保险＋期货"能够更加"个性化"地服务农业发展。最后，设立新型农业经营主体与搬迁户在农业生产与销售方面的风险共担机制，增强农业经营主体风险管理意识和能力。这种由搬迁户、政府、金融机构共同组成的风险共担机制，能够

---

① 李昊，年猛. 新时代农民工就业趋势特征及高质量就业路径探究［J］. 当代经济管理，2024，46（12）：56－64.

减轻各类风险带来的减产减收损失，从而减缓风险或灾害对农业经营主体经营性收入增长的冲击，稳定提供农业用工岗位，确保有农业劳动技能的搬迁移民或者不适应工厂上班的搬迁移民能够稳定从事农业生产。

（2）针对安置区非农用工主体。对吸纳搬迁劳动力的企业给予社保补贴、税收减免等优惠政策。一是税收减免幅度增大。税收减免可以提高中小企业吸纳就业能力[①]。留抵退税政策通过放松融资约束、扩大固定资产投资、促进企业创新进而扩大企业就业规模[②]。对于安置区周边的用工企业，应出台相应的政策，对用工企业提供"阶梯式"税收减免政策。可尝试探索 5 年周期的"阶梯式"税收减免政策，稳定用工主体在本地发展的同时能够帮助用工主体发展壮大，提供更多的就业岗位。严格执行国家免税政策，吸引企业入驻安置区，梯度设置减免税费和门面租金，让引进企业长期稳定在安置区周边发展。另外，引进的企业最好是以手工操作为主的、低技术含量的适合搬迁群体特征的劳动密集型企业，保障低技能群体就业。二是加强社会保险补贴。在实践中，社保补贴能够有效减轻企业用工压力。一方面提高社会保险补贴的标准，另一方面优化社会保险补贴的服务，特别是办理速度。三是实施递进式用工补贴政策。具体而言，设定累计新增就业人数的阶梯门槛，企业每新增吸纳一名搬迁移民就业，其获得的补贴金额也随累计新增就业人数而逐步提高。例如，累计新增就业 1～5 人时，每人补贴 500 元；累计新增就业 6～10 人时，每人补贴 800 元；累计新增就业 11 人及以上时，每人补贴 1 500 元。这种阶梯式递增补贴设计，旨在通过提高企业后续招聘的边际补贴收益，形成边际成本递减效应，从而更有效地激励企业持续吸纳搬迁移民就业。四是激发企业家

---

① 冯海波，陆倩倩. 对中小企业减税可以提高其吸纳就业能力吗：基于中小板上市公司数据的分析 [J]. 税务研究，2020（10）：21-28.

② 崔小勇，蔡昀珊，卢国军. 增值税留抵退税能否促进企业吸纳就业？：来自 2019 年试行留抵退税制度的证据 [J]. 管理世界，2023，39（9）：15-38.

精神，可以通过反腐来矫正企业家精神的扭曲性配置以提高就业吸纳能力①。

4. 打造区域品牌，稳定易地搬迁人口收入增长

通过建设具有地方特色的产业和品牌，不仅可以促进区域经济发展，还能有效提升易地搬迁人口的收入水平，避免返贫。打造区域品牌，是通过将地方特色和优势资源转化为具有市场竞争力的产品或服务，从而提升区域经济的附加值，实现稳定的经济增长。当地方特色产业被打造成品牌时，易地搬迁人口不仅能够参与生产，还能通过品牌建设提升产品价值，获得更多的收入。因此，政府应支持绿色、有机和地理标志农产品生产，打造区域品牌，建立稳定的产销关系，通过组织化管理和品牌化运作，使脱贫人口稳定增收。

（二）创新引领脱贫地区内生发展，创造新的就业机会

发展的灵魂在于创新。产业创新能够增加新的经济增长点，增强经济可持续发展能力，成为就业的新中心；科技创新能够增加技术赋能，实现劳务资源跨域精准对接；培训创新能够使异质性较强的脱贫家庭劳动力在短期内有效提升劳动技能，提升脱贫家庭人力资本，帮助搬迁劳动力适应岗位、稳定就业；就业渠道创新能够扩大就业容量，释放搬迁劳动力存量减缓就业压力。政府应立足于脱贫地区内生发展动力，注重发展特色产业带动就业、发展县域经济带动就业、发展城镇化带动就业、提升劳动力技能等，创造新的经济增长点和就业机会，实现发展型就业。发展型就业的方向不仅仅局限于劳务的组织化和市场化，更应该创新地方经济的发展方式，以经济的发展来扩大就业容量，带动就业。另外，脱贫家庭新生长劳动力应是发展型就业重点关注的对象，新生劳动力的教育与培养需要长期有效的政策支持，让其不走父辈传统就业务工道路，真正成为激活脱贫家

---

① 何轩，袁媛，唐静. 企业家精神配置与民营企业吸纳就业能力的影响机制研究［J］. 管理评论，2020，32（4）：64-76.

庭内生发展动力的关键。

（三）支持创业带动就业

创业具有就业倍增效应[①]，是促进高质量充分就业的关键途径。就业是民生之本，创业是就业之源[②]。一是降低市场准入门槛，消除限制创业的制度和体制性障碍，鼓励城乡劳动者围绕新经济、新产业、新业态开展创业活动[③]。二是根据各安置区的实际情况，引导搬迁群众创业，特别是搬迁移民中少数民族人口超过50%的安置区，应重点引导发展民族手工业、民族文化产业，发展民族文创产品、民族手工艺产品，打造民族文化品牌，带动搬迁的少数民族就业。三是吸纳更多的年轻群体回安置区创业，以创业带动就业。在安置区设立创业基金，通过提供创业贷款贴息补贴，提供场租、水电费用补贴等措施吸引搬迁群体创业，优化补贴方式，直补创业主体。

（四）拓宽就地就近就业渠道，创造家门口就业机会

家庭负担影响搬迁移民家庭劳动力外出就业。家中照料负担、疾病负担使家庭劳动力不得不放弃外出劳动，但失去外出劳动机会就会减少家庭收入，家人收入减少无形中又会成为新的家庭负担，让整个家庭陷入无限恶性循环，疾苦不堪。家门口就业的机会可以促进因家庭负担无法外出的劳动力就业，使其既可以提高家庭收入，也能够照顾家庭。发展地方实体经济，扩大就业容量，拓宽就地就近就业渠道是提供家门口就业机会的有效措施，有效缓解搬迁移民家庭劳动力外出就业与家庭负担的矛盾[④]。

[①] 赖德胜. 以高质量充分就业推进中国式现代化 [J]. 中国人口科学，2022 (6)：20-25.

[②] 莫荣，李付俊. 促进高质量充分就业 [J]. 经济与管理研究，2025，46 (1)：3-8.

[③] 谭永生. 中国更高质量和更充分就业的测度评价与实现路径研究 [J]. 宏观经济研究，2020 (5)：82-90，101.

[④] 王菊. 易地搬迁移民就业质量提升：基于家庭调查分析 [J]. 黔南民族师范学院学报，2023，43 (6)：80-89，112.

1. 引进适合搬迁群体就业的劳动密集型企业

实现易地搬迁移民高质量充分就业的重点在于引进企业和稳住企业，只有引得进且稳得住企业，搬迁人口才会有更多的就业岗位和就业机会。优化营商环境，减免企业税费；优化服务方式，稳企补贴直达企业。从国家层面，应重点减免易地搬迁安置区周边引进企业的税费。从地方政府层面，要积极主动引进企业而不是被动引进，出台相关优惠政策并简化优化补贴方式，如政府贴息贷款、用工主体水电费补贴、用工主体缴纳职工社会保险补贴等直补企业。从安置区层面，应阶梯性地减免入住安置区用工主体的店面租金，免费提供各种招聘服务活动等，稳住企业，保住岗位。

2. 持续搭建各级各类就业载体，筑牢就业兜底保障

就业帮扶车间是建设在乡镇、社区，特别是易地搬迁集中安置区的，以不同类型建筑物为生产经营活动场所，以壮大村集体经济、解决易地搬迁人口就地就近就业为目的，以农产品初加工、手工业、来料加工等劳动密集型产业为主要内容[①]，实现易地搬迁人口就业稳定和收入稳定的就地就近就业重要渠道。政府需要优化对就业帮扶车间、就业帮扶基地、"一县一企"就业基地等的服务措施，加大扶持奖励资金，减少奖补认定环节，助力可持续发展，发挥就地就近就业"蓄水池"的效用。一是就业帮扶车间等就业载体通过提供多样化的就业机会，有效解决脱贫劳动力和易地搬迁群众因家庭多维负担而无法外出就业的问题，实现了家庭伦理责任与政府社会保障的统一。二是就业帮扶车间通过政府、市场、社会三重力量驱动，形成了稳定的利益联结机制，有助于实现可持续发展[②]。三是就业帮扶车间等就业载体的持续发展，不仅解决了就业问题，还促进了地方经济的发展和产业升级。通过引入外部资本、技术和管理经验，推动了当

---

① 于乐荣，李小云．产业扶贫的地方实践与益贫机制 [J]．农业经济与管理，2020（4）：5-12.

② 郭道久，康炯慧．嵌入-合作型社会企业：就业帮扶车间的组织性质及发展 [J]．河南社会科学，2024，32（2）：103-114.

地产业的现代化和多元化发展，为地方经济注入了新的活力。四是就业帮扶车间等就业载体在提供就业机会的同时，也注重提高劳动者的素质和技能水平。通过技能培训和实践锻炼，劳动者不仅能够获得稳定的收入来源，还能提升自身的市场竞争力和就业能力。五是通过优化资源配置和提高政策效率，就业帮扶车间等就业载体能够更好地发挥促进就地就近就业的效用。政府、市场和社会各方力量的协同作用，有助于形成合力，推动就业帮扶车间的持续健康发展，从而更好地满足搬迁劳动力的就业需求。六是安置区居委会作为就业载体搭建的主体责任人，应积极主动搭建就业载体而不是被动完成任务，应结合搬迁群众的实际情况搭建就业帮扶车间、就业基地、社区工厂、卫星工厂等，把搭建就业载体情况纳入居委会考核范畴①。

3. 建立"线上"与"线下"的零工市场

低技能零工市场具有韧性调节作用，面对危机时，可以形成就业缓冲地带，缓解就业压力②。政府通过建立"线上"与"线下"的"零工市场"，搭建灵活、便捷的就业平台，打破传统就业模式的地域和时间限制，有效帮助不同劳动技能的搬迁劳动力了解临时用工信息，帮助解决搬迁劳动力的就业难题。一是零工市场可以为搬迁劳动力提供短期、灵活的工作机会，帮助他们迅速获得收入，减少因就业不稳定而导致的返贫风险。二是零工市场降低了进入门槛，无论是低技能劳动力还是具备一定技能的劳动力，都能在当地获得适合自己的工作，这有助于实现劳动力资源的高效配置和就业机会的均等化。三是零工市场通过集聚各类短期或临时工作需求，提供更多的就近就业机会，避免搬迁劳动力外出流动带来的社会成本和家庭解构。总体而言，建立零工市场能够促进搬迁劳动力在本地的就业转化，为易地搬迁人口提供稳定的经济支持，并推动社会的长期稳定

---

① 王菊. 易地扶贫搬迁新市民就业质量指标与评价分析 [J]. 安顺学院学报，2022，24（1）：102-110.

② 诸大建. U盘化就业：中国情境下零工经济的三大问题 [J]. 探索与争鸣，2020（7）：9-12.

发展。

4. 开发长期稳定"以工代赈"项目

"以工代赈"通过政府投资建设基础设施工程，为受赈济者提供劳务报酬，这一政策在促进就地就近就业方面展现出了显著的效用。一是以工代赈项目能够直接吸纳大量当地劳动力参与工程建设，尤其是低收入人口、易地搬迁群众和受灾受疫情影响未外出务工人员，有效解决了他们的就业问题[①]。二是以工代赈项目通常针对脱贫地区，特别是乡村振兴重点帮扶县，通过改善当地基础设施和生产生活条件，促进乡村经济的发展，为当地居民创造更多的就业机会[②]。三是以工代赈项目强调村民自建，通过建立健全政策体系、组织架构和项目管理机制，增强了农村基层党组织的治理能力，进一步推动了乡村的全面振兴，为就地就近就业创造了更加有利的环境和条件。因此，"以工代赈"在促进就地就近就业方面具有显著的效用，是实现乡村振兴和推动农业农村发展的重要途径。

5. 规范管理公益性岗位

加大公益性岗位开发力度，明确政府投资项目创造就业岗位的导向[③]。A省目前的公益性岗位存在管理部门多、资金来源渠道多、管理部门和实施部门分离等问题，导致在实践的过程中乱象丛生。公益性岗位的开发与管理，应考虑省级层面联动各部门设置固定的乡村公益性岗位，保障财政资金来源，明确公益性岗位就业对象，精准定位搬迁户中的弱劳动力。由县级层面指定一个部门统筹全县所有公益性岗位，包括统一开发、统一管理、统一规范和设定劳务标准等。应根据岗位类型及其劳动任务和劳动强度设定劳务标准，杜绝保障对象多重享受、多个岗位合并使用等现象发生。应明确公益性岗位的保障对象属于劳动年龄范围内的弱劳动力，

---

① 王晟昱，李想，张心怡. 乡村振兴视角下以工代赈村民自建模式研究：以四川省实践为例 [J]. 农业经济，2023（7）：72-74.

② 唐丽霞，张一珂. 从以工代赈到公益性岗位：中国工作福利实践的演进 [J]. 贵州社会科学，2019（12）：147-153.

③ 王镓利. 推动实现高质量就业的财政政策探讨：以浙江为例 [J]. 地方财政研究，2022（12）：66-70.

不在劳动年龄范围内且的确需要保障的，应由民政部门的最低生活保障制度兜底保障，这两项保障不得合并使用。

（五）发展安置区周边平台型就业，拓宽就业渠道

实现搬迁移民充分就业和高质量就业，需要向内向外拓宽就业渠道。向外组织劳务输出是已经得到证实的快速消化就业存量的有效措施，但因外出环境的复杂性，外出就业显得尤为艰难。向内发展本地实体经济扩大就业容量，拓宽就地就近就业渠道、发展"零工市场"无疑是最好的选择。发挥新就业形态创造就业岗位的能力，能够有效缓解搬迁移民就业压力，释放搬迁安置区劳动力存量。在易地搬迁安置区周边发展以人力资源公司为主的平台型就业，对公共就业服务机构稳就业有利，也有利于新就业形态的发展，同时又有利于劳动者获得工作、增加收入，既能满足平台企业岗位招聘需求，也能满足公共就业服务机构就业援助需求，形成"政府-平台-劳动者"三方共赢的三赢模式[①]。平台是劳动力资源组织的基础，平台有动力和意愿扩大岗位需求、改善就业质量[②]。发展以平台企业为市场主体的"零工市场"，一方面有利于把搬迁劳动力有效组织起来，提高省内劳务组织化程度；另一方面能够兼顾政府关注的就业重点群体和困难群体，提供灵活工作岗位。

（六）理好政府与劳务市场主体的关系

实现高质量充分就业，即需要建立和完善开放、包容、公平、竞争的市场机制[③]，也需要政府应用有形的手规范市场这个无形的手的行为[④]。政府干预过多可能会"养懒汉"，政府放任不管必然会使就业困难群体成

---

① 张成刚，辛茜莉．让政府、平台、劳动者三方共赢：以公共就业服务融合新就业形态为视角 [J]．行政管理改革，2022（2）：79-87．

② 张成刚．就业发展的未来趋势，新就业形态的概念及影响分析 [J]．中国人力资源开发，2016（19）：86-91．

③ 岳昌君．高质量充分就业的内涵与实现路径 [J]．人民论坛，2023（14）：63-66．

④ 刘燕斌．推动实现更高质量就业的思考 [J]．中国劳动，2013（1）：9-11．

为市场的牺牲品，因此在充分发挥市场机制作用的同时，政府要做好引导。首先，分层分类建立劳动力信息台账。根据有无劳动技能分为有技能和无技能，根据身体健康情况分为全劳动能力和半劳动能力；根据有无就业意愿分为有就业意愿和无就业意愿。政府负责兜底帮扶无就业意愿、半劳动能力和无技能的就业困难群体，其他的交由市场运作。其次，建立岗位信息数据库。岗位信息数据库变化较大且跨地域性较强，包括省内外的岗位信息，应逐渐实现省内外岗位信息数据库的互联互通。再次，促进高质量就业过程中的稳岗补贴、就业培训、就地就近就业和社区治理等，应在两大信息数据库的基础上更有针对性，做好稳岗就业帮扶工作。最后，高质量就业应分层分级推广，从人口居住较密集的城镇社区推广到人口居住较稀疏的农村社区。

四、社会托底：构建多维保障网络

（一）构建以家庭为单位的综合保障体系，缓解家庭多维负担

家庭作为最小的经济决策单元，家庭劳动力能否高质量充分就业，取决于家庭伦理责任和家庭多维负担。在对安置区搬迁移民家庭防返贫动态监测的基础上，构建以搬迁移民家庭为单位的"培训-就业-兜底"的综合保障体系[1]，突破现有传统以劳务用工合同为基础的保障体系的局限。

1. 分类别、分层次进行精准施策

对搬迁移民家庭人口、家庭劳动力、家庭负担进行精准识别并分类，开展精准培训、精准就业与精准民生兜底保障。A省易地搬迁城镇化集中安置人口共180多万人，城镇集中安置区共有800多个。其中，万人以上的特大型安置区有30多个，少数民族人口超过30％的安置区有300多个。大规模且少数民族集中的搬迁安置区，尤其需要对搬迁移民家庭进行

---

① 周明，雷雁淘. 迈向共同富裕的就业保障制度：逻辑、困境和路径［J］. 西北大学学报（哲学社会科学版），2023，53（4）：27-36.

精准识别，根据具体情况分类进行精准保障施策。第一，针对年轻群体（16～40岁，在校生不算在内）的保障策略。一是汉语沟通交流无障碍且有劳动技能的年轻群体，鼓励其外出就业，一方面可以缓解本地就业压力，另一方面实现外出就业收入增长。二是因家庭负担无法外出就业的，提供就近就地就业机会，稳定现有就业岗位，或参加储备式职业技能培训提升技能水平，以便家庭负担减轻后能够实现技能就业。三是不会汉语导致沟通交流有障碍的年轻群体，应向其提供就近就地就业机会，主要通过发展民族手工业和民族文化产业带动就业、发展民族村寨旅游业带动就业等方式促进就业。四是沟通能力受限且无技能的，开展汉语言培训和实用技能培训，让搬迁少数民族在学会普通话的同时掌握生产生活实用技能，有效解决语言交流听不懂、增收致富无技能的问题，实现在家就业、在家增收。五是鼓励年轻群体参加创业培训，以创业带动就业。第二，针对中年群体（40～49岁）的综合保障策略。应分具体情况来安排就业或参加技能培训。一是汉语交流沟通能力受限且有家庭负担的，用公益性岗位解决就业，发展安置区周边民族产业带动就业，鼓励参加"双培"。二是有较强的语言沟通能力且有劳动技能的，鼓励外出就业。有家庭负担的，若有就业技能，提供安置区周边就业机会；若无技能，参加职业技能培训，让其至少掌握一项就业技能。第三，针对年龄偏大搬迁群体（50岁及以上）的综合保障策略。无论汉语沟通交流能力如何、有无劳动技能，均可根据个体实际劳动能力用公益性岗位解决就业，享受公益性岗位带来的就业补贴，适当提高公益性岗位补贴标准（月补贴提高至800～1 200元）。针对劳动能力较弱的群体，稳定兜底救助类政策，不再安排就业。

2. 改善高质量充分就业支持环境

搬迁移民家庭的照料负担影响家庭劳动力稳定就业。家庭成员患病往往伴随着高额的医疗费用，这会给家庭带来沉重的经济负担。家庭成员患病后，其他家庭成员可能需要承担更多的照顾责任，包括陪伴就医、日常护理等，家庭成员可能不得不放弃原有的工作机会，或者选择更加灵活但收入较低的工作来兼顾家庭和工作。因此，应对有疾病照料负担的家庭提供更多社区关怀，叠加多种帮扶措施，以减轻搬迁移民家庭经济压力，改善就业支持环境。

医疗保障促进高质量充分就业的本质在于通过健康风险的社会化分担，重构搬迁移民家庭劳动力与劳动力市场的连接。这不仅具有经济效率改进功能，更承载着社会公平的价值内核，同时能够增强搬迁移民家庭内生发展动力和抵御风险能力，筑牢防返贫根基。一是提高医疗报销比例。特别是针对家庭成员患有重大疾病情况，应综合多种报销，尽量减少家庭支付比例。二是实现省际医保数据共享，统一全国各级各类医疗保障报销标准和程序，打破省际医保数据壁垒，为外出务工劳动力异地就业提供保障，减轻劳动力异地就业经济负担。三是优化报销流程，取消"跨省就医报备"制度，实现省内外就医报销比例一致，就地诊疗就地报销，确保家庭能够及时获得医疗费用的补贴。四是推广大病保险和医疗救助。针对重大疾病，政府应推广大病保险制度，为家庭提供更高层次的医疗保障。建立医疗救助机制，对特别困难的家庭给予额外的经济援助。五是加强基层医疗服务。确保易地搬迁安置社区医疗机构全覆盖，提升基层医疗机构的诊疗能力和服务水平，让家庭能够在就近的地方获得有效的医疗服务，减少因长途就医而产生的额外负担。六是定时开展医疗专家进社区。特别是万人以上大型集中安置区，应建立"专家进社区诊疗"服务的工作制度。一方面，省、市、县区域范围内医疗机构专家进社区诊疗服务，另一方面，撬动东西部协作中的医疗技术人才资源不定期到大型安置社区开展诊疗服务。

3. 加强劳动者权益保护

一是在持续加大整治欠薪工作力度，切实保障好易地搬迁人口、边缘易致贫人口劳动权益的同时，推进完善企业裁员申报机制，防范规模性失业风险，对已参加失业保险的失业移民，及时按规定落实失业保险待遇，未参加失业保险的符合条件的对象，协调相关部门按规定纳入当地最低生活保障、临时救助，确保就业空档期的基本生活不出问题。二是要加强市场监管和劳动保障监察执法，针对性查处和曝光侵害劳动者权益的行为和案件，让法律和制度为劳动者权益保驾护航，努力让广大劳动者实现体面劳动、全面发展①。三是加大对新职业群体的保护力度。在数字经济迅速发展的背景下，灵活就业、平台就业、零工就业等非标准就业成为大势所趋，应加强对这一群体的劳动保护和社会保障②。通过扩大就业人群、提升就业待遇、落实就业保障等方式，不断保障其权益，推动实现更加充分更高质量就业③。另外，可以探索与新业态用工相适应的按天计算社会保险缴纳的结算机制④。

4. 完善新型帮扶机制，实现常态化就业帮扶

易地搬迁后续就业帮扶对象应更具针对性，以提升有限帮扶资金和人力的帮扶效率，帮扶应由"政府主导"逐步转为"帮扶主体为主，政府和社会力量支持为辅"，逐步减弱搬迁户对政策帮扶的依赖⑤。一是强化制度设计的层次性。帮扶设计上要体现事前预防与事后帮扶结合，指导方针上要突出开发式与保障式并举，并根据需要开展多层次帮扶，如基本帮扶、综合帮扶、急难帮扶、服务帮扶、慈善帮扶，采取兜底性、发展性与投资性三种帮扶路径，并鼓励不同帮扶路径的混合使用，以便解决帮扶路径不够长效的问题。二是凸显帮扶机制的常态化。继续对易地搬迁人口开展就业监测，适时调整帮扶政策，推动帮扶资源上移到村或乡镇，实现帮扶方式由点及面的转变。确定财政帮扶资金和项目，减少重复性项目。资金分配与帮扶成效挂钩，加大以工代赈成果运用。三是强化两类帮扶的衔接性。推动防返贫帮扶政策和易地搬迁人口常态化帮扶政策衔接并轨，进一步明确救助与帮扶职责，包括：第一，精准界定对象与需求，明确救助

---

① 莫荣，李付俊. 促进高质量充分就业 [J]. 经济与管理研究，2025，46（1）：3-8.

② 岳昌君. 高质量充分就业的内涵与实现路径 [J]. 人民论坛，2023（14）：63-66.

③ 郭冉. 制度形塑：高质量就业结构的转向 [J]. 学海，2022（5）：145-154.

④ 王镓利. 推动实现高质量就业的财政政策探讨：以浙江为例 [J]. 地方财政研究，2022（12）：66-70.

⑤ 仇焕广，等. 中国千万人的易地扶贫搬迁：理论、政策与实践 [M]. 北京：经济科学出版社，2021.

与帮扶的具体对象范围、收入状况认定标准及差异化救助需求评估依据；第二，压实部门主体责任，依据对象界定与需求评估结果，明确各环节、各类型需求的第一责任部门及其核心任务；第三，强化协同联动机制，建立跨部门信息共享、会商决策与行动协同机制，确保职责无缝衔接、行动相互补位，形成帮扶合力，将符合条件的易致贫返贫对象全部纳入常态化帮扶，根据经济社会发展水平提高兜底保障标准，合理把控扩面提标力度，做好兜底性保障和开发式帮扶并举的帮扶政策衔接。大力推动防返贫动态监测数据库与易地搬迁人口动态监测数据库实现"两库并一库"，进一步促进易地搬迁人口常态化帮扶政策工具与体制机制的有效衔接。

（二）提升公共就业服务水平，完善高质量充分就业的制度保障

党的二十大报告明确提出要强化就业优先政策，健全就业促进机制，促进高质量充分就业，健全就业公共服务体系。建立城乡一体化就业服务平台，打造线上线下相结合的服务模式，各级政府要为就业服务体系建设提供人力、物力、财力的支持[①]。以公共就业服务平台为结点，辐射相关服务机构，在全国范围内形成一个全面的、为所有劳动者提供便利的服务网络[②]。

1. 实现平台数据信息资源共享，提升一站式求职招聘能力

要继续推进信息服务智慧化，建立全国统一公开的信息系统，推进就业信息互联互通和数据共享，实现供求双方即时匹配、智能匹配，提高供需匹配效率，用数字技术为劳动力市场赋能[③]。实现各级各类数据平台资源共享，需要从省级层面整合现有就业服务数据信息平台、劳动力培训信息平台和返贫监测系统平台，创新服务模块，做实就业数据统一口

---

① 王宁西. 乡村振兴背景下农村劳动力的高质量充分就业 [J]. 北京社会科学，2024 (2)：74 - 83.
② 周明，雷雁淘. 迈向共同富裕的就业保障制度：逻辑、困境和路径 [J]. 西北大学学报（哲学社会科学版），2023，53 (4)：27 - 36.
③ 赖德胜. 以高质量充分就业推进中国式现代化 [J]. 中国人口科学，2022 (6)：20 - 25.

径，让数据互联互通，政府各职能部门均能使用。按照搬迁人口个体特征、家庭特征、就业状态、培训情况、企业招聘和接受政策类优惠享受等六大功能模块整合现有数据信息平台。省级政府集中掌握所有就业服务数据信息，各区县各职能部门均可互联互通数据，街道办负责信息平台数据的更新，安置区设置就业专干及时跟踪搬迁群众和家庭就业信息。

统一的就业服务数据信息平台为搬迁群众提供大量的招聘信息，搬迁群众可通过数据信息平台搜寻适合自己的工作招聘信息，减轻工作搜寻成本；为用工主体提供发布招聘信息的网络平台，减少企业招聘成本，做实"求职-招工"信息智能化一体服务；为政府各职能部门做决策时提供基础数据，减少安置区工作人员重复的信息上报工作，减轻工作负担；为开展就业援助提供信息，对重点群体有针对性地开展重点帮扶和信息反馈，提升就业援助服务精准率。

数字技术赋能公共就业服务主要体现在传统公共就业服务与新就业形态服务相互融合。公共就业服务机构改变传统就业服务观念是服务融合的关键。在服务内容上，公共就业服务内容不仅覆盖传统的正规就业服务，而且要兼顾无组织、流动性强和自我雇佣的新就业形态内容，拓宽就业服务内容；在服务方式上，应协助新就业形态的招聘、社会保险补贴、职业认定。另外，就业补贴因对象不同，分为针对搬迁群体的交通补贴和奖励补贴，针对用工主体的税收减免、场租减免、水电补贴、社保补贴和吸纳易地搬迁人口就业奖励补贴等，应减少审批环节、精简审批资料，优化审批程序，做到直补快办①。

2. 建立全省统一职业技能鉴定平台，提升职业技能培训质量

全省建立统一的职业技能认定规范，组建唯一的职业技能鉴定机构。该机构应由省人力资源和社会保障部门牵头组建，省级有总平台公司，

---

① 王菊. 易地搬迁移民就业质量提升：基于家庭调查分析 ［J］. 黔南民族师范学院学报，2023，43（6）：80-89，112.

市、县设有分公司。该公司的职业技能鉴定既要与全国劳务市场对应，也要考虑当前的新就业形态，具体负责全省职业技能培训指导工作和职业技能鉴定工作，把职业技能培训与鉴定完全从人力资源和社会保障部门剥离，减轻省、市、县人力资源和社会保障部门的工作负担，提升职业技能培训服务的精准性。

3. 优化公共就业服务供给方式，提升就业服务品牌化能力

建议以"政府购买＋劳务公司运作"为主要形式开展就业服务，优化就业服务方式，解决多重困难：一是解决社区就业专干缺少的问题；二是缓解就业结构矛盾突出的问题；三是实现搬迁群众外地就业收入增长、本地就业收入稳定且兼顾家庭；四是转变搬迁群众政策依赖思想，减少政策"悬崖效应"问题。首先，应以街道办事处牵头组建"安置区劳务服务公司"。公司独立运营，具有法人资格，不以营利为目的，组建资金需要各级政府部门整合所有促进就业资金以及各种渠道的就业补贴资金。街道办主要负责人是公司运营的第一责任人。政府不干涉公司运营，但就业服务公司要致力于构建社区内家庭劳动力外地就业保收入＋本地就业兼顾家庭的就业格局。其次，安置区劳务服务公司应设立四大核心职能部门。一是设立人力资源服务部，具体负责对辖区范围内所有人群信息进行精细化管理，做到有台账、底数清，负责搬迁群众就业意向、培训意向等数据信息的收集、管理及更新工作。二是设劳动服务部，具体负责组织劳务输出工作、健全劳务输出工作制度、收集劳动服务岗位信息、负责与辖区范围内所有用工主体建立良好的工作关系以及负责安排各种临时劳务派遣工作。三是设培训服务部，通过整合各类资金，购买各种培训服务，包括汉语言培训、职业技能培训、岗位需求培训、安全培训和全员素质培训。其中，职业技能鉴定培训以鉴定成功为结果导向开展培训，保证培训服务质量。四是设立公司财务部，负责对接各类资金来源、负责对接用工主体劳务派遣劳务费、负责发放工资。辖区范围内劳务派遣，公司应统一发放工资，工资水平应根据劳务性质有所差异，但差异不宜过大。最后，建立健全考核机制。明确县人民政府为考核主体，考核第一责任人为街道办主要负责人，重点考核搬迁移民外地就业实际人均增收情况、本地就业长期稳定情况、职业技能培训完成 1 人鉴定 1 人情况以及资金整合使用情况。为了提升街道办劳务服务公司的履责效果，需要设计一套包含对内部员工的绩效奖励和对公司整体的约束处罚的双轨并行机制。

4. 建立东西部劳务协作体系，提高外出务工组织化程度

东西部劳务协作是东西部地方政府通过合作的方式对双方资源要素进行稳定适配，共谋发展，其最大优势在于结对合作机制。2023 年中央 1 号文件强调，"深化东西部劳务协作，实施防止返贫就业攻坚行动，确保搬迁劳动力就业规模稳定在 3 000 万人以上。"可见，新一轮东西部劳务协作体现新时代中国式就业帮扶制度的新特点。东西部地方政府强化就业优先政策，构建部门协同联动促进就业的大就业格局，扩大就业容量，提升就业质量，促进充分就业[①]。双方出台"进一步稳定和扩大就业"3.0 版本，完善就业创业补贴和创业担保贷款制度，修订就业失业登记管理办法，做好到期政策有序调整衔接。一是建立一个东西部协作服务站，定向向各个企业输送人才，抓住东部人才需求量大、工资水平高、社会保障完善的优势，通过一对一的培训，量身定制东部地区所需的优质人才，实现稳定就业。二是加大资金投入，加强产业合作，共建产业园区，做到精准对接，巩固脱贫成果，实现东西合作良性循环。三是加强西部各类人力资源服务机构与东部企业的沟通协调，建立交流平台，做好信息的实时推送，加强两地的交流，定向对各类不同的职业进行培训。四是健全劳务品牌的建设机制，扩大产业规模，提高就业质量，鼓励东部企业定期到西部进行宣传，实施以工代赈，促进群众的就业增收。

5. 赋能搬迁移民家庭，就业服务驱动防返贫韧性提升

就业是增收的主要渠道，也是家庭脱贫的根本保障。通过注重家庭就

---

① 刘守英. 共同富裕的中国式现代化［J］. 中国人民大学学报，2022，36 (6)：9-12.

业服务，可以有效提升家庭的收入水平，防止返贫的发生。注重家庭就业服务，是提升家庭自我监测能力的有效途径，其重要性体现在促进家庭成员职业发展、增强家庭内部协调性以及培养家庭自我评估与调整能力三个方面。一是脱贫家庭就业服务主要是通过提供岗位信息、职业介绍、技能培训、就业指导等服务，帮助家庭成员获得稳定的就业机会，减少失业或不稳定就业带来的收入波动。同时，能够增强家庭成员的就业能力及市场竞争力，实现稳定就业，为家庭经济的持续发展奠定基础，从而提升家庭经济的抗风险能力。二是家庭就业服务促进了家庭成员间的信息共享与经验交流，增强了家庭内部的协调性。通过共同参与就业活动，家庭成员能够更全面地了解市场动态与就业政策，形成共识，提升家庭就业选择的科学性与效率。有效帮助家庭在面对外部冲击时，能够迅速调整策略，保持家庭经济的稳定性。三是家庭就业服务还培养了家庭成员的自我评估与职业规划能力，进而提升了家庭自我监测的精准性与有效性。在参与就业服务的过程中，家庭成员学会如何根据自身条件与市场变化，制定合理的职业规划，并定期进行自我监测与调整。这种能力的培养使家庭成员能够更好地应对职业生涯中的挑战与变化，确保家庭经济的可持续发展。

6. 稳定搬迁移民就业收入

多数易地搬迁移民和外出务工群体属于中等收入群体，扩大并稳定中等收入群体的收入来源已经成为当前易地搬迁后续扶持工作的重要目标，对保障搬迁移民的长期稳定具有重要意义。具体可以优先发展吸纳就业能力强的行业产业，比如地区特色花卉、茶业、果树等产业，人民需求量大的地区物种养殖业，努力激发市场活力，稳定就业；安置区周边持续优化营商环境，继续落实好用工指导政策，助力产业高质量发展，从而创造出更多就业岗位，吸引更多人才。针对救助类帮扶劳动力群体，搬迁移民安置地区要加强主导产业培育，突出重大项目、重点产业带动就业作用，为不同劳动力创造更多就业机会；强化政策扶持，大力开发公益性岗位，为救助类劳动力创造更多家门口就业的机会；提高就业帮扶的精准性，让就业困难群体特别是救助类就业群体在"一对一"帮扶中获得就业机会，通过勤奋劳动实现自己发展[1]；对其开展基础性医疗和资金资助，通过医疗和资金的小额借贷，一定程度上解决其奋斗路上的部分问题，增强其就业的自信心。

---

① 李心萍，常钦，孙振，等. 促进高质量充分就业 [J]. 中国就业，2022 (11)：4-6.

第八章 易地搬迁移民高质量充分就业的政策优化建议

本章基于前序章节的理论分析与实证研究，系统构建了分阶段、多维度的政策优化框架，提出推动易地搬迁移民实现高质量充分就业的系统性政策优化方案。本书创新性地将政策目标体系划分为"保障型—发展型—增长型"三阶段递进结构，即短期通过就业保障筑牢民生底线，中期以技能提升促进可持续发展，长期依托新业态培育实现就业扩容提质增效。在政策实施路径方面，提出六大核心领域的优化建议。一是构建"政企社协同"的技能培训体系，强调培训资源整合、内容精准适配和参与机制创新；二是完善"激励-监管"并重的稳岗补贴政策，通过动态调整标准、强化资金效能和优化补贴结构实现政策精准发力；三是改革公益性岗位管理制度，重点破解补贴标准偏低、监管效能不足等现实问题；四是建立"外生帮扶＋内生发展"双轮驱动的就地就近就业促进机制，结合政府保障、家庭能力建设和新业态培育形成就业增长合力；五是创新就业服务系统更新机制，通过数据动态管理、统计标准优化和服务平台升级提升服务效能；六是构建"观念重塑-能力提升-岗位供给"三位一体的就业帮扶体系，着力破解移民群体就业观念落后、技能短缺与岗位供给不足的叠加困境。本章提出的优化政策建议既体现了短期纾困与长效发展相结合的战略思维，又兼顾了制度创新与政策落地的可操作性，为完善易地搬迁后续扶持政策体系提供了兼具理论深度和实践价值的解决方案。

一、优化政策目标

今后，就业帮扶政策的目标将聚焦于搬迁人口的劳动力发展与就业增收。对于弱劳动力的搬迁移民，政策将建立就业兜底保障机制，确保他们能够获得基本的就业机会和收入保障，通过公益性岗位、就业援助等措施，实现"有业可就"，稳固脱贫基础。对于普通劳动力，政策将注重把劳动力资源有效转化为高质量的人力资源，重点加强劳动技能培训，提升就业竞争力，促进其向更高质量、更稳定的就业岗位转移。对于有技能的劳动力，政策将进一步优化就业服务和支持体系，确保其能够实现就业稳定、持续增收。总体而言，新政策目标旨在推动搬迁移民实现高质量充分就业，通过精准施策、分类指导，助力易地搬迁移民迈向共同富裕的道路。

就业政策将呈现"保障型—发展型—增长型"的渐进式演进。短期以"保障型就业"为主，实现稳就业；中期"发展型就业"为主，优化就业结构；长期以"增长型就业"为主，注重"技术-制度"创新。核心目标是实现就业从"量"向"质"跨越，最终建成与高质量发展适配的现代化高质量充分就业服务体系。

（一）短期内实现"保障型就业"

短期内（1～2年），应聚焦稳定现有就业岗位、应对结构性失业风险、化解信息壁垒提升就业匹配效率、防范返贫风险，以"保障型就业"为主。国家层面，应推行"就业服务包"制度，出台政策支持为每户搬迁家庭建立动态就业档案，集成岗位推荐、培训报名、政策申领等功能；针对搬迁群众失业风险，建立跨部门快速响应机制，突破省际劳动力就业信息壁垒、医疗费用报销、社会保障等各种省际信息不共享问题。省级层面，应加强安置区"社区就业服务中心"建设，在800人以上安置点实现就业服务全覆盖，地方财政配套专职就业专干负责就业服务工作，减少临聘就业专干，保障就业专干工资收入，给予就业专干未来发展空间。另外，实施"劳务品牌提升计划"，打造省级特色劳务品牌，加强省内外劳务协作工作是省级层面短期内的重要工作。

（二）中期内实现"发展型就业"

中期内（3～5 年），政策将聚焦产业结构调整与就业质量提升，破解结构性矛盾，推动就业实现从"量"向"质"的实质转变，培育新就业增长点，以"发展型就业"为主。国家层面，应重点推行"技能培训"学分银行制度，深化东西部产业与劳务协作体系。省级层面，注重内生发展，一是个人层面的技能提升，二是地区经济发展。地区经济发展应重点发展县域特色产业，建构以安置点为中心的"15 分钟就业服务圈"；应加大对科创企业、小微企业的孵化支持，推动"创业—创新—就业"闭环。

（三）长期内实现"增长型就业"

长期内（5 年以上），政策将聚焦构建适应人口结构变化和技术革命的就业帮扶制度，实现就业市场的高质量可持续发展，以"增长型就业"为主。国家层面，应建立全国统一的就业大数据平台，出台相关政策重点支持灵活用工与大龄劳动者就业，构建城乡融合就业良好生态。省级层面，注重促进劳动力就地就近就业，注重促进劳动力就业收入实质增长。

二、政策优化具体建议

（一）关于技能培训相关政策的优化建议

易地搬迁劳动力技能培训当前面临政策设计层面和执行层面的问题。技能培训政策存在"四多"现象，即实施主体多、内容多、标准多、资质证多，导致在执行过程中存在诸多操作层面的实际困难。因此，应从整合培训资源、强化就业导向、鼓励企业参与、优化培训内容、灵活培训方式、完善政策配套等方面对技能培训政策进行改进和优化。

1. 整合培训资源，统一培训标准

应明确技能培训的实施主体，整合人力资源和社会保障局、农业农村局、住建局、妇联等多部门资源，避免培训内容的交叉和重复。同时，制定统一的培训标准和考核体系，确保培训质量和效果的一致性。对于培训实施主体与颁发资质证主体不一致的问题，应推动相关部门的协作，实现培训、考核、颁证的一条龙服务，提高培训效率和便捷性。

2. 强化就业导向，提升培训实效

技能培训应紧密围绕市场需求和就业导向，重点提升就业技能，鼓励取得专业资格证书。应加大对实用性强、短期见效的就业技能培训的支持力度，缩短培训周期，满足群众对快速掌握就业技能的需求。在省外集中务工地组织时间灵活的技能培训，提高培训的针对性和实效性，提升群众的就业竞争力。

3. 鼓励企业参与，推动以工代训

应加大对企业开展技能培训的支持和鼓励力度，特别是用工企业。政策应支持企业根据用工需求向政府申请开设订单培训，政府提供必要的支持和指导，这样既能确保培训内容的针对性和实用性，又能增强培训效果。同时，对于以工代训的企业，应给予一定的政策优惠和补贴，激励更多企业积极参与技能培训。

4. 优化培训内容，贴合群众需求

应加强对技能培训内容的规划和指导，确保培训内容贴合群众实际需求。适当减少长期培训，增加农业部门统一进行的种养技能培训项目，满足农业发展对技能培训的需求。同时，加大创新创业培训力度，提供相关政策支持，鼓励群众创新创业。

5. 转变培训方式，灵活培训，提高参与率

针对群众培训时间难以统一的问题，应推动培训方式的灵活化。如开展线上培训、务工地集中培训、夜间培训等多种形式的培训，满足不同群体的需求。同时，简化培训流程和考核标准，降低参与门槛，提高培训参

与率和意愿。

6. 完善政策配套，强化激励约束

应完善技能培训政策的配套措施，如将技能培训与稳岗补贴等政策叠加使用，提高政策的吸引力和实效性。同时，加强对培训机构的监管和评估，确保培训质量和效果。对于培训后未稳定就业的群众，应给予一定的过渡期和扶持政策，减轻其就业压力。

（二）关于"稳岗补贴"相关政策的优化建议

针对就业帮扶政策中的"稳岗补贴"存在的体系凌乱、内容较多、标准不一及基层干部执行的困境，需采取系统性措施进行改进和优化，以确保政策的有效性和可持续性。

1. 统一规划，构建清晰政策体系

出台统一的"稳岗补贴"政策指南，明确补贴的个人和企业两个层面的具体内容和标准，减少地方执行的随意性和差异性。将省外就业一次性交通补贴、一次性求职创业补贴、吸纳就业一次性补贴等各类补贴整合进一个清晰的框架内，确保政策的连贯性和一致性。同时，鼓励各省根据自身实际情况，在国家统一框架内制定具体实施细则，但需保持核心标准的一致性。

2. 调整标准，提高补贴效用

针对基层干部反映的补贴标准过低、条件过高的问题，应适时调整补贴标准，确保补贴能够真正起到激励作用。特别是自主创业补贴，应适当提高补贴标准，降低申请条件，特别是对缴纳社保的要求，以鼓励更多脱贫劳动力积极参与就业和创业。

3. 激励就业帮扶车间，带动就业增长

对于就业帮扶车间，应设定新增带动脱贫劳动力的补贴标准，激励车间持续吸纳脱贫劳动力就业。同时加强部门联动，为就业帮扶车间提供更多资金支持，包括衔接资金和东西部协作资金，吸引大企业积极参与，发挥其在带动就业方面的优势。

4. 优化务工补贴，促进公平就业

提高一次性务工交通补贴标准，并重点补贴给监测户。扩大外出务工补贴的覆盖范围，对于外出务工的脱贫劳动力，只要核实其外出务工的真实性，即应给予补贴，以务工地的实际情况差别化给予务工补贴，实现脱贫户与一般户标准的统一。

5. 加强监管，防止资金滥用

为避免企业套取补贴资金的行为，应加强对"稳岗补贴"落实情况的监管和评估。对于企业获得的奖补资金，应设定合理的经营期限要求，如3～5年，以确保企业的稳定性和持续发展。同时，建立健全补贴资金的追踪问效问责机制，确保资金的有效使用。

（三）关于公益性岗位相关政策的优化建议

应从提高公益性岗位补贴标准、完善县级管理机制、优化城镇公益性岗位政策设计以及加强政策宣传和培训等方面对公益性岗位政策进行改进和优化。

1. 提高公益性岗位补贴标准

当前乡村公益性岗位和城镇公益性岗位补贴标准较低，已不适应社会经济发展水平和消费水平的变化，这直接降低了群众参与这项工作的意愿，也影响了工作成效。因此，应适时调整并提高公益性岗位的补贴标准。具体而言，可以参照当地最低工资标准，设定一个相对合理的年薪水平。这样的调整不仅能增加公益性岗位人员的收入，还能激发他们参与乡村建设的积极性，提高工作质量和效率。

2. 完善县级管理机制，加强监管力度

针对县级管理难度大、监管一人多岗或顶岗等问题，应指导地方完善管理机制，加强监管力度。一方面，可以建立公益性岗位人员信息管理系统，实现人员信息的动态更新和实时监控，便于及时发现和纠正违规行为。另一方面，可以加大对违规行为的惩处力度，形成有效的威慑作用，确保公益性岗位政策的顺利实施。

3. 优化城镇公益性岗位政策设计

城镇公益性岗位政策在设计上存在续聘难的问题，特别是对于已经在岗的人员续聘不符合条件的情况。应重新审视并优化这一政策设计，考虑放宽续聘条件或延长聘用周期。对于易地搬迁安置社区等特殊情况，可以适当提高补贴标准，以减轻生活成本压力，保障搬迁移民的就业稳定。同时，应明确政策导向，鼓励地方根据实际情况灵活执行政策，避免一刀切的做法。

4. 加强政策宣传

为了提高公益性岗位政策的知晓率和理解度，应加强政策宣传工作。一方面，可以通过多种渠道和方式广泛宣传公益性岗位政策的内容、目的和意义，提高群众对政策的认知度和参与度。另一方面，可以加强对基层干部的培训和指导，提高他们的政策执行能力和服务水平，确保政策能够落到实处、见到实效。

（四）关于促进易地搬迁人口就地就近就业相关政策的优化建议

党的二十大报告指出，要"健全就业公共服务体系，完善重点群体就业支持体系，加强困难群体就业兜底帮扶。"就地就近就业在稳定脱贫劳动力在本地就业的同时兼顾劳动力家庭。"就地"强调易地搬迁移民家庭就业中的伦理责任。家庭是社会构成的基本单元，家庭稳则社会稳。就地就近就业既可以维系家庭基本生计又可以实现家庭稳定。"就近"强调政府在促进易地搬迁移民家庭就业中的社会保障责任。促进就业是国家和政府的一项重要的社会职能，是政府应当承担的一项责任。政府促进就业不仅是保障劳动者就业权实现的内在要求，也是国家保障公民生存权的重要举措。"就地就近就业"强调家庭伦理责任与政府社会保障责任相统一。易地搬迁移民就地就近就业应立足于政府外生帮扶，注重保障型就业；应立足于易地搬迁移民家庭内生发展，注重发展型就业；应立足于新技术新业态，注重增长型就业。

1. 应立足于政府外生帮扶，注重保障型就业

应完善新型帮扶机制，实施常态化就业帮扶；继续搭建就业帮扶车间等就业载体和零工市场，发挥"蓄水池"的效用；开发"以工代赈"项目和公益性岗位，兜底保障就业，实现保障型就业。

2. 应立足于易地搬迁移民家庭内生发展，注重发展型就业

政府应遵循"创新"的原则，发展地方实体经济，扩大就地就近就业容量；注重培训易地搬迁移民家庭劳动力的职业技能，提升家庭抵抗风险能力；注重家庭就业服务，提升家庭自我监测能力，帮助脱贫劳动力从传统的低收入就业向更高效、更有保障的就业形势转变，实现发展型就业。

3. 应立足于新技术新业态，注重增长型就业

政府应通过数字技术赋能就业帮扶政策，提升政策执行效果；通过数字技术赋能防返贫就业动态监测体系，优化监测流程，及时更新监测信息；利用数字技术发展新就业形态，提升就业吸纳能力，促进脱贫劳动力就地就近就业，实现劳动力价值的提升。

（五）关于调整就业系统更新相关政策的优化建议

就业系统更新的目的是准确掌握易地搬迁移民劳动力信息，有效监测搬迁移民就业情况，防止返贫。技术赋能下的就业信息系统应该为基层工作减负，但事实上并非如此。当前要求对"就业信息系统"进行动态管理，但省外务工的搬迁劳动力，其就业的变化较大，就业不稳定，难以掌握具体情况。对于无就业意愿的短期返乡或回流人员，基层单位在系统录入决策上面临进亦忧（考核未达标）、退亦忧（信息漏报）的制度性困境，其根源在于现行考核机制与帮扶对象实际状况之间存在结构性张力。地方政府及安置社区在组织更新就业监测系统过程中，面临操作层面的困境，即对非节令性返乡搬迁移民的精准统计与有效帮扶。其难点在于：一是精准统计难度大。非节令性时段返乡人员的动态监测覆盖面广、工作量大，信息准确性难以保障。二是返乡人员录入系统后的刚性考核压力。当前就业返贫监测系统要求，一旦录入返乡回流人员信息，则须在限定时间内启动并完成系列帮扶措施。三是无就业意愿群体的管理悖论。帮扶措施生效的两大前提是具备劳动能力和就业意愿，但实践中，大量返乡回流人员短期内并无就业意愿。这导致基层政府工作人员陷入双重困境：若录入系统，帮扶对象缺乏就业意愿，帮扶措施无法有效实施，基层需承担因未能达成考核目标（限期就业）而带来的问责风险；若不录入系统，则面临未履行及时信息登记职责的问责风险。因此，建议对就业信息系统的更新做适当调整。

1. 调整就业系统更新频率

应考虑将就业系统的更新频率从每月一次调整为每季度一次。这样既能减少基层工作人员的工作负担，又能确保数据的相对稳定性和准确性。季度更新可以更好地反映就业市场的长期趋势，避免频繁更新带来的数据波动和统计困难。

2. 放宽返乡回流人员统计标准

对于返乡回流人员的统计，应放宽相关标准，不再过度强调务工信息的精准性。只要有务工行为，无论其形式如何，只要能够带来收入，就可以作为就业统计的依据。这样可以更全面地反映农民工的就业状况，避免因为统计标准过严而导致的数据失真。

3. 加强就业服务平台建设

应加大对县、乡、村三级就业服务平台的建设力度，完善就业服务网络。通过加强平台建设，可以更好地为农民工提供就业信息、职业培训、权益保障等全方位的服务，促进其就地就近就业。同时，平台的建设也可以为就业系统的更新提供更有力的数据支撑。

4. 明确人社专员负责就业系统更新

为了确保就业系统的准确更新和有效管理，应考虑在人社系统中增设专员负责此项工作。人社专员可以专门负责就业数据的收集、整理、分析和上报，确保数据的准确性和及时性。

（六）多措并举构建就业帮扶体系

易地搬迁移民基数大，仍存在稳岗就业工作压力较大的问题，需结合搬迁人口实际有针对性地提高就业质量。一是加强思想教育，转变就业观念。组织思想教育和职业观念培训，通过搬迁移民中的"先进典型"激发移民就业积极性，鼓励基层干部与搬迁移民密切沟通，帮助他们树立自立自强的意识。二是完善工资支付制度，适应移民不同需求。鼓励企业采取灵活多样的工资支付方式，如银行卡转账和现金支付，特别关注年龄较大、不会使用手机的搬迁移民，确保工资支付及时足额，同时加强对工资支付监管。三是消除"等、靠、要"思想。确定社会救助标准，加强社会救助与就业的衔接，组织就业帮扶活动，鼓励有劳动能力的搬迁移民通过就业摆脱贫困，营造良好的就业氛围。四是加强技能培训，提升就业能力。根据市场需求开展职业技能培训，加强与职业院校、培训机构的合作，同时鼓励搬迁移民自学成才，并给予一定的奖励和支持。五是促进安置区周边经济发展，增加就业岗位。根据安置区资源禀赋制定产业发展规划，加大产业扶持力度，优化营商环境，建立就业信息平台，组织招聘会等活动，促进搬迁移民与企业的对接。六是加强政策引导和支持。完善针对易地搬迁移民的就业政策，如税收优惠、财政补贴等，鼓励企业吸纳搬迁移民就业，同时建立健全就业监测机制和服务体系，为移民提供全方位的就业服务。

附　　录

易地扶贫搬迁移民高质量充分就业调查问卷

A01 您的性别是：　　　　□ 1. 男　　　　□ 2. 女

A02 您的年龄：

□ 1. 16 岁以下　　　　　　□ 2. 16～30 岁

□ 3. 31～45 岁　　　　　　□ 4. 46～60 岁

□ 5. 60 岁以上

A03 您的民族是＿＿＿＿＿＿族。

A04 您的文化程度：

□ 1. 小学及以下　　　　　　□ 2. 初中毕业

□ 3. 高中或中专　　　　　　□ 4. 大专

□ 5. 大学及以上

A05 您的工作情况是（半年内）：

□ 1. 有工作（包含临时工及各种形式的工作）

□ 2. 没有工作

□ 3. 自己创业

若您选择"有工作"，请回答 A05a～A05k 问题：

A05a 您拥有的手艺或者工作技能：

□ 1. 瓦匠　　□ 2. 石匠　　□ 3. 木匠　　□ 4. 裁缝

□ 5. 蜡染　　□ 6. 电脑　　□ 7. 刺绣　　□ 8. 厨师

□ 9. 驾驶技术　□ 10. 其他＿＿＿＿＿　　□ 11. 无

A05b 您工作的区域是：

□ 1. 省外工作　□ 2. 省内县外工作

□ 3. 县内非安置区工作　　　□ 4. 安置区周边工业园区工作

□ 5. 安置区周边非工业园区工作

A05c 您工作行业属于：

□ 1. 工业　　　□ 2. 农业　　　□ 3. 服务业

□ 4. 其他＿＿＿＿＿＿

A05d 您是否与用人单位（或者其他机构）签订劳动合同（或者劳动协议）?

□ 1. 是　　　□ 2. 否

A05e 您平均每天工作的时间是：

□ 1. 8 小时以内（含 8 小时）　　□ 2. 8～12 小时（含 12 小时）

□ 3. 12 小时以上

A05f 您工作的环境：

□ 1. 好　　　□ 2. 较好　　　□ 3. 一般

□ 4. 差　　　□ 5. 较差

A05g 您平均每月工资收入：

□ 1. 2 000 元以内　　　　　□ 2. 2 000～5 000 元

□ 3. 5 000 元以上

A05h 您对您的工作是否满意?

□ 1. 非常满意　□ 2. 基本满意　□ 3. 不满意

A05i 您更换工作情况：

□ 1. 不定期频繁更换　　　　□ 2. 1 年更换 1 次

□ 3. 不更换，工作较稳定

A05j 您的工资期望：

□ 1. 2 000 元以内（含 2 000 元）□ 2. 2 000～5 000 元

□ 3. 5 000～8 000 元　　　　□ 4. 8 000～10 000 元

□ 5. 10 000 元以上

A05k 您所工作的单位是否为您购买社会保险?

□ 1. 购买　　　□ 2. 没有购买

若您选择"没有工作",请回答 A05l～A05m 问题。

A05l 您现在没有参加工作的原因有:(可多选)

☐ 1. 身体不好   ☐ 2. 家里有人需要照顾

☐ 3. 没有找到适合的工作   ☐ 4. 年纪大了,想休息

☐ 5. 没有工作技能   ☐ 6. 其他_____

A05m 今后,您是否想参加工作?

☐ 1. 是   ☐ 2. 否

A05m1 如果您今后想参加工作,您希望到哪些行业工作?

☐ 1. 家政、护工   ☐ 2. 旅游业(住宿、餐饮)

☐ 3. 制造、建筑业   ☐ 4. 批发零售

☐ 5. 民族文化及手工艺品加工   ☐ 6. 食品加工

☐ 7. 其他_____

A05m2 如果您今后不想参加工作,那么原因有:(可多选)

☐ 1. 没有自信心去工作

☐ 2. 对工作环境不适应

☐ 3. 对生活质量要求不高,有吃的过得去就行

☐ 4. 工作中,与人交往沟通能力欠缺,害怕与人沟通

☐ 5. 自己学不会工作技能

☐ 6. 其他_____

A05n 您是否想创业?

☐ 1. 是   ☐ 2. 否

A05n1 如果您想创业,您想在哪些行业创业?

☐ 1. 商业   ☐ 2. 加工业   ☐ 3. 旅游业

☐ 4. 种植养殖业   ☐ 5. 其他_____

若您回答"自己创业",请回答 A05o～A05r 问题:

A05o 您在哪里创业?

☐ 1. 省外   ☐ 2. 省内县外   ☐ 3. 本县城

☐ 4. 县内乡镇(含村级)   ☐ 5. 安置区周边

A05p 您主要在哪个行业创业？

☐ 1. 商业　　☐ 2. 加工业　　☐ 3. 旅游业

☐ 4. 种植养殖业　　　☐ 5. 其他_____

A05q 你在创业过程中遇到哪些挑战？

☐ 1. 资金周转不足　　☐ 2. 行业竞争大

☐ 3. 缺乏经营管理经验　　☐ 4. 创业成本高

☐ 5. 其他_____

A05r 您最希望得到哪些政策支持？

☐ 1. 减免店面租金　　☐ 2. 提供创业条件

☐ 3. 税收优惠　　☐ 4. 政府贴息贷款

☐ 5. 其他_____

A06 搬迁以来，您是否接受过工作技能培训？

☐ 1. 是　　　　☐ 2. 否

若您选择"是"，请回答 A06a～A06e 问题，若您选择"否"，请回答 A07 问题：

A06a 您接受培训次数是_____次

A06b 您接受培训的内容：（多选）

☐ 1. 水电工　☐ 2. 厨师　☐ 3. 家政服务

☐ 4. 刺绣　☐ 5. 种植技术　☐ 6. 养殖技术

☐ 7. 经营技术　☐ 8. 管理技术　☐ 9. 电商

☐ 10. 物流管理　☐ 11. 按摩技术　☐ 12. 理发技术

☐ 13. 其他_____

A06c 您认为所接受的培训与所从事的工作有无关联？

☐ 1. 有　　　　☐ 2. 没有

A06d 您认为培训对您是否有帮助？

☐ 1. 是　　　　☐ 2. 否

A06d1 如果有帮助，主要体现在：（可多选）

☐ 1. 帮助找到工作　　　　☐ 2. 帮助掌握新的工作技能

□ 3. 帮助开阔视野　　　　□ 4. 帮助改变传统思想

□ 5. 帮助提升自己　　　　□ 6. 其他_____

A06d2 如果没有帮助，主要原因是：

□ 1. 培训流于形式　　　　□ 2. 培训内容深奥，听不懂

□ 3. 培训教师讲课听不懂　□ 4. 培训与实际工作不相吻合

□ 5. 培训实践操作少　　　□ 6. 其他_____

A06e 您期望得到的培训有：（可多选）

□ 1. 水电工　□ 2. 厨师　□ 3. 家政服务　□ 4. 刺绣

□ 5. 种植技术　□ 6. 养殖技术　□ 7. 经营技术　□ 8. 管理技术

□ 9. 电商　　□ 10. 物流管理　□ 11. 按摩技术　□ 12. 理发技术

□ 13. 其他_____

A07 您对您今后的工作有无明确的打算：

□ 1. 有　　　　　□ 2. 没有

A07a 如果您选择"有"，那么您有几年的打算？

□ 1. 半年　　□ 2. 1 年　　□ 3. 1～5 年

□ 4. 5～10 年　□ 5. 10 年以上

A07b 如果您选择"没有"，请问原因是：

□ 1. 自己没有明确目标，不知道要做什么

□ 2. 在工作中，价值体现不明显，没有成就感、幸福感和获得感

□ 3. 社会环境变化快，难以预测今后社会发展变化，自己不适应社
　　会发展

□ 4. 有政府、儿女或其他人可以帮忙解决生活问题，不需要自己
　　打算

□ 5. 其他_____

A08 您的家庭（同一户口册）人口总数是_____人。

A09 您的家庭人口数中劳动力人口数是_____人。

A10 您的家庭失业人口数是_____人。

A11 您的家庭就业人口数是_____人（若家庭就业人口数为 0，则

A11a~A11e 不需要回答）。

A11a 您的家庭人口就业的区域是：（可多选）

☐ 1. 省外工作　　　　　　　　☐ 2. 省内县外工作

☐ 3. 县内非安置区工作　　　　☐ 4. 安置区周边工业园区工作

☐ 5. 安置区周边非工业园区工作

A11b 您的家人就业行业属于：

☐ 1. 工业　　　☐ 2. 农业　　　☐ 3. 服务业　　☐ 4. 其他_____

A11c 您的家人是否与用人单位签订劳动合同？

☐ 1. 与用人单位签订劳动合同

☐ 2. 与用人单位没有签订劳动合同

☐ 3. 有的家人签订，有的家人没有签订

A11d 您的家人平均每天工作的时间是：

☐ 1. 8 小时以内（含 8 小时）　　☐ 2. 8~12 小时（含 12 小时）

☐ 3. 12 小时以上

A11e 您的家人平均每月每人工资收入范围：

☐ 1. 2 000 元以内　　　　　　☐ 2. 2 000~5 000 元

☐ 3. 5 000~8 000 元　　　　　☐ 4. 8 000~10 000 元

☐ 5. 10 000 元以上

A11f 您家人所工作的单位是否为他（她）购买社会保险？

☐ 1. 购买　　　☐ 2. 没有购买

☐ 3. 有的家人用人单位购买，有的家人用人单位没有购买

图书在版编目（CIP）数据

易地搬迁移民高质量充分就业研究 / 王菊著. --
北京：中国农业出版社，2025.7. -- ISBN 978-7-109
-33546-2

Ⅰ. D632.4；D669.2

中国国家版本馆 CIP 数据核字第 2025EC6340 号

中国农业出版社出版

地址：北京市朝阳区麦子店街 18 号楼
邮编：100125
责任编辑：何　玮
版式设计：小荷博睿　　责任校对：吴丽婷
印刷：北京中兴印刷有限公司
版次：2025 年 7 月第 1 版
印次：2025 年 7 月北京第 1 次印刷
发行：新华书店北京发行所
开本：700mm×1000mm　1/16
印张：18.25
字数：261 千字
定价：78.00 元

版权所有·侵权必究

凡购买本社图书，如有印装质量问题，我社负责调换。

服务电话：010-59195115　010-59194918